本书由山东省一流学科山东师范大学文学院
中国语言文学学科建设经费资助

山东省一流学科山东师范大学文学院中国语言文学学科
"高层次著作"中文书系编委会

主编：魏　建　杨存昌
策划：杨存昌　贾海宁　王兴盛　张丽军
编委：（以姓氏笔画为序）
　　　王化学　孙书文　李宗刚　李海英
　　　杨存昌　杨守森　邹　强　张文国
　　　张丽军　张金霞　陈元锋　陈长书
　　　周均平　潘庆玉　魏　建

# 秦音研究

翟春龙 ◎ 著

中国社会科学出版社

# 图书在版编目(CIP)数据

秦音研究 / 翟春龙著. —北京：中国社会科学出版社，2023.3
ISBN 978-7-5227-1269-7

Ⅰ.①秦…　Ⅱ.①翟…　Ⅲ.①汉语方言—研究—古代
Ⅳ.①H17

中国国家版本馆 CIP 数据核字（2023）第 022939 号

| | |
|---|---|
| 出 版 人 | 赵剑英 |
| 责任编辑 | 郭晓鸿 |
| 特约编辑 | 杜若佳 |
| 责任校对 | 师敏革 |
| 责任印制 | 戴　宽 |

| | |
|---|---|
| 出　　版 | 中国社会科学出版社 |
| 社　　址 | 北京鼓楼西大街甲 158 号 |
| 邮　　编 | 100720 |
| 网　　址 | http://www.csspw.cn |
| 发 行 部 | 010-84083685 |
| 门 市 部 | 010-84029450 |
| 经　　销 | 新华书店及其他书店 |
| 印　　刷 | 北京明恒达印务有限公司 |
| 装　　订 | 廊坊市广阳区广增装订厂 |
| 版　　次 | 2023 年 3 月第 1 版 |
| 印　　次 | 2023 年 3 月第 1 次印刷 |
| 开　　本 | 710×1000　1/16 |
| 印　　张 | 19.75 |
| 插　　页 | 2 |
| 字　　数 | 326 千字 |
| 定　　价 | 108.00 元 |

凡购买中国社会科学出版社图书，如有质量问题请与本社营销中心联系调换
电话：010-84083683
版权所有　侵权必究

# 目　录

前言 ································································· 1

## 第一章　绪论 ······················································ 1
### 第一节　秦人与秦方言 ············································ 1
　　一　大骆之族的族源 ············································ 2
　　二　秦人的主要来源——周人 ···································· 5
　　三　秦方言形成时间及秦方言区边界考 ···························· 6
　　四　秦方言的标准音 ············································ 7
### 第二节　秦音研究的意义 ·········································· 9
　　一　秦音研究之于秦文化研究的意义 ······························ 9
　　二　秦音研究之于上古音研究的意义 ····························· 10
### 第三节　研究材料 ··············································· 11
### 第四节　相关研究综述 ··········································· 15
　　一　对秦音的研究 ············································· 15
　　二　对相关材料的整理 ········································· 16
　　三　其他古方音研究 ··········································· 17
### 第五节　本书的参照系和大致工作步骤 ····························· 21
　　一　作为参照系的上古音系的选定 ······························· 21
　　二　作为参照系的中古音系的选定 ······························· 25
　　三　主要研究方法 ············································· 26

## 第二章 声调 ……29
### 第一节 如何判断上古汉语是否有声调？……29
一 问题的缘起 ……29
二 解决问题的突破口——异调并列语 ……30
### 第二节 秦方言的调类 ……33
一 从异调并列语看秦音调类 ……34
二 从周秦韵文材料看秦音调类 ……37
三 从《切韵序》的记载等推测秦方言的调类情况 ……43
四 秦音调类研究之结论 ……45

## 第三章 韵母 ……47
### 第一节 研究秦方言韵部划分问题的参照系 ……47
一 王力的古韵分部系统 ……47
二 《诗经》时代的关中方言韵部系统 ……49
### 第二节 秦音韵部系统总论 ……51
一 秦韵文中各韵部独用与合用概况 ……51
二 秦音韵部的划分 ……54
### 第三节 秦音韵部分论 ……55
一 之职蒸三部 ……55
二 支锡耕三部 ……57
三 鱼铎阳三部 ……58
四 侯屋东三部 ……61
五 幽觉冬三部 ……63
六 宵沃两部 ……64
七 缉侵两部 ……65
八 盍谈两部 ……67
九、微未物文四部 ……68
十 脂至质真四部 ……70
十一 歌祭月元四部 ……71

|   |   |   |   |
|---|---|---|---|
| | 第四节 | 拟音问题 ······················································· | 74 |
| | | 一 各部的主元音 ············································· | 74 |
| | | 二 呼与等的问题 ············································· | 74 |

第四章　声母 ························································································ 78
    第一节　引言 ····················································································· 78
        一　材料与研究方法问题 ································································· 78
        二　《切韵》的声母系统 ································································· 79
    第二节　中古各声母字谐声概况 ·································································· 81
        一　帮滂并明四母 ········································································ 81
        二　精清从心庄初崇生八母 ································································ 82
        三　端透定泥来知彻澄娘章昌常日书神以邪十七母 ······································ 85
        四　见溪群疑晓匣云影八母 ································································ 88
    第三节　秦音声母专题研究 ···································································· 89
        一　影母的音值及相关问题 ································································ 90
        二　匣群云三母相关问题 ································································· 92
        三　章系字的两种来源 ··································································· 94
        四　秦音中的半元音声母 ································································· 100
        五　书母的地位问题 ····································································· 106
        六　来母的谐声问题 ····································································· 107
        七　清鼻流音 ············································································· 112
    第四节　小结 ··················································································· 117

**结语** ································································································ 119
  **主要参考文献** ···················································································· 124

**附录1**　周秦文献之双音节异调并列语（抽样）···································· 132
**附录2**　秦韵谱 ·············································································· 138
**附录3**　周韵谱 ·············································································· 158
**附录4**　秦系出土文献中的通假材料 ··················································· 210

附录5　秦文字谐声谱（韵母编）……………………………225
附录6　秦文字谐声谱（声母编）……………………………257
附录7　汉魏晋关陇方言材料…………………………………288

后记………………………………………………………………306

# 前　　言

本书以古代文本材料为依据，对周秦时期秦方言的语音系统进行研究。

全书由四部分组成。

一，绪论。讨论秦人与秦方言的相关问题；阐明本课题的研究价值；对目前相关研究情况作简要概述；介绍本书研究的材料来源和所使用的参照系、工作步骤等。

二，声调方面的研究。首先介绍利用上古汉语的异调并列语来判断声调有无这一问题的思路。其次从并列语、韵文、《切韵序》之记载等方面对秦方言声调情况进行推定，研究结论为：秦方言中有平、上、去三个声调，其中去声当具备一定的促音韵尾成分。平声、上声方面秦音与《切韵》音系大致相当，而秦音去声则大致对应于《切韵》去声、入声两者。秦方言中调类与韵类的配合关系具有不平衡性。平、上二声只存在于阴声韵、阳声韵；而去声兼与阴声韵、阳声韵、次入韵、入声韵配合。次入韵处于消变过程中，在秦音中只有祭、至、未三个次入韵韵部仍保持独立地位，其余一般与相应的阴声韵部合流。

三，韵母方面的研究。秦韵文与西周关中地区诗篇的用韵表现出显著的一致性。以王力的上古音分部体系为参照系，相承（相配的阴、入声韵之间，以及次入、入声韵之间）的韵部合韵较多。其他合韵现象一般稀见，可能均与秦方言中部分次方言的韵类合流有关。关于古韵部的划分，本书在王力系统的基础上增加三个独立的次入韵韵部，对部分字的归部问题提出了新见。此外，本书对于部分韵文入韵字的判定、主元音的拟音、等呼的相关构拟问题也略有涉及。

四，声母方面的研究。首先以中古声类为据，分四系介绍了谐声关联的整体形势。其次对一些争议性问题进行了专题研究。

此外，我们对正文中利用到的，以及一些未利用但可能相关的材料均进行了收集与整理，这部分内容均收入附录，以供参考。

# 第一章 绪论

秦方言应是以大骆之族方言与西周关中方言为主的渭水流域原有的各种古汉语方言长期融合的产物。它形成并巩固于春秋中后期，进入战国后随秦的疆域的扩展而向外发生影响。秦亡后，西汉继续定都关中，秦方言成为西汉关中方言和西汉通语形成的重要基础之一。据此而言，秦方言研究不但是研究秦的历史文化的重要一环，同时也是更深入地了解两周雅言、西汉通语的绝佳突破口，具有十分突出的研究价值。秦方言音系（即秦音）是秦方言的一个重要组成部分，我们即选取秦音作为本书的研究对象。

汉语音节一般分声、韵、调三部分，秦音研究的主要内容也就是对秦方言的声、韵、调相关问题的研究。①不像现代方音研究可验诸口耳、声学仪器，上古方音研究主要以古文献材料为据，因此秦音研究也可以说是对古文献中秦音信息进行的整理与研究。

## 第一节　秦人与秦方言

要研究秦音，需要对秦方言的一些基本情况有一定的判断。"一种语言或方言是跟说这种语言或方言的人的历史分不开的。"②所以为了达到了

---

① 至于各类跨音节的语音现象，由于材料匮乏，不足以进行有效的研究，暂付之阙如。
② 罗常培：《临川音系》再版序言，科学出版社1958年版。

解秦方言概况的目的，我们也不能不谈及秦人。大致而言，较为重要的问题可能有以下几点，即：秦人的来源，秦方言形成的时间，秦方言区的边界，以及秦方言的标准音。

秦本是汧渭之会的一个小地名①，在非子邑秦以前，我们所说的秦人这个概念还没有出现。非子邑秦之后到襄公立为诸侯之前这段时间，秦君作为周的附庸、西垂大夫，其地位和相对独立性远远不及当时的一些畿外诸侯。直至襄公立为诸侯以后很长一段时间，秦的疆域和人民构成也很不稳定。相对稳定的地理（包括自然的、人文的）区隔和人口构成是一种方言传统赖以形成和巩固的最重要的条件。因此作为一个较统一的、相对独立的语言文化共同体的秦人，以及有着比较稳定的分布区域、较明确的标准音的秦方言，其形成的时间应是较晚的，并非在非子受封或秦立国之初就已经有后来意义的那种秦方言存在。

## 一　大骆之族的族源

秦的首封之君非子源出大骆之族，日后秦的人民中亦有大骆之族的后裔。但大骆之族只构成秦人族源的一部分，我们不能过高估计大骆之族及其语言文化对秦文化、秦方言的影响，即，不能认为秦人的语言文化面貌基本保持了大骆之族语言文化的旧观。尽管如此，我们还是应该对这个问题做一些考察。

大骆之族起源于何处？这也是一般所说的秦人族源问题。大体而言，有起源于东夷、起源于西戎二说。其出于东夷的理由主要有以下三点：

第一，秦君祖先在以鸟作为其重要文化图腾方面与商、夷族一致。如《史记·秦本纪》记载秦君祖先女修吞燕卵而生子，秦君祖先孟戏、中衍鸟身人言等，这些与商人祖先简狄吞玄鸟卵而生子、东夷以鸟名官等可能出于同样的文化传统。

第二，秦君以伯益为祖，嬴姓。而伯益被认为是古东夷人领袖，周代嬴姓国，如徐、郯、莒、费等亦均为夷族古老方国。

---

① 本书采用李零《〈史记〉中所见秦早期都邑》一文的意见。徐卫民《秦都城研究》认为非子之地"不会安排在处于周畿地区的汧渭之间"，而是大骆之地的一部分。按，大骆之族是周人依靠以抵御西戎的力量，分其土地人民建为己之附庸似不合情理。本书不取其说。

第三，清华简《系年》谓成王东征，秦君祖先蜚廉逃往商盍氏，为成王所杀，而"西迁商盍之民于邾虚，以御奴虘之戎，是秦先人"[①]。认为商盍之民是"秦先人"，这是大骆之族部众（至少是其中的一部分）起源于东夷的一条明证。

但从《秦本纪》的一些记载来推求，大骆之族也与西戎渊源匪浅：

> 大费生子二人：一曰大廉，实鸟俗氏；二曰若木，实费氏。其玄孙曰费昌，子孙或在中国，或在夷狄。费昌当夏桀之时，去夏归商，为汤御，以败桀于鸣条。大廉玄孙曰孟戏、中衍，鸟身人言。帝太戊闻而卜之使御，吉，遂致使御而妻之。自太戊以下，中衍之后，遂世有功，以佐殷国，故嬴姓多显，遂为诸侯。
> 
> 其玄孙曰中潏，在西戎，保西垂。生蜚廉。蜚廉生恶来。恶来有力，蜚廉善走，父子俱以材力事殷纣。
> 
> ……
> 
> 申侯乃言孝王曰："昔我先郦山之女，为戎胥轩妻，生中潏，以亲故归周，保西垂，西垂以其故和睦。……"

申侯称胥轩为戎，其先（姜姓）与胥轩联姻，所生子中潏因"以亲故归周，保西垂，西垂以其故和睦"。就此来看，胥轩、中潏对西戎的影响力颇大，除了族众当有不少，其与戎的历史渊源也当不浅。《正义》云："胥轩，仲衍曾孙也"，则仲衍到胥轩共四代人。若诸侯之位系殷商所封，胥轩父辈时秦君先人开始居于西垂是比较可能的；但也存在这样的可能，即仲衍从一开始就起于西垂。因为既然费昌之后可以或在夷狄、或在中国，大廉的后人中衍亦未必不能早由东夷迁居西垂，至仲衍时再又由西垂入商。

中潏以亲故归周，但其子蜚廉、蜚廉子恶来俱以材力事殷纣。后恶来死于武王伐纣，《孟子》[②]、清华简《系年》均说蜚廉逃到了东夷，因参与

---

[①] 清华大学出土文献研究与保护中心编，李学勤主编：《清华大学藏战国竹简（贰）》，上海文艺出版集团、中西书局2011年版，第141页。

[②] 《孟子·滕文公下》："周公相武王，诛纣伐奄，三年讨其君，驱飞廉于海隅而戮之。"

武庚、东夷之反周而被杀。

《秦本纪》记载：

> 恶来革者，蜚廉子也，蚤死。有子曰女防。女防生旁皋，旁皋生太几，太几生大骆，大骆生非子。以造父之宠，皆蒙赵城，姓赵氏。
>
> 非子居犬丘，好马及畜，善养息之。犬丘人言之周孝王，孝王召使主马于汧渭之间，马大蕃息。孝王欲以为大骆適嗣。申侯之女为大骆妻，生子成为適。申侯乃言孝王曰："昔我先郦山之女，为戎胥轩妻，生中潏，以亲故归周，保西垂，西垂以其故和睦。今我复与大骆妻，生適子成。申骆重婚，西戎皆服，所以为王。王其图之。"于是孝王曰："昔伯翳为舜主畜，畜多息，故有土，赐姓嬴。今其后世亦为朕息马，朕其分土为附庸。"邑之秦，使复续嬴氏祀，号曰秦嬴。亦不废申侯之女子为骆適者，以和西戎。

恶来革应该就是恶来。恶来的后人历代居何处、中潏原来的族众的下落如何，史文未载。然到周孝王时，恶来后人大骆领有相当数量的族众，对西戎影响力也很大。大骆对于周的作用与中潏类似。推断恶来一支后人继承了中潏的地位及族众，应该是较为合理的。

结合前引《秦本纪》材料及清华简《系年》所说周"西迁商盍之民于邾虚，以御奴虘之戎，是秦先人"的记载来看，很可能恶来之子女防当时随蜚廉在商盍氏，反周失败后降周，统率一部分商盍之民回到西垂，继续为周保西垂；而其叔季胜一支则作为近侍为周王服务。

综上所述，就始祖神话、姓氏起源来看，秦君祖先最早当起源于东方，且在周初还曾吸收部分东方商盍之民为其部众。而就商后期及周初的其他文史资料而言，秦君祖先世居西垂，与戎关系紧密，甚至被认为就是戎。故大骆之族应是戎化程度颇深的夷族。但考虑到秦君的始祖神话、姓氏起源也存在是接受商王室、商盍之民影响而后形成这种可能性，大骆及其大部分族众源出戎人的可能性也是存在的。

## 二　秦人的主要来源——周人

非子邑秦到襄公立为诸侯这段时间秦君属民中可能就有一些周人，到了平王东迁，秦逐渐占有西周王畿之地、吞并部分畿内诸侯之后，周人在秦君属民中的比重又进一步上升。今略论之如下：

非子邑秦是秦人开始形成的标志性起点。据2000年11月9日夏商周断代工程所公布的《夏商周年表》，周孝王公元前892—前886年在位，非子邑秦当在此数年之间（杨宽则定在前872年①）。

非子不是大骆嫡子，继承大骆的土地和人民者为大骆嫡子成。非子主要为周服务，且其受封的秦邑距周原不远②，其立身所依靠的人民应该主要是为周王所赐。后大骆之族于公元前842年为西戎所灭，宣王于是命当时的秦君秦仲为西垂大夫，攻戎。此时距非子邑秦约五十年或三十年，秦君已传到第四代。在周王和可能为周人的秦属民的影响下，秦君很可能已经放弃其原来所操的大骆之族方言。

秦仲成为西垂大夫，很可能吸引一些大骆之族余民的归附。但公元前821年，秦仲亦为西戎所杀。经过两役，大骆之族人口的损失应该不小。周宣王乃给兵七千人，命秦庄公伐破西戎，又将原秦仲封地、原大骆地犬丘均赐予庄公。秦庄公徙居大骆故地犬丘原因史无明文，据秦庄公当时的身份而言，我们认为最可能的原因是出于周王防御西戎、进一步收抚大骆之族余民的政治需要。庄公破戎之兵最初为周宣王提供，破戎后为周西垂大夫，为了防御、攻伐西戎，推测其仍保留部分周王所提供的军队是较为合理的。此时庄公所依靠的人民，当是大骆之族余民与周王赐秦仲之周民后代、赐庄公之周人兵士兼有。之后秦人在与西戎的战争中军事力量不断壮大。到庄公子襄公时，《秦本纪》云：

>（襄公）七年春，周幽王用褒姒废太子，立褒姒子为适，数欺诸侯，诸侯叛之。西戎犬戎与申侯伐周，杀幽王郦山下。而秦襄公将兵救周，战甚力，有功。周避犬戎难，东徙雒邑，襄公以兵送周平王。

---

① 杨宽：《西周史》，上海人民出版社2003年版，第873页。
② 秦邑所处的"汧渭之会"本属周人故地，这是值得注意的。

平王封襄公为诸侯，赐之岐以西之地。曰："戎无道，侵夺我岐、丰之地，秦能攻逐戎，即有其地。"与誓，封爵之。襄公于是始国，与诸侯通使聘享之礼……

至此秦始获得较为独立的政治地位及占有大片土地的法理基础。

根据上述材料可知，在庄公以前大骆之族法理上并不归属秦君。从非子邑秦直到襄公立为诸侯，秦君都紧密地依附于周王室而发展。期间秦君所获得的身份、土地、民力、兵力等无不仰赖周王赐命。加上大骆之族余民可能两次受到西戎的较严重的冲击，仅就襄公时的情况而言，秦人中源于周人者就很可能达到与源于大骆之族者平分秋色，甚或占多数的水平。

据《秦本纪》，秦文公时：

十三年，初有史以纪事，民多化者。十六年，文公以兵伐戎，戎败走。于是文公遂收周余民有之，地至岐，岐以东献之周。……二十年，法初有三族之罪。

"有史以纪事""法初有三族之罪"等文教法制建设发生在"收周余民有之"前后数年间，恐怕并非偶然，可能有西周文士参与其间。此后秦即不断向东推进，到秦与晋交界时，西周王畿之地绝大多数已成为秦地，这些土地上的周余民也成为秦人中的一部分。此时秦人中来源于周人者很可能占绝大多数。

## 三　秦方言形成时间及秦方言区边界考

大体而言，秦的疆域变迁可分为三个时期。

第一个时期从襄公立为诸侯（公元前 770 年）到秦晋首次交战（公元前 645 年）为止。襄公立为诸侯以前，秦人处于周的绝对影响之下，人口规模较小，可以不论。其后秦陆续占据西周王畿故地之绝大部分，并吞灭部分留守的畿内诸侯。尽管人口增多，土地增广，但由于人口规模和疆域都很不稳定，尚缺乏充分融合的条件。

第二个时期到秦尽取河西地（前330年）为止。这一时期时间跨度超过整个秦国历史时长一半以上（从襄公立为诸侯起计算），达三百余年。因受阻于晋，秦东扩困难。关中平原面积不算过大，自然地理上内部缺少大的阻隔，而与外界则相对隔绝，这本就有利于统一的方言的形成。而疆界的长期稳定有助于不同来源的秦人均匀混合，这就进一步为形成新的统一而稳固的方言传统扫清了障碍。

第三个时期到秦亡（前206年）为止。其间秦的版图迅速扩张，灭六国后，秦帝国还进一步征服中国东南、西南的大片非汉语区。这一时期秦方言的影响扩散到传统边界以外，但由于时间短促，地理上与关中平原有所区隔，以及新的疆土上原有方言传统的影响，这些新秦地恐怕难以转换为新的秦方言区。

布龙菲尔德对于政治疆界对语言演化的影响有如下论断："大致估计，在较古老的环境条件下，政治疆界的改变在五十年以内会引起语言的某种分歧，而政治疆界已经取消后，那些同悠久的政治界线相平行的同语线，会继续维持二百年光景而绝少变动。"[①]

这个说法是有道理的。如《史记·齐悼惠王世家》云："高祖六年，立肥为齐王，食七十城，诸民能齐言者皆予齐王。""七十城"与《战国策》言齐有七十余城相吻合。这说明齐亡后齐方言区仍基本维持故齐国之规模。这对我们估计秦崛起后的百余年秦方言区的变化很有参考意义。

按照布龙菲尔德估计的时间标准，秦晋方言交界线应能继续维持到秦亡以后。这个界线大致应为黄河与渭水支流洛水之间，直到函谷关一线。此线以西的汉语区大致就是我们所说的秦方言区。其中关中平原农耕条件较好，可承载更多人口，是秦都邑所在地，当为秦方言的核心区；至于秦历代开拓西戎、汉中等所获之地，多地形破碎，人口较少，可视为秦方言区的边缘区。

## 四 秦方言的标准音

一种语言往往以说这种语言的地区内的某一地位较高的中心方言的语

---

[①] [美]布龙菲尔德：《语言论》，袁家骅、赵世平、甘世福译，商务印书馆1980年版，第427—428页。

音为其标准音。如现代汉语的标准语普通话，就是"以北京语音为标准音"。大的方言也有其标准音，如粤方言即以广州话的语音为其标准音。秦国国都作为秦的政治经济文化中心，其方言的影响力远大于秦的一般城邑、地区的次方言，因此秦方言的标准音应即秦都语音。但秦在发展过程中曾屡次迁都，相关城邑因其作为都城的时间长短不同，本身的规模也不同，这些城邑的方音在实际上不一定都能作为秦方言标准音而发挥影响，故这一问题有一定分析的必要。

学者对秦都共有几处意见不一，有六处到九处不等。但除西垂（西犬丘）外，这些城邑明显可分为两组：一组在汧渭之会附近，一组在泾渭之会附近。秦君居西垂主要是文公徙居汧渭之会前的一些时期，其时秦国小弱，各种来源的秦人也可能尚未完成融合，可以不论。

文公于汧渭之会营造新都在公元前 763 年[①]，此后前 714 年宪公迁都平阳，前 677 年德公迁都雍。这几处秦都均在汧渭之会附近。直到前 432 年灵公迁都泾阳止，共历时 330 余年。迁都泾阳后，前 383 年献公又建都栎阳。前 350 年孝公又迁都咸阳，至于秦亡。这三个都城均在泾渭之会附近。但其中泾阳、栎阳二都，徐卫民称之为临时性都城[②]，因为当时宗庙等尚在雍，它们的城市规模也远不及雍，这两个都城主要是为了方便与魏国争夺河西地而建。即，当时秦的经济文化中心仍在雍。也就是说，至少在长达 410 余年的时间内（前 763—前 350 年），秦的中心地区并未发生实质的迁移。

本书前文已经分析，秦方言的形成和巩固当在秦晋（也包括魏）对峙于河西时期（前 770—前 330 年）。这一时期与秦都于汧渭之会附近的时期是高度重合的。秦都咸阳的时间不足 150 年，作为新的规模巨大的都城，恐难在这段时间内形成当地新的代表性音系。而因其人口中必然包括大量旧都人口（如秦国贵族及其仆役等），咸阳方音势必受到雍方音的强烈影响。此外，秦都咸阳后雍仍具有重要地位，如始皇时太后曾居于雍，嫪毐亦据雍为乱。综合这些情况来看，咸阳方音很难完成自身整合并取代雍方音成

---

① 据《史记·秦本纪》。下同。
② 徐卫民：《秦都城研究》，陕西人民教育出版社 2000 年版，第 90 页。

为秦方言的标准音。

据此,以秦旧都雍为代表的汧渭之会一带方音应该是秦方言的标准音。

## 第二节 秦音研究的意义

作为秦方言研究、上古音研究的重要组成部分,秦音研究成果对我们考察秦人、秦方言的构成,推动上古音研究走向深入都有重要意义。

### 一 秦音研究之于秦文化研究的意义

语言是一个族群最重要的文化积淀之一,而语音是语言各子系统中封闭性、系统性最为突出的一个,在现代汉语方言研究中,语音特征常被用作汉语方言分类的主要标准。通过观察一个族群所使用的方言的语音特征,往往能窥探该族群其他历史文化信息。

以现代方言的例子来看,清入归上是胶辽官话的重要特征。东北官话、北京官话在清入字派入四声方面并无质的区别,但在量的方面,东北官话清入归上的字远远超过普通话,显示出胶辽官话对东北官话的影响较对北京官话为多。这一现象可与操胶辽官话的移民大量进入东北的历史互证。而有些著名的移民潮,如明初山西向山东的移民,则很难从方音上取得有分量的证据,诸如移民后新移民数量是否占到被迁入地人口的主流一类问题,就难有定论。语音证据的缺乏往往就构成相关历史事件的疑点,因此尽量搜集语音证据对于说明问题是很有必要的。

具体到秦史而言,据前文由史料所作分析,秦人主要有大骆之族余民及周余民两个来源,且后者所占比重应较大。这种判断能否成立?把秦方音与齐鲁宋卫一带方音、西周关中方音加以对比,分析归纳其间异同,可能不失为一种较好的判断依据。通过本书后文对声调、韵部问题所做考察来看,秦音与西周关中方音一致性甚高,这与我们前文中根据历史记载所作的推论可以相互印证。至于与齐鲁宋卫语音的比较,则尚待有关先秦齐鲁方音等新的研究成果的出现方可进行。

## 二　秦音研究之于上古音研究的意义

方音差异是语言发展中一种自然而然会产生的现象。其产生根源，一方面在于语音总是处于变动不居的状态中，而由于空间阻隔，原本使用同一语言的不同地域的人们，其口音的演变速度和演变方向势难一致；另一方面，强势族群在不断扩展地域的过程当中往往不断吸纳其他较小族群，后者换用新语言的过程中，底层语的音系特点也往往影响其新采用的语言的音系面貌。各种原因导致的细微差异随着时间演变往往越积越大，进而就形成了各自显著的方音传统，而既有的方音之间的交互作用，则进一步加剧了方音现象错综复杂的程度。汉族历史悠久，分布地域广阔，来源于戎狄蛮夷者皆有，据此而言，汉语方音复杂面貌之形成当由来尚矣。

在古汉语的各种方音中，标准音具有特殊的地位，可以说是汉语语音发展的一条主线，也是我们考察当时方音的最重要参照系之一。周代雅言是最早的有名可征的汉语标准语。《论语·述而》云："子所雅言：《诗》《书》、执礼，皆雅言也。"《诗》《书》因有文本，在词汇或语法方面形式是比较固定的，有雅俗之分者，即在语音。这个例子可以作为古汉语标准音崇高的地位和影响力的一个注脚。研究古汉语语音，首先需要研究其标准音。

秦音的研究与古汉语标准音的研究关系十分密切。秦音通行的核心区域——关中平原在西周、西汉均为政治中心所在地，西周镐京、西汉长安方音可能分别是西周雅言、西汉通语的标准音，至少也是对西周雅言、西汉通语语音有着最突出影响的方音之一。秦音上承西周关中方音，下启西汉关中方音，与西周、西汉时期共同语标准音都有密切关系，秦音的研究对于了解当时标准语的语音系统显然是十分重要的。

另一方面，秦文字是后世汉字系统发展的基础。文字是记录语言的符号，而战国是政治大分裂、形声字大发展的时代，秦文字的谐声系统，相较于六国语音自与秦音特点相适配。要深入把握秦篆、早期隶书的问题，对秦音的研究也是不可或缺的。

由于上古方音研究不足，目前的上古音体系的性质是模糊的。先秦文献中一大部分是产生于政治割裂、方言地位相对较高的战国时期，这些文献中的古音信息十分复杂，其中必然有较多的方音成分。但传世文献很难保持文献形成伊始的用字原貌，用来研究上古音的其他材料如《说文》谐声字的时空属性也很不单纯，据之研究上古音实质是归并不同时期、不同地域方言音系中的同类项，所得的结论虽然适用性广泛，但例外亦比比皆是。利用这样的上古音系统进行相关研究，如考释古文字、古文献等，不适当地运用音转理论的现象比较常见，容易造成谬误或疑似之说。如果我们能够对当时主要方言音系增加一些了解，明白在某个方言区内哪种音转可行而哪种不可行，这种问题就会少一些。

在先秦各方言音系普遍有待研究的情况下，秦音研究的材料较为丰富，最便于研究。这不仅仅是因为秦出土文献材料较多，还在于秦文字作为后世文字进一步发展的基础，大部分能流传到后世，其考释难度较小，且大多能从古注、字书、韵书等当中找到其语音线索，有利于同中古音进行比较。首先进行秦音研究，符合从易到难、由已知求未知的学术发展的一般规律。

## 第三节　研究材料

音韵学经过长期的发展，研究上古音主要的材料已经典化，主要为韵脚字、谐声字、通假字三类，此外如汉人音注或声训、古今字、分化字，有音同音近关系的文献异文、同源词、联绵词等有时也可作为补充材料，但有些材料不确定性较高，究竟使用与否应视研究材料的实际而定，而不应一味求多。

研究上古方音，从材料而言创新的空间不多，相对于上古音研究的一般做法，上古方音研究的主要特点在于收集材料时对材料的时空一致性要求较为严格。

具体到秦音研究的材料，根据其时空、流传属性，可分别主次：

一是应分别不同时期的材料。秦音研究的材料主要可以分为春秋、战国、秦代的材料和西周、汉代的材料，秦音研究以春秋、战国、秦代材料为主，西周、汉代材料为辅。这是因为周秦、秦汉间关中地区大规模人口迁徙与战乱、统治者变化等，很可能对当地的方言面貌产生相当的影响。相对而言，在辅助性材料中，西周时期的材料价值要更大一些，而汉代材料较为散碎，且不确定性较高，价值较小。本书在进行研究时原则上不使用汉代材料。不过本书也对部分相关材料进行了搜集与整理，作为附录以供参考。

二是应分别传世文献和出土文献中的材料。本书一般以出土文献中的材料为主，传世文献中的材料为辅①。《尚书·秦誓》《诗经·秦风》等的传承史复杂，战国秦汉间其保存与再文本化主要是东方儒生的功绩，其文本用字面貌恐怕很难保持原貌；《商君书》《吕氏春秋》虽为秦国文献，其作者多半却并非秦人，原则上不便利用其中通假、韵文等材料以考求秦音；二书用字的秦系特点虽可能保存较好，仍不及出土材料可信，在出土秦文字资料已较丰富的条件下，似缺乏其独特价值。比较特殊的是几种传世秦文字材料和秦始皇刻石。传世的古文字材料如石鼓文、诅楚文等本属古时出土材料，利用时可大致视同现代出土文献；秦始皇刻石除泰山刻石、峄山刻石外，其他或残损严重，或完全无图版可考，但《史记》中保存了其全文，其可信性应高于前面所说的几种传世文献。

此外，现有的秦系出土文献多出土于故楚国地，对与官方无关的巫医、文学、日书等中的古音信息是否代表秦音特点有必要持审慎态度。因此本书在研究秦音时，首先尽量利用放马滩等出土于传统秦地的材料及秦官方性的材料（如秦行政文书、刻石、出土《苍颉篇》等②）。其次，用韵、通假、谐声等上古音研究的主流材料，我们应当从研究秦音的需要出发进行评估、选择。

在不以诗赋取士的周秦时代，用韵的自主性特点较强，因此是研究声调、古韵分部、具体字归部问题的最佳材料，需要注意的主要问题在于分辨其中出土于故楚地的材料是否出自秦人之手。

通假字和谐声字都有时空的累积性。早已流行的通假字、谐声字对于

---

① 在讨论声调问题时，由于比较借重韵文，也不可避免地要使用传世材料。
② 不过秦晚期乃至统一后，六国人所发挥的影响也是不可忽略的。像秦始皇时期刻石、《苍颉篇》一类材料所反映的语音现象，也有可能不是纯粹的秦音现象。(《苍颉篇》为李斯所作，秦刻石文也有可能假手于李斯等原六国文士。)

考求时代偏晚的方音意义不大，因此对于在秦以前就已广泛行用的通假字、谐声字，原则上可以排除。对于同时出现在秦系出土文献和他系出土文献中的，应该有意识地分析判断其为秦音与相关地域方音的共性，还是可能有相互影响或共同继承自更早时期的可能。从理论上说，分析判断的突破口在于找出秦文字中特有的通假字、谐声字、异构字，以之为较确定的标准来衡量其他通假字、谐声字。不过在实际操作时，这一步骤事倍功半，能得到的确定性的结论有限。因此本书实际上只能更加倚重计量分析，只在涉及个别特例时作具体时空分析。

大致而言，本书在研究声调、韵部时主要依据韵文材料①，在研究声母时主要依据谐声材料。至于通假材料，与韵文、谐声材料相比所能提供的新的信息有限，本书仅收入附录，以备参照。

秦音研究所用的谐声材料主要来源于出土秦简牍，以及部分汉简。故这里特别对这些简牍的情况做一些介绍。

1. 《秦简牍合集》所收的六批秦简牍②

《秦简牍合集》是对六批秦简牍材料的集中再整理成果，使用方便，研究水平亦较高，因此我们在利用相关六批秦简牍资料时，主要是参考此书。

睡虎地秦简牍，年代应属秦王政时期，内容较为丰富，其中《秦律十八种》《效律》《秦律杂抄》《法律答问》《封诊式》均为法律文书；《语书》《为吏之道》为"针对官吏的训诫性读物"；《叶书》（旧称《编年纪》）以记秦历史大事为主，夹叙喜家族大事，虽然学者对于喜是故楚人还是秦人有所争议，但文本内容和用字并无楚系特点；《日书》甲、乙种内容则与九店楚简等有渊源。

龙岗秦简牍，年代较睡虎地秦简为晚，竹简内容为法律文书；木牍内容性质有争议，或以为司法文书，或以为模仿司法文书形式的告地策。

周家台关沮秦简，年代略晚于睡虎地秦简，内容为占卜、历日、病方、农事等。

---

① 西周关陇地区诗篇在用韵特点上与秦韵文非常相似，基本可以作为与秦韵文有同等价值的材料使用。相关情况可参看第三章有关数据。
② 陈伟主编：《秦简牍合集（释文注释修订本）》，武汉大学出版社2016年版。

岳山木牍，年代与睡虎地秦简大体接近，内容为《日书》。

放马滩秦简牍，抄写年代当在秦统一后，竹简内容为《日书》甲乙两种、一篇志怪性质的故事，此外为六块木板地图。

郝家坪青川木牍，为秦武王时物，内容为《田律》及除道出勤记录。

除放马滩秦简牍、青川木牍出土地属秦之故地外，其他秦简牍均出土于楚故地，其中有些民间色彩较强的材料所体现的古音信息可能不代表秦音，这是需要注意甄别的。

2. 里耶秦简牍

里耶秦简牍的抄写时间在公元前222—前207年，据《里耶秦简牍校释》（第一卷）云有字者达17000余枚，内容主要为秦迁陵县政府档案。目前仅出版第一卷，此外《里耶秦简博物馆藏秦简》一书中也包含少量未收入《里耶秦简（壹）》的新图版。①

3. 岳麓书院藏秦简

岳麓简当为秦统一后之物，主要内容为《质日》《为吏治官及黔首》《占梦书》《数》《奏谳书》《律令杂抄》。目前除最后两种外均已刊布②。

4. 北京大学藏秦简

北大秦简牍年代当在秦统一前后，内容丰富，有质日、算书、道里书、《从政之经》、簿籍、《泰原有死者》、日书、祠祝书、病方及一些文学作品。目前各类内容公布程度差异较大，《鲁久次问数于陈起》《酒令》《泰原有死者》《祠祝之道》等内容基本完整地公布了图版与释文；《教女》《禹九策》公布了完整释文；《从政之经》《水路里程简册》《杂祝方》《佣作文书》《折（制）衣》等则仅公布了部分释文。

5. 王家台秦简

据王明钦《王家台秦墓竹简概述》介绍，内容为《归藏》《效律》《政事之常》《日书》等，目前未见图版，本书使用王家台秦简的材料以该文收录的部分释文为限。

---

① 《里耶秦简（贰）》已于2017年11月由文物出版社出版，因时间所限，本书未及利用这批材料。
② 由于时间关系，本书未及利用《岳麓书院藏秦简》（伍）、（陆）中的材料。

6. 出土《苍颉篇》材料

《苍颉篇》是秦统一后推广秦文字的权威文本，且为韵文形式，是研究秦音的绝好资料。目前秦简中尚未发现《苍颉篇》材料，但汉简中保存的《苍颉篇》材料颇多。水泉子汉简《苍颉篇》残卷为七言形式，与《北京大学藏西汉竹书》、阜阳汉简中《苍颉篇》为四言形式有别，但目前所见水泉子本各句均是在四言后续增三字构成，其四言部分与其他二种基本相同，这部分文本对《苍颉篇》原本而言当变化不大，可以作为研究秦音的可信材料使用。我们主要依据北大汉简《苍颉篇》，并以其他汉简补足部分文句，校勘异同，以供研究秦音之用。

7. 其他材料

马王堆汉墓简牍帛书中的部分医书的情形需要特别说明。马王堆简牍帛书主要出自三号墓，该墓下葬的文帝中期前后距秦亡仅三四十年，其中部分文献的形成和抄写年代很可能早至秦代。据《史记·秦始皇本纪》，李斯奏请收焚民间藏书，"所不去者，医药、卜筮、种树之书"，因此其中的医书为秦代所留的可能性是存在的。王辉、杨宗兵等所编《秦文字编》可能根据字形风格，将其中部分医书作为秦文字字形的收集来源。那些未收者的文本形成乃至抄写时间也可能早至秦代。马王堆汉墓医书中谐声字、通假字、韵脚字等材料十分丰富，但它们出土于楚国故地，其中的通假、用韵是否体现秦音特点仍需存疑。因此本书姑且将之作为参考材料使用，利用范围亦与《秦文字编》相同。

另外尚有扬家山秦简、兔子山秦简等（其中扬家山简也有人认为是汉简），材料基本没有公布，本书未加利用。

# 第四节 相关研究综述

## 一 对秦音的研究

目前尚缺乏全面性的研究秦方音的论著。关于秦方言个别音类或语音特点的研究也不多，目前所见仅叶玉英《秦音中以母与喉牙音关系考》①一文。该文通过一词用多字形、变形音化、同源词、谐声、通假等材料考证秦音中部分以母字与影母字、牙音字的关系,结论为:"以母与影母相通的例子仅见于甲骨文和秦文字,因此秦音中的这一特点很可能源自商代语音。"而"以母与牙音见组的谐声或通假关系当是殷周雅言的语音特点之一。春秋战国各地语音都继承了这一特点"(有些以母字与疑、匣等母字亦有谐声关系,例字较少,故叶氏未作总结)。叶氏此文为举例性质,例证较少,且部分例证有疑似之嫌,结论需进一步检验。

## 二 对相关材料的整理

另有些论著旨趣不在研究秦音,但与秦音研究关系较为密切,如:

陈丽《出土秦系文献形声字研究》(硕士学位论文,福建师范大学,2011年)依《说文》卷次对《战国文字编》②所收秦文字中形声字进行逐字考辨,并对继承自商周的形声字与新造形声字的构形方式分别进行了研究。

刘钰、袁仲一《秦文字通假集释》对秦文字资料中通假资料的汇集。③只是该书出版早,所收材料的范围较小。王辉《古文字通假字典》④、白于蓝《战国秦汉简帛古书通假字汇纂》⑤非辑录秦系出土文献通假材料的专书,但所收材料的时间下限较刘、袁书晚。

李玉《秦汉简牍帛书音韵研究》着重于通过不同时地的文献内通假字、异文等材料窥探古音情况,其中利用了秦系出土文献的资料⑥。

陈鸿《出土秦系文献词语研究》简单整理了秦系出土文献中的韵语。但该书有些合韵例子比较牵强,究竟是否韵脚是有疑问的;部分韵例取自秦简中的巫医、占卜文献,这些例子也有必要审慎对待。⑦

秦文字字头是研究秦音的基本材料之一。其整理主要是通过文字编

---

① 见叶玉英《古文字构形与上古音研究》,厦门大学出版社2009年版,第230—244页。
② 汤馀惠主编:《战国文字编》,福建人民出版社2001年版。此书有2015年修订版,有少量修订。
③ 刘钰、袁仲一:《秦文字通假集释》,陕西人民教育出版社1995年版。
④ 王辉:《古文字通假字典》,中华书局2008年版。
⑤ 白于蓝:《战国秦汉简帛古书通假字汇纂》,福建人民出版社2012年版。作者近来又有《简帛古书通假字大系》(福建人民出版社2017年版)一书,本书未及参考。
⑥ 李玉:《秦汉简牍帛书音韵研究》,当代中国出版社1994年版。
⑦ 陈鸿:《出土秦系文献词语研究》,博士后出站报告,中山大学汉语言文字学专业,2009年。

的形式。王辉主编，杨宗兵、彭文、蒋文孝编著的《秦文字编》是目前体例最精善详备的秦文字工具书。该书著录材料截止到 2007 年 7 月，集此前公布的秦文字资料之大成。同类著作还有刘孝霞《秦文字整理与研究》字编部分①、方勇《秦简牍文字编》等②。二者体例较简，但所录材料范围及文字图版质量等或有超出、优于王书者，释字也偶有不同，亦可资参考。

单晓伟《秦文字疏证》③除可作字编使用，还逐字分析字形演变、书法等。何琳仪《战国古文字典——战国文字声系》将战国文字（包括秦文字）根据声首类聚，反映了作者对于战国形声字的细心分析与按断，是关于战国字形系统重要的整理成果。④黄德宽、何琳仪、徐在国等《古文字谱系疏证》可视为该书的扩大版。⑤就研究秦音而言，以上诸书亦较有参考价值。

## 三 其他古方音研究

其他古方音的研究论著，对研究秦音也有一定的参考价值。

文字使用中体现出方音差异的迹象需要有一定的契机。目前可见的最早大宗古文字资料（殷墟甲骨文）的时代已经晚至商代中后期。此前的方音差异自无从考见。殷商甲骨文出土点集中，很难追踪这些文字材料中地域归属的差异。故而从文字材料考见方音差异，最早又只能通过对比商周两代文字材料中记录同一词的不同用字之类的办法。这里可举一例：

虞万里《由甲骨刻辞多字结构说到多诸之音义及其民族与时地》一文"通过对近五百例甲骨文多字结构的排比、分析，揭示了甲骨文的'多'与后世'多少'之'多'不同，它专门修饰亲属、爵位、官职、方国等与人有关的名词，是一个人物复数指称词。这个指称词是殷商民族的常用词，它随着殷商的灭亡，被周民族的常用词'者（诸）'所替代而逐渐消亡。'多''者'两字的兴替，揭示出殷周两民族端知章三系字的不同读音"。

---

① 刘孝霞：《秦文字整理与研究》，博士学位论文，华东师范大学人文学院中国语言文学系，2013 年。作者又出《秦文字编》（学苑出版社 2015 年版）一书，未见。
② 方勇：《秦简牍文字编》，福建人民出版社 2012 年版。
③ 单晓伟：《秦文字疏证》，博士学位论文，安徽大学历史文献学专业，2010 年。
④ 何琳仪：《战国古文字典——战国文字声系》，中华书局 1998 年版。
⑤ 黄德宽主编：《古文字谱系疏证》，商务印书馆 2007 年版。

该说信而有征,是利用出土材料考求方音的成功之作。①

但由于殷商西周古文字材料数量和文本类型都存在较大局限,商周方音研究的条件仍很不充分。考虑到商代幅员辽阔,商人支系较多,某些差异很可能并不说明商周方音差异,而仅仅是不同地区商人所操方音的差异。故而系统地考求方音差异的理想切入点只能选定更晚的历史时期。

春秋战国时期是我国历史上的大变革和大发展时期,对后世中国社会影响深远。政治的长期分裂也强化了地方的相对独立性,形成了相对稳定的地域文化差异,这些差异中有一项即是方言。许慎《说文解字叙》云:

> 其后诸侯力政,不统于王。恶礼乐之害己,而皆去其典籍。分为七国。田畴异亩,车涂异轨,律令异法,衣冠异制,言语异声,文字异形。

这一时期传世文献数量剧增,反映经济社会文化的深广度也相应有了很大提高。这些著作就其产生的历史背景而言,其中所含方言、方音信息当不在少数。

在春秋战国文献中,儒家文献居于重要地位。儒家文献多以齐鲁为中心著述、传布,齐鲁系传世文献与其他各系相比无论数量还是语料的质量均处于领先地位。两汉齐鲁经师解经过程中也往往指出儒家典籍中的齐鲁方言成分。在汉人经注所指出的方言词、方音特点中以齐系为最多。这些都成为研究齐方言的有利条件。因此尽管齐文字出土资料较秦、楚贫乏得多,缺乏大段、鲜活的古文字语料,但在古文字大批出土之前齐方言的研究条件算是比较好的。实际上,齐方言的研究也是起步较早的。

齐方音的研究以汪启明、虞万里创获最多。汪启明《先秦两汉齐语研究》的研究对象为先秦两汉齐语的语音和词汇。②其研究的主要材料是传世文献,但也利用了出土文献材料(如银雀山汉简)。该书对于先秦两汉齐音材料及齐方言词汇搜罗详备。但由于研究齐方音的线索较为零散,因此该书只能采取钩沉式的研究方法,对齐音的一些特点作专题性论证,并不求

---

① 虞万里:《榆枋斋学术论集》,江苏古籍出版社2001年版,第439—491页。
② 汪启明:《先秦两汉齐语研究》,巴蜀书社1998年版。

完整覆盖齐方言的整个声韵调系统。

虞万里《榆枋斋学术论集》所收《从古方音看歌支的关系及其演变》《山东古方音与古史研究》《三礼汉读异文及其古音系统》对于先秦两汉山东地区的古音多所探讨。虞万里对于传统的上古音研究方法的局限性、其结论的实质，以及利用相应方法所得的综合音系与实际的方言音系的关系有清醒的认识。作者致力于探求传世文献与出土材料中的方音现象，并以此作为讨论古史问题的阶梯。在方法论和方向性上，对于研究其他上古方音都有借鉴意义。

但齐方音研究的问题也很显著：由于先秦文献传至汉代已经经历了文字的转写，从文本用字考求古方音的效度不可避免地会受到很大影响，同时既多借重东汉经师之说，也就自然无法专注于春秋战国这一个历史时期的方音的研究，时间跨度太大；同时材料缺乏还往往导致地域划分过于笼统等问题，如汪启明就将宋卫等旧殷人核心区划入齐方言区。以这样宽泛的时地范围来讨论方言、方音，其效度可想而知。

出土材料用字保留原貌，相较传世文献可以减少很多不必要的纠缠。20世纪70年代以来，随着出土楚简、秦简资料日多，如何利用出土古文字资料较深入地考求相关战国方言这一课题也逐渐被明确出来。楚简无论数量还是内容的丰富程度都居出土战国古文字资料前列，故而相关研究开展起步较早，成果较多。

赵彤《战国楚方言音系》[①]是楚方音研究中较早、较有影响的一种。该书选取出土楚系文献、屈宋庄及《淮南子》用韵、传世文献有关楚方言的记载三类材料进行研究，其中尤以屈宋庄、上博简、郭店简三者中的材料为主。在归部方法上除利用传统的谐声字、韵脚字系联法外，还利用了朱晓农计算韵部的离合指数等统计学方法。该书似对甄别共时谐声材料的历史累积问题留意不多，即在研究过程中并未将早已有之的谐声、通假材料排除（当然，这在操作上较为困难）；将《庄子》作为研究楚方音的主要材料似亦有不够确切之嫌。

谢荣娥《秦汉时期楚方言区文献的语音研究》以秦统一以后楚地音系

---

① 赵彤：《战国楚方言音系》，中国戏剧出版社2006年版。

为研究对象，使用材料以传世文献资料为主，同时利用马王堆帛书中的假借材料。由于秦汉以后大一统格局的形成，方音对于书面文献的影响很可能趋弱，因此该论题的研究难度和不确定性较高。①杨建忠《秦汉楚方言声韵研究》研究方法与素材与谢氏颇为类似，但更集中于《方言》标音字的还原利用。②

谢、杨二著在划分声类、韵类时均采用朱晓农统计公式，很可能是受了赵彤的影响。利用这一公式论证韵部是否合并有一定的道理，但也存在着风险。即：当一种文献内包含特殊的古音现象时，在统计时无法被识别或突出，而这些特殊材料可能是最能反映方音特点的。③因此我们对于利用该公式研究古方音的必要性持怀疑态度。

刘波《出土楚文献语音通转现象整理与研究》对出土楚文献资料中的谐声、通假、韵文材料进行了系统梳理，分别归纳其声类、韵部的通转条例。④该文指出：即使存在通转现象的声类和韵部之间可通转者也仅限于其中的一部分字，"应尽量以个体来研究"，提醒古音研究者在通过排比资料推定古音部类时要保持谨慎态度。

此外，有些非专为楚方音研究而作的论著也颇有参考价值。如王波《郭店楚简形声字定量研究》虽非古音研究，但该文注意将所提取的形声字分为继承、新创、传后等三类，注重甄别共时文字体系内的历时因素，对于古音研究颇有启示意义。⑤

除齐、楚之外，也有利用出土材料研究其他诸侯国方言语音特点的单篇文章，如姜允玉《中山王铜器铭文中的音韵现象初探》⑥，唯材料远较齐楚方言缺乏，只能做蜻蜓点水式的研究。

上文提到的对齐楚方音的研究中，有不少论著都存在一个显著的特点，

---

① 谢荣娥：《秦汉时期楚方言区文献的语音研究》，高等教育出版社 2011 年版。
② 杨建忠：《秦汉楚方言声韵研究》，中华书局 2011 年版。
③ 某两部之间只要有合韵，无论合韵例字多还是少，都有可能是次方言中某些音类的混同造成的结果，也有可能是音近通押。
④ 刘波：《出土楚文献语音通转现象整理与研究》，博士学位论文，吉林大学文学院，2013 年。
⑤ 王波：《郭店楚简形声字定量研究》，博士学位论文，华东师范大学人文学院中国语言文学系，2007 年。
⑥ 姜允玉：《中山王铜器铭文中的音韵现象初探》，《古汉语研究》2005 年第 1 期。

就是它们将战国材料与两汉材料兼收并蓄，拿这些材料来构拟某种单一音系。本书认为这是值得商榷的。以《楚辞》和《淮南子》二书为例，尽管二者都是楚地著作，但其原始文本所用文字已有楚、汉系统之别，它们所依据的音系基础的一致性也值得存疑：屈原《楚辞》依据的当为楚国旧都郢地的楚音，《淮南子》的主持者刘安所居地寿春则为楚后期新都所在地。郢、寿春二地空间距离颇大，即使在安定环境中这二地的方言音系恐怕也会有不小的差异，何况事实上战国秦汉之际各地人群迁徙频仍，势必进一步改变地方原有的方言分布格局。二书反映同一方言音系面貌的可能性恐怕不高。

## 第五节 本书的参照系和大致工作步骤

　　研究秦音，有必要选取一些有代表性的古代音系作为参照系。这是因为目前有代表性的上古音系、中古音系或多或少都是综合音系，其中的种种音类区别可以为我们寻找秦音的音类区别提供线索，通过与这些参照系的比较，我们也能更深刻地理解秦音的特点。而要得出秦音音系，起作用的根本上还是对韵字、谐声等材料的时空分析、系联，以及音系推演等方法。此外，正如研究声调等问题时还需要利用一些比较具体、特殊的材料及方法，在利用上古音系或中古音系为参照系时，视研究具体对象的不同也各有侧重。这些情况我们在相应章节再进行更具体的说明。本节仅做一些一般性的讨论。

### 一　作为参照系的上古音系的选定

　　目前主流的上古音系，是利用清儒的上古音研究范式得出的。

　　传统的上古音研究是从陈第认识到语音有古今南北之别，然后才开始逐渐走上正轨的。从顾炎武开始，研究上古音尤其是古韵分部的方法日益精密，到段玉裁、戴震，清儒研究范式趋于定型，各家古韵分部结论同大于异，仅存分部标准宽严、各部个别收字层面的差异。也可以说段、戴之后各家所做的工作是一种补苴、微调工作。高本汉引入西方构拟方法使得这一范式面貌一新，在构拟上古音方面也出现了一些新的分歧。但究其实质而言，20世纪音韵学研究的诸大家其主流的分部方法对于顾、戴、段等的范式并未做出根本性的变革。因此我们可将主要利用传世文献韵文、通假、谐声等研究上古音的方法统称作"清儒的上古音研究范式"。

清儒范式的上古音研究成果主要以古韵分部为主,其成果对于解决古书中的疑难问题,释读古文字等很有价值。但其局限性已为许多学者所指出,主要一点即时空界限不够明晰。清儒范式的上古音研究是在传世文献以雅言为基础,且这些文献经过"秦火"也没有改变其用字的音系基础这两个预设之上展开的。

就这些文献所产生的时代背景而言,当时各诸侯国已经形成了较稳定的相对分裂格局,"文字异形,言语异声"。如我们根据东汉经师所指出的儒家文献中多有齐鲁方言现象来看,似乎更接近事实的一种推论应该是这些文献本来是掺杂齐鲁方言写成。其他文献情况同理。实际上现在研究楚方言,也正是建立在《老子》《楚辞》等是楚方言文献这一判断的基础上。林语堂云:"上古用字不离方音,去方音亦无所谓古韵。故非从方音入手,古韵之学永远不会精密。"①该观念相较而言要更可取一些。也就是说,先秦文献并不一定以雅言为基础。而汉以后流传的先秦文献基本经后人还原或转写以秦系文字,其原来的用字面貌也遭到了破坏。因此,作为清儒的上古音研究范式之前提的两个预设或多或少都有问题。

清儒范式的上古音体系实际上是在其所用的研究材料,诸如韵字、谐声字、通假字等均缺乏明确的时空界限的情况下的一种权宜之计,无奈之举。其实质大致相当于从这些古音材料中合并同类项而得出的一种最大公约数的集合。虞万里在《从古方音看歌支的关系及其演变》一文中指出:

> 陈第虽然提出"时有古今,地有南北",但清人的研究,只是在"古今"上下功夫。"五四"以后的学者考虑古今,也考虑"今之南北",然而他们仍然没有着手对"古之南北"作深入研究,或者说虽然有对古方音的某些理论和一些零星的方音考证,而始终没有实施到系统的研究工作中去。
>
> ……

---

① 林语堂:《前汉方音区域考》,《语言学论丛》,开明书店 1931 年版。

我们将周秦汉的诗文韵脚代入到古音学家的韵部中去,发现"合韵"是惊人地多。①

虞万里提出了他对于先秦时期古音实际情形的假设:

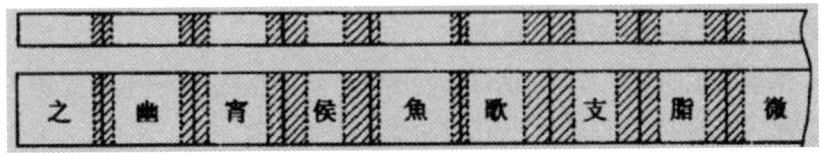

图 1-1　今人从文献上看到的古韵部情况示意

图 1-1 表示清人上古音研究范式下的古音分部结论,其中阴影为段玉裁所言"合韵"。

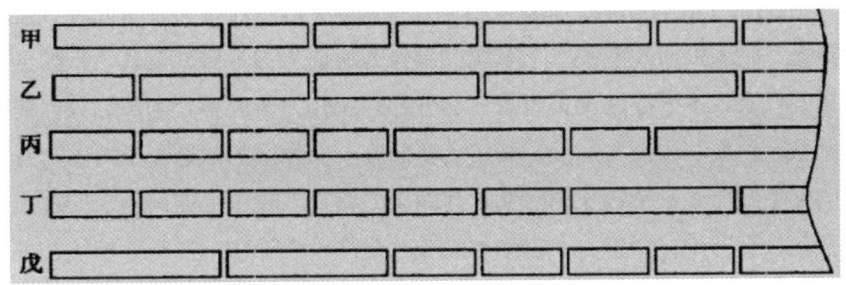

图 1-2　虞氏周秦时五个方音区的韵部情况假想

图 1-2 为虞氏所假设的五个方言区。

而不考虑作者的时代和地域,根据不同时代地域作者作品归纳出来的韵部只能是图 1-3。图 1-3 相当于图 1-2 五个方言区音系整合而来的音系。

图 1-3　五个方音区的韵部俯视

---

① 载虞万里《榆枋斋学术论集》,江苏古籍出版社 2001 年版,第 2—4 页。以下三图均出处同此。

虞万里对于清儒范式下的古韵分部成果的认识是可取的。只是他所提出的假设图也存在一定的问题，主要是似乎隐含了合韵只发生在清儒所分韵部中邻韵之间的预设，这是不必要的。

就古文字考释实际而言，音转理论的使用同样也是惊人地多。这与虞万里就韵文提出的合韵过多，其性质是相通的。最主要的原因就在于不同时间、空间材料的叠置与交互影响。

清儒范式的上古音系统的综合性尽管是其主要局限，但也正是因为这个原因，它也成为我们研究上古方音的较好的参照系。由于这种上古音系是基于各种重要传世文献而得出的，且是一种大致从分不从合而得的系统，理论上上古各主要方音的音系层面的大的区别应能够涵盖在清儒的上古音体系内（当然，某些细微的区别很可能被湮灭）。目前很多研究上古方音的著作将这类上古音系统作为比较分部异同的参照系，这种做法是值得肯定的。

王力的上古音系统（主要是古韵分部系统）是目前古文字研究领域使用较普遍、较为人所熟悉的一个系统，可作为清儒上古音研究范式下古韵分部成果的代表。本书亦选择王力的古韵分部系统作为研究秦音韵部划分问题的参照系。但要利用王力系统，其实还要面临一些棘手的问题。王力的古音体系的定型经历了一个较长的时期，其间王力在许多较重要的问题上的观点都有变化。李开说："王力上古韵部的分合最终确立于 20 世纪 50 年代，各韵部的收字和它与中古韵的对应关系在《汉语史稿》中业已定型。至王力晚年，对各韵部的拟音尚有若干修订，其构拟的最终意见可以《汉语语音史》为准。"[①]但王力本人始终没有写出一部全面系统的上古音工具书。目前要使用王力的上古音系统，主要还是参考王力后辈学者所编纂的古韵工具书[②]。

尽管大的分部比较确定，但除了拟音的改变之外，对于某一韵部有多少韵母，这些韵母与中古音韵母的演变关系等，《汉语语音史》相较《汉语史稿》都有更充分的表述[③]。对照《汉语语音史》所列古韵例字与王力后辈

---

① 李开：《汉语古音学史》，上海古籍出版社 2015 年版，第 122 页。
② 唐作藩：《上古音手册》，中华书局 2013 年版；陈复华、何九盈：《古韵通晓》，中国社会科学出版社 1987 年版；郭锡良：《汉字古音手册（增订本）》，商务印书馆 2010 年版。
③ 王力：《汉语史稿》，中华书局 1980 年版（此书最初由科学出版社于 1957 年出版）；王力：《汉语语音史》，中国社会科学出版社 1985 年版。

学者所编著的古韵工具书，就会发现在某一部所辖韵母的数量、开合、等列等方面常有出入，许多具体的字的归部也并不一致。究其根源，是王力后辈学者编著的古韵工具书往往以王力较早出版的《汉语史稿》的系统为基础，而《汉语史稿》的系统与王力晚年观点的差距是不容忽视的。此外，有些问题上相关工具书编者本即有与王力不同的认识。

本书在使用王力系统作参照系时，凡《汉语语音史》已列举的以该书为准，而大部分字该书未列举，则根据中古韵对应情况及王力后辈学者意见酌定，必要时也参考其他各家系统。

在上古音研究方面除继承清儒的研究范式，使用韵字、通假、谐声等材料，及通过《切韵》音系上推来划分韵部外，自高本汉以后，音韵学领域对西方语言学研究的很多视角、做法和成果的借鉴日多，出现了大量运用亲属语言比较（同源词、形态等）来构拟上古音的论著。这对于开拓古音研究的新境界是不可或缺的。但相关学者构拟的其实也是某种综合性质的汉语上古音，且这种上古音的时代之早，距战国可能过于久远。相比于这些新成果，利用清儒范式得出的上古音研究成果作为我们研究的主要参照系或许更为合适。

## 二　作为参照系的中古音系的选定

中古音的研究以《切韵》音系为中心。《切韵》音系研究的一个重要问题在于如何看待《切韵》音系的性质。对此学者看法多有分歧。"对于《切韵》性质问题的讨论，实际上涉及语言史研究中空间和时间关系的理解。"① 这个问题对于上古音研究的影响主要在于，在持综合音系说者看来，《切韵》的一些音类差别的实际存在时间可能较早。在这种认识下，利用《切韵》推定上古音的效度可能会被估计得比较乐观，上古音系与《切韵》音系的差异会小一些。② 本书比较倾向于这一主张。不过也应该看到，上古的某些音类区别在《切韵》时代已经消亡，必要的离析《切韵》音类的工作是不可少的。

---

① 徐通锵：《历史语言学》，商务印书馆1991年版，第137页。
② 比如在要不要为上古汉语音系构拟复辅音等问题上，持综合音系说的学者一般会偏保守一些。

## 三　主要研究方法

本书使用的主要研究方法如下：

一是清儒研究上古音的经典方法。

清儒研究上古音的很多局限性主要是因难以鉴别材料时空性导致的。而之所以难以鉴别，主要是材料的客观情况使然，与方法本身的关系不大。因此本书对于清儒研究上古音所积累的经典方法均虚心吸取。

原则上清儒研究上古音的经典方法（主要是广泛搜集韵脚字、音注、谐声、异文、假借材料，利用系联、类比等普通逻辑方法归纳声部、韵部）均可用来研究秦音问题。不过大致而言，韵文、谐声字分别是研究声母、韵母的主要材料，而其他材料在质、量两个方面均要差一些。

二是音系推演法。

《切韵》音系保存了大量的类的区别。根据语音演化的规律性特点，我们可以假定秦音与《切韵》音系存在若干类的对应关系。事实上，上古音研究者一般都采用这样的方法构拟上古音，如根据中古音的入声韵尾推定上古音相应字也有入声韵尾，根据中古有四声之别推定上古音也有四声等。尤其是在声母方面，相对于韵母可用的材料更少，就更加倚重这种音系的推演方法。尽管在上面提到的入声韵尾、声调差别、声母等的研究方面学者们并不完全要求与中古一致，但不一致者需要解释其演变规律，要求能自圆其说。这些同样是运用音系推演法的应有之义。

以上两种方法相得益彰，可以说目前所取得的上古音研究成果主要是依靠这两种方法获得的。

三是时空分析法。

随着先秦各时期、各地区出土材料的发现日益增多，研究日益深入，想要追踪个别字、个别通假关系等产生的时间及分布的空间，条件也越来越成熟。这就为突破仅仅利用前两种研究方法得出的上古音研究结论提供了尝试的可能性。在必要时，利用这种方法可以识别秦音中新生的、特有的语音现象，同时排除某些更古老的音类关联所造成的干扰。这对于我们研究秦音意义重大。

秦音研究的工作步骤大致如下：

第一，确定秦文字的字符集，其能分析声首者切分出其各级声符。

秦文字中形声字是大多数，据我们对《秦文字编》等字头的整理，占三分之二多。非形声字的数量不容小觑，其中大部分能归入谐声系统。如"余"声首下辖余、荼、徐、舒、馀、舍、梌、涂、除、捈、筡、埱十二字，其中舍又辖郤、涂又辖塗、蒗、徐又辖蓛，整个余声首共辖十六字。有些字属于两声字，如舒字，这类字同时归入两声首下，并可据此将这两个声首类聚。

第二，加注《切韵》音系中古音地位。

主要依据《广韵》。必要时参考《说文》《经典释文》《篆隶万象名义》等书反切[①]及《集韵》等。

在研究过程中，如遇到特殊字音（与主流对应规律不一致），且相关读音所对应的意义在秦文字中未见，我们则将之剔除。

第三，为每个字头加注王力系统上古音地位。

王力上古音系统以《汉语语音史》的系统为准。该书举例列出的字数量比较有限。本书采取如下条例加注王力例字以外的上古音地位及拟音。

其一，声首及中古音地位有与例字全同者，据例字注音。

其二，声首与例字相同，中古音地位有等列开合之别者，据例字之音调整等列、开合注音。

其三，无法按照上述方法注音者，参照王力后辈学者所编工具书《汉字古音手册》《古韵通晓》确定类别，再折合为《汉语语音史》的系统注音。《汉字古音手册》《古韵通晓》的拟音与《汉语语音史》不同，但大多容易确定对应关系。那些不便确定对应关系者则同时参考其他各家的归部及音类。

其四，关于秦文字字头的造字时间和行用地域的具体分析。在涉及例外字音时，甄别相关字是否为秦文字特有字形。如甲骨文、西周金文或六国文字已见，则不据以论定秦音。

其五，搜集相关韵文材料。陈鸿《出土秦系文献词语研究》对于这类材料做过初步整理，只是涵盖范围还不够，甄别韵文亦较粗疏。出土材料中的用韵材料是研究秦音最可靠的素材之一，这方面需要着力搜集。

---

[①] 《说文》反切指各字头下徐锴、徐铉分别依据中古《切韵》系韵书所加的反切。

西周关中诗篇、两汉关陇巴蜀地区作者的韵文用韵也有参照价值。后者可查罗常培、周祖谟所定韵谱①。前者我们参照王力《诗经韵读》②而有所调整（见附录部分）。

其六，得出秦方音的声韵调系统的概貌或其若干重要特点，在材料的充分程度和研究的深度允许的情况下为秦方言音系拟音。

此外，我们也搜集出土文献中的通假材料（仅限假借字、被假借字属不同声首者）、传世文献中的秦方言词材料及相关经师音注材料等，这些材料相对而言可能价值较低，我们收入附录，以供参照或进一步利用。

---

① 罗常培、周祖谟：《汉魏晋南北朝韵部演变研究》（第一分册），中华书局2007年版。
② 王力：《诗经韵读·楚辞韵读》，《王力文集》第六卷，山东教育出版社1986年版。

# 第二章 声调

## 第一节 如何判断上古汉语是否有声调？

### 一 问题的缘起

以传统小学的办法来研究上古汉语的声调问题，所能利用的材料主要是上古的韵字。所能做的工作一般是比较上古一起通押的字的中古调类，统计出异同比例，再视统计结果而提出可能的假说。至于上古汉语是否有声调，多数学者持肯定意见，即便陈第"古无四声"、顾炎武"四声一贯"等说，主旨亦在强调古人用韵不重辨别声调，而非否定声调之固有性。

不过在1954年，法国汉学家奥德里古尔提出四声中的上、去两者是由于古辅音韵尾的消变而形成的。这个假说得到不少学者的支持。

上古汉语有声调的传统观点与奥氏的观点，很大程度上都是建立在类比逻辑的基础上的。不同在于，前者的类比对象是中古汉语，后者的类比对象则是古代的非汉语语言等。这两种观点对于上古用韵材料的解释力相当。这样一来，寻找判断二者是非的尺度，就成为研究者的当务之急。

李方桂提出一种意见，他认为就那些中古声调不同的字在上古韵文中存在不少通押的韵例来看，假定它们为不同韵尾的字通押，不如假定它们是异调通押好理解。

拿《诗经》中的关陇地区作品为例来作一检验，李方桂的意见有其合理之处，但也有说不通的地方。合理的地方在于，这些作品中几乎不存在以中古为平声、上声的字与中古为入声的字通押的韵例。而中古的平、上声字与入声字确实有不同的韵尾。

而说不通的地方在于，中古为去声的同一批字，一方面可以与平、上声字通押，另一方面又可以与入声字通押（参考附录的韵谱部分）。如何能把这些字的韵尾拟得既与中古为平、上声的字相同，又与中古为入声的字相同呢？据此来看，无论如何也很难从原则上排除韵尾不同的字之间通押的可能性。从这个意义上说，李方桂的观点恐怕是不成立的。

从押韵材料入手来论证上古汉语是否有声调，这个思路很可能是行不通的。

## 二 解决问题的突破口——异调并列语

丁邦新以《诗经》《论语》《孟子》三种文献为例，指出凡由中古不同声调的字所组成的双音节并列语，其中的字一般要按其中古的调类，依平、上、去、入顺序来排列。据他统计，三书中各类"异调并列语"的数目如表2-1所示。

表2-1 丁氏《诗经》《论语》《孟子》里异调并列语统计

| | | | | | | |
|---|---|---|---|---|---|---|
| 正序型 | 平—上 70 | 平—去 73 | 平—入 104 | 上—去 34 | 上—入 27 | 去—入 23 |
| 逆序型 | 上—平 21 | 去—平 9 | 入—平 10 | 去—上 13 | 入—上 10 | 入—去 16 |
| 比值 | 3.3 | 8.1 | 10.4 | 2.6 | 2.7 | 1.4 |

就丁邦新的统计数据来看，他所说的规律性现象应当是存在的。不但正序型的异调并列语总是相应地比逆序型多出一些，而且比值行中 3.3、8.1、10.4 等数据差异也很值得注意。在缺少评估有无声调问题的两种说法的尺度的情况下，这个现象应该认真去研究。如果能把这其中的原因解释清楚，我们对上古汉语是否有声调这个问题的疑惑或许将减少大半。

我们先来看丁邦新的解释。他认为："如果我们认为平声是-d，上声是-dʔ，去声是-ds，入声是-t，我们无法了解何以收-d 尾的平声字经常会出现在-dʔ、-ds、-t 或其他类似韵尾的前面，唯有从声调不同的角度才易于解释这种词型构成的缘故。"①

这个说法似乎有一些道理，有许多论著讨论上古汉语的声调问题时援引该说。不过在笔者看来，丁邦新的观点问题不小：

一方面，调类的物质形式只在于调值、调形。如果调值、调形能影响并列语中字的排序，其原因应该是某一种组合比另一种发音更省力。然而，拿现代的普通话或者方言来说，我们能辨别出鼓吹、吹捧两个词所代表的声调组合，哪一个发音更省力，哪一个发音更费力吗？

另一方面，一个字的调类容易在不同方言或不同时代中保持一致，但它的调值、调形变动性往往要更多一些。即使我们退一步，承认调值、调形能影响并列语中字的排序，也承认某一种组合比另一种的发音更省力，也还可以提出一个疑问：时代不同，方言不同，并列语中字的次序何以不因调值方面的变化而来回调整？

由于存在这些疑问，本书不能接受丁邦新的意见。

在丁邦新《国语中双音节并列语两成分间的声调关系》发表前的讨论中，郑再发提出"（入声音节的）p、t、k（韵尾）夹在两音节间，似乎比较违反发音的自然"②。本书同意此说。下面以王力对"麻麦"一词的拟音 *meaimək 为例来试作论证。

由"麻"的韵尾*i 过渡到"麦"的声母*m，中间没有另外的短促的发辅音的动作，发音过程是舒缓的；而若颠倒其次序，则为*məkmeai，*k 无论是否唯闭音，都有一个舌根的收束动作，由此转入*m，又需要做一个双唇合拢、打开鼻腔的发音动作，这样由*k 到*m 的衔接就不太流畅。可见，"麻麦"和"麦麻"这两种字序之所以能有优劣之辨，应该就是由于促音韵尾出现的位置不同。

据此，在上古的并列语中，中古为入声的字由于促音韵尾的关系而大多被放在中古为平声的字后面，这一点殆可无疑。不过回头来看丁邦新的

---

① 丁邦新：《〈论语〉〈孟子〉及〈诗经〉中并列语成分之间的声调关系》，《中国语言学论文集》，中华书局 2008 年版，第 332 页。

② 参见丁邦新《国语中双音节并列语两成分间的声调关系》一文《后记》的引文部分，《中国语言学论文集》，中华书局 2008 年版，第 311 页。

统计数字，如何解释中古为上声的字要放在中古为去、入声的字前面？如何理解表2-1"比值"行中3.3、8.1、10.4等这个数字序列？其他的数值又该如何解读？

潘悟云提出一种解释。他说："上古的平声带零韵尾或响音韵尾，上声带紧喉，去声带擦音韵尾，入声带塞音韵尾。如按韵尾的发音强度从小到大排列，正是平、上、去、入。"①这段话的核心意思，是以三种辅音韵尾之间发音强度方面的差异来解释三类字要出现在并列语中的哪一个位置。

如果不考虑元音、鼻音这样的响音类型的韵尾，说发音强度小的音比较适合出现在两个音节之间，这是可以接受的（比如双音节并列语中，阳平字也更多地放在阴平字之后，就是由于浊音的发音强度比清音低；现代汉语中清音声母在语流中有时会浊化，也应是出于同样的原因）。但实际上，在-ʔ、-s、-t 这几类韵尾中，发音强度方面-ʔ与-t 似更接近一些，-s 在发音强度上恐不应排在-ʔ与-t 中间，也就无论如何不能形成-ʔ、-s、-t 这样的序列关系。

即便忽略这一问题，我们还可以提出两条疑问：一，同为清音的韵尾辅音在发音强度上的区别，是否足以对并列语中字的排序产生显著影响？二，以中古声调相同的影、心、端母字中的任意两者所组成的双音节并列语为例，在字的排序方面能否形成与-ʔ、-s、-t 这一序列相平行的排列关系？除非这些问题得到肯定性的答案，否则潘悟云的解释将很难使人信服。

笔者认为，在双音节并列语中，就入声韵字放在阴声韵字之后的原理来看，假定上古的某个时期，中古为上、去声的字在音节结构上曾与入声韵字相似是有道理的。不过对中古为上、去、入声的字之间的排列关系，以及表2-1内"比值"一行的3.3、8.1、10.4这样的递增序列关系，与潘悟云平面化的理解不同，本书主张从历时音变的角度来理解。

从中古为平、上、去、入的四类字在上古的相互关系来看，段玉裁《六书音均表》云"古平上为一类，去入为一类"，虽说表述未必精确，但也

---

① 潘悟云：《汉语历史音韵学》，上海教育出版社2000年版，第163页。

称得上言之有物。我们有理由假定上古时期对应于中古上声的那种韵尾（比如说-ʔ韵尾，或者别的某种韵尾）的消失，要先于上古时期对应于中古去声的那种韵尾的消失。根据本书前文的分析，单纯的调值差异不太可能影响双音节并列语中字的排序，中古为上、去、入的三类字的韵尾差异也不太可能影响不含中古为平声的字的双音节并列语中字的排序。也就是说，只有在开音节、鼻音韵尾音节的字和其他类型的字所组成的并列语中，字的排序才是有规律的。基于此，我们可以得到如下的推论：

在上声调产生前，在由中古为上、去、入的三类字组成的并列语中，三者的位置一般是随机的，而在由中古为上声的字与中古为平声的字组成的并列语中，中古为上声的字一般应放在中古为平声的字之后。

但到了有上声调、无去声调这个发展阶段，在由平声字、上声字组成的并列语中，两者的位置一般是随机的，而在由上声字与中古为去、入二声的字组成的并列语中，上声字应该放在另外两类字之前。

把两个阶段所产生的并列语放在一起来统计，我们很自然会有下面的发现：一方面，中古为上声的字虽然更多地放在中古为平声的字之后，但规律性没有中古为去、入声的字放在中古为平声的字后面的规律性强；另一方面，中古为上声的字虽然更多地放在中古为去、入声的字前面，但规律性也不如中古为平声的字放在那两类字前面的规律性强。

上古时期对应于中古去声的那种韵尾（比如说-s 韵尾，或者别的某种韵尾）的消失，所可能产生的影响也可以根据同样的道理推导出来。从丁邦新的数据看，中古为上、去声的两类字的相关数值差异较大，而中古为去、入声的两类字的相关数值差异很小。据此，我们认为到《孟子》文本内容形成的那个时间节点，距离上声调的产生已经过了相当长的一段时间，而去声调很可能才刚刚产生，或者正在产生的过程中。

## 第二节　秦方言的调类

在上一节中，本书以解释"异调"并列语中字的排序现象为突破口，得出到《孟子》文本内容形成的那一时间节点，上声调已产生多时，而去声调刚产生不久，或正在产生过程中这一推论。不过也还有问题。《诗经》并非一时一地之作，《论语》《孟子》比较适用于说明邹鲁一带方言的情况，无法直接据以推定秦方言的情况。因此，秦方言是不是有声调还是未知数。好在经过前面的讨论，我们获得了一些经验，这对于我们研究秦方言声调的情况是有帮助的。

## 一　从异调并列语看秦音调类

（一）西周关中地区诗篇的异调并列语所反映的情况

西周关中地区方言是秦方言发展的基础之一，考察其声调问题对于我们讨论秦方言的声调有较大的参考价值。据此，我们先从丁邦新提供的《诗经》并列语材料中，抽取了《周颂》《大雅》《小雅》《豳风》等篇所包含的"异调"并列语进行统计，相关数据如表2-2所示。

**表 2-2　西周关中诗篇里异调并列语统计**

| 正序型 | 平—上 27 | 平—去 13 | 平—入 32 | 上—去 5 | 上—入 12 | 去—入 5 |
|---|---|---|---|---|---|---|
| 逆序型 | 上—平 8 | 去—平 8 | 入—平 7 | 去—上 2 | 入—上 7 | 入—去 3 |
| 比值 | 3.4 | 1.6 | 4.6 | 2.5 | 1.7 | 1.7 |
| 表 2-1 比值 | 3.3 | 8.1 | 10.4 | 2.6 | 2.7 | 1.4 |

与表2-1"比值"行的数据相比，本表"比值"行有几项数字发生了显著的变化，而且变化的方向多与我们之前的推论不合。不过，这应该只是一种假象。造成这种假象的最重要的原因是《诗经》的文体。诗需押韵，为了押韵，很可能有些并列语的字序就被调整了，比如《小雅·鱼藻》有一个并列语，在不押韵时作"岂乐"，属正序型；而在押韵时作"乐岂"，变为逆序型。以上—平型的8条并列语为例，其中就有6条是以中古为平声的字押韵：

《豳风·七月》：七月流火，八月萑苇。蚕月条桑，取彼**斧斨**，以伐远扬，猗彼女桑。

《豳风·九罭》：九罭之鱼，**鳟鲂**。我觏之子，衮衣绣裳。

《小雅·祈父》：祈父，予王之**爪牙**。胡转予于恤，靡所止居。

《小雅·巧言》：荏染柔木，君子树之。**往来**行言，心焉数之。

《小雅·四月》：山有蕨薇。隰有**杞桋**。君子作歌，维以告哀。

《大雅·荡》：虽无老成人，尚有**典刑**。曾是莫听，大命以倾。

《大雅·崧高》：王命召伯，彻申伯**土疆**。以峙其粻，式遄其行。

《周颂·访落》：休矣皇考。以**保明**其身。

同理，其他许多类型的并列语也都有这种情况。在考虑声调问题时，这些并列语恐怕是应排除在外的。当然，并不是说凡出现在入韵字位置的并列语都不是正常的顺序，我们主张不考虑这些并列语只是为了凸显某种可能被掩盖的事实。

如果我们把只出现在入韵字位置的并列语去掉，重新统计，结果见表2-3。

表2-3 西周关中诗篇里异调并列语统计（修正）

| 正序型 | 平—上<br>14 | 平—去<br>10 | 平—入<br>27 | 上—去<br>3 | 上—入<br>6 | 去—入<br>4 |
|---|---|---|---|---|---|---|
| 逆序型 | 上—平<br>2 | 去—平<br>4 | 入—平<br>2 | 去—上<br>2 | 入—上<br>5 | 入—去<br>3 |
| 比值 | 7 | 2.5 | 13.5 | 1.5 | 1.2 | 1.3 |
| 表2-1<br>比值 | 3.3 | 8.1 | 10.4 | 2.6 | 2.7 | 1.4 |

可以看到，平—上型与上—平型并列语的数量之比有明显的上升。上—去型与去—上型数量之比，上—入型与入—上型数量之比，这两项数值要比丁邦新的统计更接近于1。这些数字的变化与我们之前的推论都是一致的。

只有平—去型与去—平型并列语的数量之比变小，是一个例外。这可能与数字太小，比值容易受到偶然因素的扰动有关。有的并列语中字的次序是语音以外的因素决定的,比如说"话言"。在《诗经》中"话"字均为名词,"言"字多为动词,可能这词是为了防止与一般的动宾结构混淆才如此构造的。本来这样的词在统计数字时应予筛除,不过我们毕竟不完全了解古人的思维,很多时候无法把潜在的例外都排除掉。在数量较少的情况下,多统计一组并列语,就会对相关比值产生很大的扰动。

总之,从《诗经》中相关篇目中的异调并列语来看,中古为上、去、入声的三类字大致表现出了更高的一致性。这说明上声调很可能尚未产生(也就是说还带有-ʔ或者别的某种韵尾),或者刚产生不久。至于去声调,平—去型与去—平型的数量之比相较我们的预期偏小,这可能是由于相关并列语数量较小,数字容易受到扰动。就汉语语音发展的脉络来看,去声调先于上声调产生,这种可能性是比较小的。

(二)睡虎地秦简法律文献中的异调并列语所反映的情况

看完西周关中地区诗篇中并列语的情况,我们再来看秦系材料中并列语所反映的情况。就传世与出土两种类型的文献来看,春秋至秦代,能够明确为秦人所作,且语体风格比较接近当时口语的著述,当首推秦的法律文献。我们即以睡虎地简的《秦律十八种》《效律》《秦律杂抄》《法律答问》《封诊式》等为材料来源,对其中的异调并列语进行统计。结果如表 2-4 所示。

表 2-4 睡虎地简法律文献中异调并列语统计

| 正序型 | 平—上 9 | 平—去 13 | 平—入 14 | 上—去 8 | 上—入 6 | 去—入 1 |
| --- | --- | --- | --- | --- | --- | --- |
| 逆序型 | 上—平 8 | 去—平 3 | 入—平 1 | 去—上 1 | 入—上 2 | 入—去 2 |
| 比值 | 1.1 | 4.3 | 14 | 8 | 3 | 0.5 |

尽管各类并列语数量仍然不大,但相较我们对《诗经》中西周关中地区诗篇中各类异调并列语的统计结果而言,有一些非常值得注意的变化。比如,在《诗经》关中地区诗篇中,除去其中只出现在入韵字位置的那些,上—平型并列语只有两条,仅为平—上型并列语数量的七分之

一；而在秦法律文献中，有"马牛""韭葱""少多""稻麻""短长"等无可质疑的上—平型并列语，数量与平—上型基本持平。与此相应，中古为上声的字放在中古为去声、入声的字前的新规律也非常清楚地显现出来。这与我们前文中所假定的情况吻合。从这些情况来看，在这批法律文献的文本内容所产生的那个时间段，上声调的产生当已完成了一段时间。

从中古为去声的字相关的几项数据（比如上—去型与去—上型的数量之比达到 8:1 等）来看，在秦方言中，这类字仍然更接近中古为入声的字。在这种情况下，中古为去声的那些字很可能并不完全以声调与平、上声字相区别，而是仍带有某种塞音或其他的非响音韵尾。

## 二 从周秦韵文材料看秦音调类

仅凭韵文材料很难判断声调的有无。不过通过对睡虎地简秦法律文献中"异调"并列语材料的分析，我们已经推定出一些情况：首先，由于秦时中古为上声的字已经是纯以元音或鼻音收尾，阴声韵、阳声韵上至少已产生平、上两个声调的对立。其次，秦时中古为去声的字的声调情况比较模糊，是以非响音韵尾，还是声调来与平、上声字相区别不好判断。在这种情况下，我们再结合韵文材料来分析这几类字的声调情况，可能会有进一步的收获。

（一）周秦韵文"四声"独用与合用概况

先来看看西周时期韵文材料所反映的情况。

我们以王力《诗经韵读》为基础，经过考订，重新整理了《大雅》《小雅》《豳风》《周颂》的押韵材料，共得到 991 个韵组[①]。经过细分统计，得出如下数据，见表 2-5。

---

[①] 对于《诗经》韵字的圈划历来是上古音研究的重要课题，很多学者都做过这个工作，王显的《诗经韵谱》对此介绍较详，可以参考。由于《诗经》用韵比较灵活，除了后世典型的 AAOA 式、隔句用韵、句句用韵等比较好判断外，还有一些特殊韵式，学者对于一些具体字是否入韵的理解常有出入。我们与王力所定韵字的差异详见附录的韵谱部分。

表 2-5　西周关中诗篇里四声独用合用情况统计

|  | 平 | 上 | 去 | 入 |
|---|---|---|---|---|
| 平（495） | 452（91%） | 20 | 23 | 0 |
| 上（242） | （20） | 215（89%） | 7 | 0 |
| 去（154） | （23） | （7） | 73（47%） | 51 |
| 入（202） | （0） | （0） | （51） | 151（75%） |

单就这些数据来看，以下三点最值得注意：一，中古为平声、上声的字不与中古为入声的字通押。二，用中古不同声调的字押韵的韵例，没有同时兼用中古三个或四个声调的字押韵的。三，中古为上声的字与中古为去声的字通押的韵例较少，而中古为平、入声的字与中古为去声的字押韵的韵例颇多。

再来看秦韵文的用韵。我们所搜集的秦的韵段有 265 条。经过细分统计，数据如表 2-6 所示。

表 2-6　秦韵文里四声独用合用情况统计

|  | 平 | 上 | 去 | 入 |
|---|---|---|---|---|
| 平（134） | 123（91%） | 6 | 5 | 0 |
| 上（58） | （6） | 47（81%） | 5 | 0 |
| 去（50） | （5） | （5） | 33（66%） | 7 |
| 入（46） | （0） | （0） | （7） | 39（85%） |

在秦韵文中，中古为平、上二声的字仍然未见与中古为入声的字通押者。与西周关陇地区韵文的用韵情况相比，较为显著的变化为：中古为上、去二声的字通押的比例有了明显提高（2.9%→8.6%[①]；4.9%→10%），而中古为去、入二声的字通押的比例则明显下降（32%→14%，25%→15%）；在所有包含中古为去声的字的韵段中，中古为去声的字独用的比例由 47%上升到 66%。

---

① 2.9%、8.6%分别为上去合韵数除以含上声、去声的韵段总数。依此类推。

## （二）对中古去声字相关韵例的进一步考察

在周秦韵文中，中古为去声的字独用的韵例最少。这个问题不是孤立的。

从谐声上看，在上古时期，中古为去声的字恐怕还应该分为两个次类（下文简称 A、B 类）：A 类字与中古为平、上声的字相关联；B 类字与中古为入声的字相关联。实际上，如果我们把两类字分开统计，会发现在用韵上两类字也表现出类似的倾向（见表 2-7 和表 2-8）。

**表 2-7　西周关中诗篇里去声 AB 类与平上入三声独用合用情况统计**

| 西周韵文 | 平 | 上 | A | B | 入 |
|---|---|---|---|---|---|
| A，94 | 19 | 6 | 30（32.7%） | 19+5 | 15+5 |
| B，83 | 4 | 1 | (19+5) | 24（26.5%） | 31 |

**表 2-8　秦韵文里去声 AB 类与平上入三声独用合用情况统计**

| 秦韵文 | 平 | 上 | A | B | 入 |
|---|---|---|---|---|---|
| A，37 | 5 | 5 | 16（43.2%） | 8 | 3 |
| B，21 | 0 | 0 | (8) | 9（42.9%） | 4 |

总体来看，虽然 A 类字在押韵上与 B 类字和中古为入声的字关系更密切，但 A 类字明显较 B 类字更接近于中古为平、上声的字。

中古为去声的字独用的韵例原本占比就是最低的，而将 A、B 两类字分开统计时，数值进一步下降。

且不论秦方言有没有产生声调，从中古为平、上、入三声的字在韵文中独用的倾向来看，假定这三类字在上古也属于各自分开的三类字应当不会有大的问题，而中古为去声的字情况比较模糊。无论视为一类，还是分为两类，似乎都不是很有说服力。因此对于这个问题，还需要进行更细致的分析。

我们将 A、B 两类字独用及与中古为平、上、入三声的字合用的韵例依王力的古韵分部体系分开，看是否能找到新的线索。

中古为阳声韵的字情况较为单纯，不分 A、B 类（也可以认为只有 A 类），如表 2-9 所示。

表2-9　周秦韵文里阳声韵部去声独用及与平上二声合用情况统计

| 西周 | 上A | 平A | AA | 秦 | 上A | 平A | AA |
|---|---|---|---|---|---|---|---|
| 东 |  | 1 |  | 东 |  |  | 1 |
| 阳 | 2 | 2 |  | 阳 | 1 | 2 | 1 |
| 元 |  | 1 | 6 | 元 |  |  | 1 |
| 耕 |  | 1 | 1 | 耕 | 3 | 1 | 2 |
| 真 |  | 1 | 2 |  |  |  |  |
| 文 |  |  | 2 |  |  |  |  |
| 侵 |  | 1 |  |  |  |  |  |

从周到秦，这部分字主要的变化是从明显与中古为平声的字接近，变得与中古为平、上声的字距离相当。中古为阴声韵的字情况则比较复杂。先来看西周关中地区诗篇的情况（见表2-10-1）。

表2-10-1　西周关中诗篇里阴声韵部去声独用及与平上入三声合用情况统计

| 周 | 平A | 上A | AA | 平B | 上B | AB | AB入 | A入 | BB | B入 |
|---|---|---|---|---|---|---|---|---|---|---|
| 侯屋 | 1 | 2 | 4 |  | 1 |  |  | 3 |  |  |
| 【侯幽】① |  |  | 1 |  |  |  |  |  |  |  |
| 鱼铎 | 2 |  | 3 | 2 |  | 8 |  | 2 |  | 3 |
| 支锡 |  |  |  |  |  |  |  |  | 1 | 3 |
| 之职 | 2 |  | 1 | 2 |  | 6 | 5 | 7 |  | 8 |
| 幽觉 | 4 |  | 3 |  |  | 2 |  |  |  |  |
| 宵沃 |  |  | 3 |  |  | 1 |  | 2 |  | 1 |
| 歌月 |  | 1 | 2 |  |  |  |  |  | 9 | 8 |
| 脂质 |  |  | 1 |  |  |  |  |  | 2 | 4 |
| 微物 | 1 |  | 1 |  |  |  |  |  | 10 | 1 |
| 【脂微】 | 1 | 1 |  |  |  |  |  |  | 3 | 1 |
| 【物月】 |  |  |  |  |  |  |  |  | 2 |  |
| 【月质】 |  |  |  |  |  |  |  |  |  | 2 |

① "【】"表示不存在平、上、去、入相承关系的韵部间的合韵。表2-10-2同例。

一个比较显著的现象是,在中古为去声的字当中,与中古收-k 韵尾的字相配者(K 系字),跟与中古收-t 韵尾的字相配者(T 系字)的表现存在明显的差异:K 系 A、B 两类字在押韵上的表现基本一致,均可与平(或上)、入押韵。A、B 两类字也相互押韵。B 类字无独用韵例,似已不具有独立地位。而 T 系 B 类字不与平、上声字及 A 类字押韵,A 类字也不与入声押韵。B 类字独用韵例较多(42 个相关韵例中有 25 个独用,独用率超过 59.5%)。在与入声存在特殊联系的情况下,也相对独立。再来看秦韵文的情况(见表 2-10-2)。

表 2-10-2　秦韵文里阴声韵部去声独用及与平上入三声合用情况统计

| 秦 | 平A | 上A | AA | AB | A入 | BB | B入 |
|---|---|---|---|---|---|---|---|
| 鱼铎 |  | 1 | 3 | 1 |  | 2 | 1 |
| 支锡 |  |  | 1 |  |  |  |  |
| 之职 | 1 |  | 5 | 6 | 3 | 2 |  |
| 【歌支】 |  |  |  | 1 |  |  |  |
| 歌月 |  |  | 1 |  |  | 1 | 1 |
| 脂质 | 1 |  |  |  |  | 2 | 1 |
| 微物 |  |  |  | 1 |  |  |  |
| 【脂微】 |  |  |  |  |  | 1 |  |
| 【质月】 |  |  |  |  |  | 1 | 1 |

秦韵文数量不多,K、T 两系的 A、B 两类字的用韵特点与西周关中地区诗篇中的情况相比有一些差异。比如未发现 K 系 B 类字与平、上声字合用的例子,B 类字出现 4 个独用韵例等。不过从大的方面看,周秦韵文的用韵是一致的。即:K 系字中 A、B 两类字以合用为主,T 系字中 A、B 两类字则基本无关。

如果只考虑 A、B、K、T 这样的大别而忽略具体韵部的差异,表 2-10-1 和表 2-10-2 可简化为表 2-11 和表 2-12。

表 2-11　西周关中诗篇里阴声韵部去声独用及与平上入三声合用情况统计（简化）

| 周 | 平A | 上A | AA | 平B | 上B | AB | AB入 | A入 | BB | B入 |
|---|---|---|---|---|---|---|---|---|---|---|
| K系字 | 9 | 2 | 15 | 4 | 1 | 17 | 5 | 15 | | 15 |
| T系字 | 2 | 2 | 4 | | | | | | 26 | 16 |

表 2-12　秦韵文里阴声韵部去声独用及与平上入三声合用情况统计（简化）

| 秦 | 平A | 上A | AA | 平B | 上B | AB | AB入 | A入 | BB | B入 |
|---|---|---|---|---|---|---|---|---|---|---|
| K系字 | 1 | 1 | 9 | | 8 | | | 3 | 4 | 1 |
| T系字 | 1 | | 2 | | | | | | 5 | 3 |

综合周、秦用韵数据来看：K系字中，A、B两类字通押的情况都较多。大体上，与A类字关系最近者是B类字，其次是中古为入声的字，再次是中古为平声的字，关系最远的是中古为上声的字；与B类字关系最近者为A类字、中古为入声的字，关系最远的是中古为平、上声的字（B类字与中古为平、上声的字通押，这在秦人韵文中未见）。A类字独用者稍多，但所占比例不高。B类字独用者很少，只在秦人韵文中见到4条。

而在T系字中，A、B两类字在押韵材料中几乎没有联系。唯一的一个疑似合用韵例为《大雅·既醉》："孝子不匮，永锡尔类。"其中"匮"字就声首来看或当归入A类①，不过王力已将这个字归入物部，因此也存在属于B类字的可能。A类字不与中古为入声的字通押，而B类字与中古为入声的字合用的韵例则较多。A类字与B类字、中古为入声的字之间，以及B类字与中古为平、上声的字之间几乎没有押韵上的联系。A、B两类字都有一定程度的独用倾向。

据此，我们可以得到如下推论。

第一，B类字原本应该是与中古为入声的字非常相似的一类，A类字原本应该是与中古为平声的字非常相似的一类。但在《诗经》西周关陇诗篇形成的时代，A、B类字似已步入向中古格局转变的音变过程的早期阶段，在不同的韵部中、不同的次方言中，这一音变过程所处的阶段差距较大。

---

① 秦文字中有九个贵声字，其中隤、積、颓均为平声字，積有上声又音，而绝少有入声读音的字。

直到秦统一前后,秦方言的调位系统仍大致与西周关陇方言保持一致。

第二,K系的A、B两类字在从原来所属的字类中分化出来后很可能直接合流,且合流后的音值更接近与之相配的那部分中古为入声的字,同时与相配的那部分中古为平声的字差异也不算太大。而T系的A、B两类字在从原来所属的字类中分化出来后则未发生合流。

### 三 从《切韵序》的记载等推测秦方言的调类情况

《切韵序》作于隋仁寿元年(公元601年),距秦亡(公元前207年)800余年。这个时间跨度与两周略同,而较《中原音韵》成书至今的时间跨度多一百年多一点。实际上,目前北方官话中仍存在与《中原音韵》音系高度一致者,若与此类比,隋代关陇一带方言是有可能保持一些秦亡前的秦方言音系特点的。这是我们根据《切韵序》的记载来推定秦方言声调情况的逻辑基础。

对于我们的研究来说,《切韵序》中有关者为"秦陇则去声为入"一语。"去声为入"指的究竟是怎样一种情形呢?周祖谟认为:"秦陇去声为入,(去声字①)除声调(与平、上声字)不同以外,韵尾一定也有不同。关于这一方面的例证不多,我们现在所发现的例子,都属于阴声韵字,而且主要是去声祭泰夬废和入声曷没黠辖屑薛之间的关系。例如晋赫连屈孑亦作屈丐,北周宇文泰,原名黑獭,唐关中言狖狘为狖刮之类皆是。"②

这段话主要强调了当时去声字在秦陇方言中还保存韵尾一点。《切韵》泰、祭、废、夬这几个独立去声韵的字上古就与《切韵》中部分入声韵(曷、末、薛、月、辖等)的字联系密切,这种联系自上古至少维持至《切韵》时代。而在《切韵》音系中,平、上声及一般的去声的阴声韵字已经不与入声韵字相配了,只有音节结构与入声韵字同为闭音节的阳声韵字保持与入声韵相配。从这个角度来看,只有假定泰、祭、废、夬这几个韵也是闭音节,才能解释它们何以还可以与入声韵形成整齐的配合关系。因此,我

---

① 按:本段引文中括号内的文字均系笔者所加。
② 周祖谟:《切韵的性质和它的音系基础》,《文字音韵训诂论集》,北京大学出版社2000年版,第142—143页。按:《切韵序》"去声为入",大概谓秦音去声读如通语之入声,周氏推论当亦就此阐发。周文中曷没之没当作末。

们完全同意周祖谟的论断。

就汉语及诸多亲属语言的语音系统发展的一般逻辑来看，闭音节减少，而开音节增多，这是语音演化的大方向。如果隋代秦陇方言中泰、祭、废、夬这几韵还是闭音节，在此之前，这些韵也不太可能是开音节。据此而言，秦音中这部分去声字当为闭音节。

不过泰、祭、废、夬四韵只是中古去声韵字的一小部分。而《切韵序》所称"去声为入"，所指应该是一种普遍的、声调方面的现象。在肯定周祖谟的观点的前提下，同时假定当时秦陇方言中去声字、入声字共享同一种调值实际上也是可行的。也就是说，"去声为入"，未始不可以说是"入声为去"。因为就中古的四声与阴、阳、入三类韵的配合关系而言，本来入声韵上的独立调值就不是必需的，把入声韵字全部归为去声字并不会造成任何两个字的读音产生新的混淆。只不过入声韵上的调值可能在不同的方言中差异较大，在秦陇以外的方言中，入声韵上的调值完全可以与其他声调相同或者自成一类，这可能是四声提出者以及《切韵》等韵书编者将之单列为一类的理由。①

在周秦韵文中，K系A类字与B类字通押，且两类字都与中古为入声的字通押，能够通押的程度也相当；T系的A类字不与B类字通押，也不与中古为入声的字通押，而B类字则可以与中古为入声的字通押。这种情况与我们根据《切韵序》"秦陇则去声为入"及周祖谟所提供的材料所能得到的推论基本一致。区别只在于周秦时期T系字中与微物、脂质相配的那部分B类字。这些字在周秦韵文中的表现与泰、祭、废、夬这几韵的字一样，应属与A类字有所不同的韵，不过在《切韵》时代，这些韵已经失去了独立性，而与相应的A类去声字合为一类了。据罗常培、周祖谟《汉魏晋南北朝韵部演变研究》中《两汉诗文韵谱》所收关陇巴蜀作家的用韵来看，当时T系B类字基本仍不与A类字押韵，可见与微物、脂质相配的那部分B类字与A类字合为一类，这应该是更晚的阶段才发生的新变。

---

① 另外，古代还有一些与关中方言去声相关的记载。如顾齐之作于公元840年的《新收一切藏经音义序》有"秦人去声似上"之说。似乎当时的通语并不以关中方音为标准音，秦地方音的去声的调值与当时通语的上声的调值接近。当时秦音去声当已失掉塞音韵尾，与《切韵序》写成之时有所差异。姑附于此备考。

## 四　秦音调类研究之结论

通过前面的研究，秦音中应该有三个声调，分别为平声、上声、去声（入声）。它们与韵类的搭配关系大致如表 2-13 所示。

表 2-13　秦音调类与韵类搭配关系

|   | 阴声韵 | 阳声韵 | T 系 B 类字 | 入声韵 |
|---|---|---|---|---|
| 平 | √ | √ |   |   |
| 上 | √ | √ |   |   |
| 去 | √① | √ | √ | √ |

韵母相同的字在西周关陇地区韵文及秦韵文中存在少量平上、平去、上去三类通押。在西周时期上去通押罕见，很可能是由于除声调外还有韵尾一类的区别。随着上声调的产生，这种情况在秦音中小有变动。

声调相同的字中，K 系的阴声韵字可以与相配的入声韵字通押，属于以不同韵尾的字合韵的现象。与蒸侵通押、职缉通押等有相通之处。

需要说明的是，秦方言的去声字中 K 系 A、B 类，及 T 系 A 类三个次类的字虽与平、上相配，但就异调并列语来看可能仍存在某种韵尾（比如带喉塞音韵尾或带紧喉）。这种韵尾与 T 系 B 类字、入声韵的韵尾的不同点在于，它们从音位学意义上可以看作"冗余"成分。比如表 2-14。

表 2-14　T 系韵部平（上声同）、去音值差异示意

|   | 阴声韵 | 阳声韵 | T 系 B 类字 | 入声韵 |
|---|---|---|---|---|
| 平 | ai | an |   |   |
| 去 | aiʔ | anʔ | atʔ | at |

把去声调上的 *aiʔ、*anʔ 描写为 *ai、*an 并不会造成任何新的字音的混淆。因为它们仍可通过声调的差异而与平、上声字相区别。而 T 系 B 类字也可能带有 *-ʔ，只是这里的 *-ʔ 具有与中古为入声的字相区别的功能，所以

---

① 包括 K 系 A、B 类，及 T 系 A 类三个次类的字。

*atʔ[①]不能描写为*at。

上述构拟可能存在的一个疑点在于,现代的汉语方言或亲属语言材料中两个韵母单纯以*-tʔ、*-t 这类韵尾相区别者可能并不存在。从这个角度来看,本书的拟音仅仅是尝试性的,还远不能视为定论。T 系 B 类字的读音通过何种方式与中古为入声的字相区别,这个问题恐怕还需要进行更多的研究才能得出一个较好的结论。[②]

---

[①] 据朱晓农《入声唯闭韵尾的共时变异和历时演化——香港粤语个案研究》(收入朱晓农《音法演化——发生活动》,商务印书馆 2012 年版)一文指出:英语中-p、-t、-k 等清塞音尾可能存在如下变体,即"塞音韵尾稍前或同时伴随有喉塞音 ʔ,而且塞音尾可以是不送气、送气、唯闭音的,分别标作-ʔC、-ʔCh、-ʔCʔ"(第 476 页)。香港的入声字不在句尾时,还有一种条件变体可以标写为"-pʔ、-tʔ、-kʔ"。在这类闭喉的塞音韵尾中,喉塞形成可能在口塞音之前、同时或稍后"(第 478 页)。这都说明我们的拟音(或者是某种相似的变易形式)在音理上是可能出现的。

[②] 关于这两类字的区别,海外学者及郑张尚芳、潘悟云等均认为这类区别即*-ts 与*-t 之类的对立,该说较有影响。但就秦系材料来看这种说法同样是无法证明的。该说所构拟的*-ts、*-t 这样的韵尾的对立似乎只有古藏文中能见到一些迹象,这与秦音能否类比是值得怀疑的。且就前文对于异调并列语中字的规律性排序现象的讨论来看,该说似无法给出解释。因此本书未取此说。又:王力称我们所说的 B 类字为长入,称入声字为短入。在王力的体系中长入、短入的关系跟平声、上声的关系是平行的。但从"异调通押"数据来看,上声与所谓长入偶有通押而与入声绝不可通,王力的假说无法解释这一现象。另一方面,长、短元音音变速度、音变方向一般不同,但平、上声实际上是协同演变的,关中方言中所谓长入与短入直到《切韵》时代秦音中似乎也是协同演变,这些情况也不支持王力的假说。因此本书亦未采用王力的相关术语及拟音意见。

# 第三章 韵母

传统的上古音研究中，由于可资利用的材料更为丰富，韵部的研究相较上古声调、声母问题的研究比较容易做到有的放矢，言之有物。对于破通假这一上古音研究的重要实用目的而言，韵部研究的价值也最大。故此，韵部的划分就成为传统古音学中最重要、研究也最深入的一个问题。到目前为止，除个别局部（比如"祭部"独立与否的问题）尚未形成定论外，在上古韵部划分问题上学者的意见基本能达成一致。

至于具体韵母的研究，上古文献中可资利用的材料很少。从中古音系逆推算是一种较好的办法，不过不确定性仍然较高。

研究秦音的韵母，面临的局面并无二致。我们只能以韵部的划分问题作为主要的研究对象。

## 第一节 研究秦方言韵部划分问题的参照系

### 一 王力的古韵分部系统

在目前古文字学等相关学科的研究中，常常使用王力的古韵分部系统。其各部类的划分和音值拟测情况如表 3-1 所示。

表 3-1　王力的古韵分部及拟音

| | 阴声韵 | 入声韵 | 阳声韵 |
|---|---|---|---|
| K 系 | 之部 ə<br>支部 e<br>宵部 o<br>幽部 u<br>侯部 ɔ<br>鱼部 a | 职部 ək<br>锡部 ek<br>沃部 ok<br>觉部 uk<br>屋部 ɔk<br>铎部 ak | 蒸部 əŋ<br>耕部 eŋ<br>（冬部 uŋ）<br>东部 ɔŋ<br>阳部 aŋ |
| T 系 | 脂部 ei<br>微部 əi<br>歌部 ai | 质部 et<br>物部 ət<br>月部 at | 真部 en<br>文部 ən<br>元部 an |
| P 系 | | 缉部 əp<br>盍部 ap | 侵部 əm<br>谈部 am |

大体而言，王力的古韵分部系统适合作为我们考察秦音韵部划分问题的参照系。一部分原因在于，在王力所利用的材料中，关中地区作品的押韵材料及各类秦系材料本身所占的比重就比较可观。比如作为研究古韵分部主要依据的《诗经》的 306 篇中，关中地区诗篇就占了一半（《豳风》7 篇，《秦风》10 篇，《大雅》31 篇，《小雅》74 篇，《周颂》31 篇，合计 153 篇）。由于东周王室及一些重要诸侯国的贵族均源出于周人，《诗经》其他部分如《王风》《郑风》《卫风》《鲁颂》等的语言、用韵可能也受到原周方言（或曰雅言）的影响。①

不过，也有几点问题需要注意。

一是冬部的来源和地位问题。王力认为，冬部《诗经》时代与侵部为一类，而在战国时期则独立为一部，冬部是从侵部分化出来的。这种观点可能不够准确。实际上，冬侵通押应是包括秦音在内的周秦两汉时期关陇巴蜀方言的一个共同的特征，在上古不是普遍现象，时代跨度也超出了《诗经》时代的范围。

二是幽、宵部的拟音问题。从上古到中古，鱼、侯、幽、宵四部大致形成了链式音变关系。四者中相邻的两个韵部往往到《切韵》时代各有部分字合流，这也是研究上古韵部需要"离析《唐韵》"的部分原因所在。因此把宵部拟为侯、幽之间的音恐怕未妥。二者交换拟音至少比原来的情况要好。

---

① 秦方言语音系统与一般上古音系统差异不明显也是由于同样的原因。

亦可参第三章（三.4）[①]（按：表 3-1 仍依王力拟音之旧，未作修改）。

此外，王力主张脂微分部，不认可祭月分部等意见，就周秦材料而言情况也可以讨论。不过王力系统不专考虑某一种方音，可能别有所据。

## 二 《诗经》时代的关中方言韵部系统

西周关中方言是秦方言的重要基础。研究秦方言的韵部划分问题，应该充分参考西周关中方言的相关情况。在这一思路的指导下，我们从《诗经》中抽取了《周颂》《大雅》《小雅》《豳风》等关中地区作品[②]，并统计了其中各韵部独用及通押的相关数据：

1. 阳声韵部。

表 3-2 西周关中诗篇里各韵部独用及通押统计（阳声韵部）

| 韵部<br>韵例总数 | 蒸<br>18 | 耕<br>45 | 冬<br>10 | 东<br>33 | 阳<br>97 | 真<br>47 | 文<br>15 | 元<br>40 | 侵<br>24 | 谈<br>5 |
|---|---|---|---|---|---|---|---|---|---|---|
| 独用率（%） | 83 | 100 | 50 | 97 | 99 | 91 | 73 | 95 | 83 | 80 |
| 蒸 | 15 | | 2 | | | | | | 1 | |
| 耕 | | 45 | | | | | | | | |
| 冬 | (2) | | 5 | | | | | | 3 | |
| 东 | | | | 32 | | | | | | |
| 阳 | | | | | 96 | | | | 1 | |
| 真 | | | | | | 43 | 3 | 1 | | |
| 文 | | | | | | (3) | 11 | 1 | | |
| 元 | | | | | | (1) | (1) | 38 | | |
| 侵 | (1) | | (3) | | | | | | 20 | |
| 谈 | | | | | (1) | | | | | 4 |
| (侯) | | | | 1 | | | | | | |

---

① 按，"（三.4）"表示第三节的第 4 小节，后仿此。
② 严格来讲，《秦风》等春秋韵语也包含在"《诗经》时代的关中方言韵语"中，我们放到下一节作为秦韵文材料分析、统计，本节则不涉及。

在表 3-2 所统计的总共 322 个韵例中，涉及合韵者有 13 个，其中冬侵合韵、真文合韵各有 3 个，冬蒸合韵有 2 个，此外五类合韵各只有 1 个韵例。独用率在 96%以上。

2. 阴声韵部、入声韵部①。

表 3-3　西周关中诗篇里各韵部独用及通押统计（阴声、入声韵部）

| | 之职172 | 支锡16 | 宵沃38 | 幽觉90 | 侯屋46 | 鱼铎137 | 脂44 | 微54 | 歌38 | 质27 | 物20 | 月33 | 缉8 | 盍2 |
|---|---|---|---|---|---|---|---|---|---|---|---|---|---|---|
| 独用率(%) | 95 | 94 | 84 | 84 | 91 | 99 | 43 | 52 | 100 | 70 | 65 | 82 | 75 | 100 |
| 之职 | 164 | | | 6 | | | | | | | | | 2 | |
| 支锡 | | 15 | | 1 | | | | | | | | | | |
| 宵沃 | | | 32 | 5 | | 1 | | | | | | | | |
| 幽觉 | (6) | | (5) | 76 | 2 | 1 | | | | | | | | |
| 侯屋 | | (1) | | (2) | 42 | | | | | | | | | |
| 鱼铎 | | | | (1) | (1) | 135 | | | | | | | | |
| 脂 | | | | | | | 19 | 25 | | | | | | |
| 微 | | | | | | | (25) | 28 | | | 1 | | | |
| 歌 | | | | | | | | | 38 | | | | | |
| 质 | | | | | | | | | | 19 | 4 | 4 | | |
| 物 | | | | | | | (1) | | | (4) | 13 | 2 | | |
| 月 | | | | | | | | | | (4) | (2) | 27 | | |
| 缉 | (2) | | | | | | | | | | | | 6 | |
| 盍 | | | | | | | | | | | | | | 2 |
| 东 | | | | | 1 | | | | | | | | | |

---

① 我们在参照王力古韵分部系统统计韵例数量时，将王力的之职两部合并，支锡、宵沃、幽觉、侯屋、鱼铎仿此。在统计秦韵文材料时也是这样。这样处理的理由可参看第二章（二.2）。

在表 3-3 所统计的总共 671 个韵例中，涉及合韵者有 55 个，其中脂微合韵 25 个，之幽合韵 6 个，幽宵合韵 5 个，质月合韵 4 个，物月、之（职）缉、幽侯合韵各有 2 个，此外五类合韵各只有 1 个韵例。独用率近 92%。如果把脂微合为一部，独用率超过 95%。

从上面两个表的统计来看，王力的古韵分部体系基本上符合西周关中诗篇的用韵情况。不过也有几个韵部独用率明显偏低（不足 75%），它们分别是：脂部（43%）、冬部（50%）、微部（52%）、物部（65%）、质部（70%）、文部（73%）。涉及的问题主要为：其一，脂微、质物、真文当分还是当合？其二，冬部应该独立，还是应该归入侵部？

仅就统计数字来看，质物、真文之间关联不多。这可能是由于学者将一部分当归质、真部的字归入了物、文部。具体可参见第三章（三.10）所论。我们认为质物、真文之间的关联度很可能与脂微类似。不过仅就王力系统本身来看，王力认为脂微当分，冬侵当合，标准并不一致。若以质物、真文当分来作为脂微分部的理由，似乎也可用相同的逻辑来把冬侵分开，毕竟与冬侵存在相承关系的觉缉两部未合。

我们认为，笼统地说西周关中方言中脂微、质物、真文、冬侵当合还是当分并不合适。假定在西周关中方言中有相当一部分次方言把脂微、质物、真文或冬侵合为一部，这样的可能性恐怕要更大一点。

至于其他一些合韵稍多者（比如幽宵），也可能在某些次方言中是相混的。这几个韵部的合用率不像脂微、冬侵那样高，很可能只是由于将这些韵部相混的次方言不如脂微相混的次方言数量多而已。

## 第二节　秦音韵部系统总论

### 一　秦韵文中各韵部独用与合用概况

我们可以用相同的方法统计秦系韵文的韵字。具体数据如下：

第一，阳声韵部[①]。

---

[①] 谈部韵例数为 0，因此表中未列。

在表 3-4 所统计的总共 97 个韵例中，涉及合韵者有 3 个，其中冬侵合韵、真文合韵、蒸侵合韵各有 1 个。独用率约 97%。

表 3-4　秦韵文里各韵部独用及通押统计（阳声韵部）

|  | 蒸 2 | 耕 17 | 冬 2 | 东 6 | 阳 45 | 真 10 | 文 3 | 元 7 | 侵 7 |
|---|---|---|---|---|---|---|---|---|---|
| 独用率（%） | 67 | 100 | 50 | 100 | 100 | 90 | 67 | 100 | 71 |
| 蒸 | 2 |  |  |  |  |  |  |  | 1 |
| 耕 |  | 17 |  |  |  |  |  |  |  |
| 冬 |  |  | 1 |  |  |  |  |  | 1 |
| 东 |  |  |  | 6 |  |  |  |  |  |
| 阳 |  |  |  |  | 45 |  |  |  |  |
| 真 |  |  |  |  |  | 9 | 1 |  |  |
| 文 |  |  |  |  |  | (1) | 2 |  |  |
| 元 |  |  |  |  |  |  |  | 7 |  |
| 侵 | (1) |  | (1) |  |  |  |  |  | 5 |

第二，阴声韵部、入声韵部①（见表 3-5）。

在表 3-5 所统计的总共 154 个韵例中，涉及合韵者有 14 个，其中脂微合韵、幽宵合韵各 3 个，鱼侯合韵、质月合韵各 2 个，此外四类合韵各只有 1 个韵例。独用率接近 92%。

总体上看，秦韵文中各部韵字的独用率与西周关中诗篇相差无几，不过具体地看，由于有些韵部的韵例数量太小，独用率容易受到扰动。如以 75% 为界，独用率较低的有：冬部（50%）、蒸部（67%）、文部（67%）、侵部（71%）；物（50%）、脂（56%）、微（57%）、支（60%）、宵（63%）、侯（67%）、缉（67%）、月（71%）。

与西周关中诗篇相比较，秦韵文出现的新的合韵类型有三种，分别为侯鱼合韵（2 例）、支脂合韵（1 例）、支歌合韵（1 例）。与西周诗篇的合韵类型相同的，有脂微合韵、质物合韵、真文合韵、侵蒸合韵、缉职合韵、幽宵合韵、侵冬合韵、质月合韵等八类，合计 13 个韵例。

---

① 盍部韵例数为 0，因此表中未列。王力将 T 系 B 类（长入）归入入声韵部，本表暂亦如是处理。

表 3-5 秦韵文里各韵部独用及通押统计（阴声、入声韵部）

| | 之职 58 | 支锡 5 | 宵沃 8 | 幽觉 14 | 侯屋 6 | 鱼铎 39 | 脂 9 | 微 7 | 歌 10 | 质 13 | 物 2 | 月 7 | 缉 3 |
|---|---|---|---|---|---|---|---|---|---|---|---|---|---|
| 独用率（%） | 98 | 60 | 63 | 79 | 67 | 95 | 56 | 57 | 100 | 77 | 50 | 71 | 67 |
| 之职 | 57 | | | | | | | | | | | | 1 |
| 支锡 | | 3 | | | | | 1 | 1 | | | | | |
| 宵沃 | | | 5 | 3 | | | | | | | | | |
| 幽觉 | | | (3) | 11 | | | | | | | | | |
| 侯屋 | | | | | 4 | 2 | | | | | | | |
| 鱼铎 | | | | | (2) | 37 | | | | | | | |
| 脂 | | (1) | | | | | 5 | 3 | | | | | |
| 微 | | | | | | | (3) | 4 | | | | | |
| 歌 | | (1) | | | | | | | 10 | | | | |
| 质 | | | | | | | | | | 10 | 1 | 2 | |
| 物 | | | | | | | | | | (1) | 1 | | |
| 月 | | | | | | | | | | (2) | | 5 | |
| 缉 | | (1) | | | | | | | | | | | 2 |

值得注意的是，新的合韵类型有可能不反映秦音特点。如支脂合韵出于北大汉简《苍颉篇》，支歌合韵出于琅琊刻石，相关韵文均产生于秦统一后，或许即出李斯之手；而鱼侯合韵只见于北大秦简《教女》《隐书》，这批材料出土地不详（多半在故楚地范围内），作者也很可能不是秦地之人。同时，就相关的四条韵例来看，鱼侯合韵均系"後"字与多个鱼部字押韵，支歌合韵为"地"字与多个支部字押韵，支脂合韵为"璽""榮"二字通押，而"璽"也有可能本来就是支部字。综合这些情况来看，秦韵文的合韵可以说基本不出乎西周关中诗篇的合韵范围。个别新的合韵类型很可能只是秦方言区以外方言影响或个别字不规则音变的结果。

## 二 秦音韵部的划分

通过本章此前几节的讨论,我们对秦方言的韵部系统有了一个大概的把握。联系第二章对声调问题的研究成果,秦方言的韵部或可作如下划分,见表3-6。

表 3-6 秦音韵部表

|  | 阴声韵 | B 类韵① | 入声韵 | 阳声韵 |
|---|---|---|---|---|
| K 系 | 之部<br>支部<br>宵部<br>幽部<br>侯部<br>鱼部 |  | 职部<br>锡部<br>沃部<br>觉部<br>屋部<br>铎部 | 蒸部<br>耕部<br><br>冬部<br>东部<br>阳部 |
| T 系 | 脂部<br>微部<br>歌部 | 至部<br>未部<br>祭部 | 质部<br>物部<br>月部 | 真部<br>文部<br>元部 |
| P 系 |  |  | 缉部<br>盍部 | 侵部<br>谈部 |

大体而言,这个系统与王力系统差异不大。主要区别在于将 T 系 B 类字分出,设立分别与脂质、微物、歌月相配的至、未、祭三部。

西周关陇地区诗篇、秦韵文中脂微合韵现象比较突出,这两个韵部在秦方言的相当一部分次方言中很可能是混同的。质物、真文合韵较少,可能是由于归字不当。侵冬合韵比重也较大,但韵例绝对数量不多。至于其他韵部之间的合韵一般只有个例,可能是用韵不严造成的,也可能是个别字音、个别方言中韵类混淆的结果,不是秦方言中的普遍现象。

---

① 关于 B 类字的定义,可参第二章(二.2)。在谐声、押韵方面与入声字相关的去声字学界或称作次入韵,王力称为长入。我们分出的只是次入韵或长入的一部分。

## 第三节 秦音韵部分论

### 一 之职蒸三部

之、职、蒸三部是有相承关系的阴、入、阳声韵部。之部收零韵尾或喉塞音韵尾，职部收*-k 韵尾，蒸部收*-ŋ 韵尾或*-ŋʔ韵尾。

之、职均不与蒸部押韵，但二者与蒸部有少量共享声首。

之部去声与职部关系密切。一方面合韵较多，另一方面有些字在谐声方面也与职部类聚（即所谓次入韵字）。与王力系统相比，秦音中之部范围扩大（加入次入韵字），职部范围缩小（减去次入韵字）。之部、蒸部的去声字可能均带有喉塞音韵尾（之部字中谐声上与平、上声相关者，与谐声上与入声相关者已合流），但与平、上声对照，这个喉塞音韵尾不具有音位价值，所以我们不将其单列。具体参见第二章（二.2）。支锡耕、鱼铎阳、侯屋东、幽觉冬、宵沃等五组各自内部关系与之职蒸三部类同，因此相关各小节不再赘述。

秦文字中凡之、职、蒸三部字，中古主要属表 3-7 中各韵。

表 3-7 秦音之职蒸三部辖字中古所在韵类统计

|  | 之部 | 职部 | 蒸部 |
| --- | --- | --- | --- |
| 一等开 | ▲①咍 55/64② | ●德 19/21 | ●登 27/27 |
| 一等合 | ◎灰 16/54<br>○侯③5/81 | ●德 3/3 | ●登 1/1 |
| 二等开 | ▲皆 8/20 | ○麦 2/19 | ○耕 2/19 |
| 二等合 | ○皆 1/10 |  | ○耕 1/3 |
| 三等开 | ●之 110/110<br>○脂 7/111 | ●职 45/47 | ●蒸 30/30 |
| 三等合 | ○脂 3/61<br>◎尤三 35/155 | ◎屋三 12/59 | ◎东三 5/26 |

注：①●表示中古韵书中基本只辖上古某部字的韵。▲表示中古韵书中所辖字半数（左右）为上古某部字的韵。◎表示出现较多上古某部字的韵。○表示较少（不足 1/6）出现上古某部字的韵，但同样也属于合规律的演变。②该列的"咍 55/64"表示秦文字中总计有咍韵字 64 个，其中 55 个为之部字。其他可类推。下文均同此。③侯韵韵图列为开口，不过上古侯韵与屋、东有相承关系，故我们将之列入合口。三等尤韵情况同此。

◆◇◆ 秦音研究

　　有个别字存在特殊情况：榪，只有黠韵一音。《广韵》：鼓也。秦文字中用为枣核之核字。《广韵》所收及秦文字所见虽同形，实际是两个不同的字。按，核为麦韵字，是符合对应规律的。

　　中古韵书中收录了一些不规则的字音。有些是其他韵部的字流入本节各部所专有的韵①，如：

　　〔1〕奭（奭），入职韵。此字另有虞韵一读，可依例归入鱼部②。
　　〔2〕覆，入德韵。此字另有屋三一读，可依例归入觉部。
　　〔3〕冒，入德韵。此字另有豪韵一读，可依例归入幽部。
　　〔4〕洫，入职韵。此字另有质韵一读（《集韵》），可依例归入质部。
　　〔5〕肊，入职韵。此字《说文》或体作臆。臆不一定是秦文字，职韵一音也不一定是秦音。

　　也有本节各部的字流入其他韵部所专有的韵的，如：

　　〔6〕鹭，入质韵③。此字另有职韵一读（《集韵》），依例可归职部。

　　以上各例中，我们基本上可以根据合规则的读音直接判定并剔除不规则又音。因为在秦系韵文材料中基本不存在（或仅有个别）与相应韵部存在关联的痕迹。比如说，秦韵文中并无职质合韵，职部字流入质韵这种现象与秦音有关的可能性微乎其微。何况，一些不规则的读音的产生途径多种多样，有些未必就不是讹音。删汰这些读音可以避免受到不必要的干扰。

　　如果一个字的读音不在本节所专有的韵的范围内，有时我们不容易判断其归属。比如：

　　〔7〕绔字、剖字，均为虞韵、侯韵（《集韵》）两读。

　　关于这类字归部的分歧《古韵通晓》④有所介绍及评断。该书所引《周易》以蔀、斗、主为韵一例，此与音声字《广韵》常归侯部或鱼部专有的

---

① 所谓"本节各部所专有的韵"，是指《广韵》等韵书中，那些所辖的字全部或接近于全部是本节各部字的韵（标"●"者）。比如登韵为蒸部专有的韵，职韵为职部专有的韵，等等。有时某个韵不一定为一个韵部专有，但对于其他韵部而言也是具有排他性的。比如肴韵只有幽、宵两部字，也可以说是幽、宵两部专有的韵。后文所谓"依例当归某部的韵"即指此类。
② 分号以前者为例外字音，分号以后者为合规律字音。以下全文皆同此。
③ 段玉裁有说，见《说文解字注》鹭字下。据此，这个读音应予剔除。
④ 何九盈、陈复华：《古韵通晓》，中国社会科学出版社 1987 年版，第 339 页。

虞韵可以合观，都显示将这类字归入之部是有疑点的。据此，《古韵通晓》将王力归入之部的音声首字中的侯韵字改归侯部是较好的意见。这项更改涉及秦文字中的音、部、脂、绔、剖、酷（《集韵》有侯韵又音）等字。

秦音之、职、蒸三部到中古的演变总体而言很有规律性。一个秦文字如见于《广韵》之、德、职、登、蒸一类韵中，我们基本可以判断其在秦音中当归何部。只有一个韵在后来的发展中始终未与别部字发生合流，才比较可能出现这样的现象。

相对于职部、蒸部，之部与中古韵类的对应关系比较复杂。大致之部的唇音灰韵字、唇音脂韵字恰好与缺少唇音字的咍、之呈现互补态势。晓母母声字（如悔、海，其直接声首为每，最终声首为母）可能来源于清唇鼻音，所以有些随唇音字一起变入灰韵。而唇音侯韵字、灰声首的灰韵字可与职、蒸二部的合口韵相配。之部的脂韵合口字与尤韵字存在对立，或可理解为一种与所谓重纽性质相当的关系。

## 二 支锡耕三部

秦文字中凡支、锡、耕三部字，中古属以下各韵如表3-8所示。

表3-8 秦音支锡耕三部辖字中古所在韵类统计

|  | 支部 | 锡部 | 耕部 |
| --- | --- | --- | --- |
| 二等开 | ●佳 16/18 | ▲麦 14/19 | ●耕 16/19 |
| 二等合 | ●佳 4/5 | ▲麦 3/4 | ▲耕 2/3 |
| 三等开 | ▲支 64/120 | ◎昔 17/46 | ●清 55/55<br>◎庚 7/29 |
| 三等合 | ◎支 13/43 |  | ●清 9/9 |
| 四等开 | ◎齐 36/115 | ▲锡 21/32 | ●青 53/53 |
| 四等合 | ◎齐 15/19 | ●锡 1/1 | ●青 9/9 |

归支、锡、耕三部的字有时有其他韵的读音。不过一般同时存在非例外的又音：

〔1〕涉及依例当归鱼、铎、阳部的韵：馄，陌韵；麦韵①。鮭，麻二合；佳合（《集韵》）。生、牲、眚，庚二。猩，庚二；青。荣，庚三合。

〔2〕涉及依例当归脂、真部的韵：睢，脂韵；支韵、齐韵。婴，脂合（《说文》读若）；支合（大徐音）。令，仙韵；清韵。旬，先合；耕合。俓、瞑、泟，先韵；青韵。

秦系材料中支与脂、质与锡、真与耕各有较多关联。如婴字，《说文》云："媞也。从女规声。读若癸。秦晋谓细为婴。"婴为秦方言词，而许慎云"读若癸"。癸是脂部字。所谓读若，未知是否即支部字读为脂部字。

令字，西周关陇地区诗篇及秦韵文中都有与真部字押韵的例子，如《小雅·十月之交》电、令为韵，《秦风·车邻》邻、颠、令为韵等。不过秦韵文中令字主要还是与耕部字押韵。这可能与一字多音有关，也可能与方言分歧、不同时代的音系差异有关。

蠠，质韵字，《说文》或体作蜜。就其中古读音与异体字字形来看，当为质部字。而其声首字鼏为锡部字。此字出于马王堆帛书《五十二病方》。秦文字未见蜜字。

此外，北大汉简《苍颉篇》简39以壐、棨（榮）为韵，亦属同类现象。

将上述几种材料合观，我们认为秦方言中有可能存在支脂相混、质锡相混、耕真相混的方言。不过就西周关陇地区诗篇和秦韵文用韵的总体形势来看，支脂合韵、质锡合韵、耕真合韵均非常见现象。秦方言的绝大多数次方言中这些韵部应该是各自分开的。

秦音中支、锡、耕三部与中古韵类的对应大致整齐，唯中古支韵字、齐韵字各有一半来自其他韵部，有时不易判断个别字的归部。

## 三　鱼铎阳三部

秦文字中凡鱼、铎、阳三部字，中古属以下各韵如表3-9所示。

---

① 为眉目清晰，在"馄，陌韵；麦韵"这个格式中"；"前的部分表示其他又音，后面的部分表示我们所采纳的又音。后文皆仿此。

**表 3-9　秦音鱼铎阳三部辖字中古所在韵类统计**

| | 鱼部 | 铎部 | 阳部 |
|---|---|---|---|
| 一等开 | ●模[1] 112/112 | ▲铎 37/42 | ●唐 50/51 |
| 一等合 | ●模 17/17 | ●铎 9/9 | ●唐 11/11 |
| 二等开 | ▲麻 40/51 | ●陌 24/26 | ▲庚 18/22 |
| 二等合 | ▲麻 10/20 | ●陌 3/3 | ●庚 2/2 |
| 三等开 | ●鱼 111/112<br>▲麻 25/32 | ◎藥 9/30<br>▲昔 28/46<br>●陌 5/5 | ●阳 97/97<br>▲庚 22/29 |
| 三等合 | ◎虞 55/165 | ●藥 4/4 | ●阳 20/20<br>▲庚 3/4 |

有以下特殊字音：

〔1〕涉及依例当归之、职部的韵：奭，职韵；虞韵。

〔2〕涉及依例当归锡、耕部的韵：索，麦韵；陌韵。湝，麦韵；模韵、陌韵。获，麦韵；陌韵。萌、殴，耕韵。

〔3〕涉及依例当归侯部的韵：莽，侯韵；模韵、唐韵。饫，鱼韵。据谐声当归宵部，据韵例当归侯部。

〔4〕涉及依例当归歌部的韵：缚，戈韵；藥韵。虘，歌韵；模韵。

〔5〕涉及依例当归盍部的韵：鲑，鱼韵；盍韵、业韵。秦文字中用同鉣，《说文》云读若劫。当归盍部。

有些字的归部分歧较多，我们分别做一些分析。

莽字。此字各家多归鱼部，这主要是依据楚系材料。[2]《吕氏春秋·先识览》："戎人见暴布者而问之曰：'何以为之莽莽也？'指麻而示之。怒曰：'孰之壤壤也，可以为之莽莽也？'"据"戎人"云云，这条材料很可能与西部、北部一带有关。曝布者的答语以莽、壤为韵，这与《楚辞》的用韵显然有别。据此，秦方言中莽字或当归阳部。

---

①《广韵》模韵不分开合，据韵图均为合口。本表根据谐声材料将模韵分为两类。基本上模韵字中与虞韵字或存在开合分韵的韵中的合口字有谐声关联者，当即为合口字，其他一般为开口字。

② 何九盈、陈复华：《古韵通晓》，中国社会科学出版社 1987 年版，第 341 页。

朔字。诸家将朔字归入铎部应该是依据《说文》"从月屰声"这一字形分析意见。我们认为朔字或许并不从屰得声，而是以屰为义符①。如此，也就不必将其视为铎部字②。班固《十八侯铭·张良》以石、幄、朔、宅为韵。相关字除铎部字外只有屋部字，如将此字归入屋部，则可与其中古韵类吻合（觉韵字中的一部分依例可归屋部，而基本无铎部字）。

萌字。此字据谐声当归阳部，而据中古音依例当归耕部。萌字归入耕部在先秦韵文材料中也有根据，不过恐怕不是秦方言的现象。《商君书·更法》中，商鞅曾引俗语"愚者暗于成事，知者见于未萌。民不可与虑始，而可与乐成"为说。商鞅，卫人，早年曾活动于魏国。卫、魏两地相距不远。这个俗语大概是在卫、魏一带流行的。就此来看，将某些阳部字混入耕部或许是秦方言区以外方言的一种现象。

西周关中地区诗篇、秦韵文中鱼、铎、阳三部韵例甚多，但仅有个别与他部合韵。其中西周地区诗篇中阳谈、鱼宵、鱼幽合韵各一例。北大秦简有鱼侯合韵二例。

阳谈合韵与"去"声首字兼辖鱼、盍两部字属平行现象，可以合观。由于材料过少，这些材料的产生是基于何种原因不好判断。可能是由于语音相近，也可能是由于个别次方言中音类的混同。不过就阳与谈、鱼与盍能够产生关联来看，将谈、盍的主元音拟为与鱼、阳相同应该是合理的。

《大雅·民劳》以休、述、怓、忧、休为韵，《小雅·宾之初筵》以号、豪、敖为韵，怓、敖就谐声来看当归鱼部，因此我们以这两个韵例为鱼幽合韵或鱼宵合韵例。不过就怓、敖字音来看，它们均为肴韵字，依例上古为幽部或宵部字。从这个意义上来说，这两个韵例至多涉及幽宵合韵，而与鱼部无涉。由于这两个材料均出于西周关陇诗篇，且是传世文献，一来不是直接性的秦音材料，二来传世文献的字形也不甚可据。因此我们无须过分纠结这两个韵例。

---

① 后半个月的月相发展是从大到小，至于极点则归于无，而接着一个月的前半个月又由小及大，变化方向相反，有如迎逆满月。

② 参见《说文》的溯为遡之或体，愬为诉之异体。溯、愬两个字形未见于先秦古文字，当系晚出俗体。我们知道两汉时期一些方言中侯鱼、屋铎交混的现象比较突出（可参见周祖谟、罗常培《两汉诗文韵谱》），所以两汉的字形并不适于用来证明朔字是铎部字。

至于鱼侯合韵，具体为北大秦简《隐书》（隐语2）以柜（矩）、後、所为韵，《教女》（简25、26、28）以举、逋、处、鼠、屠（睹）、语、贾、马、所、後、语为韵。所涉及的侯部字都是"後"字。这两个韵例中主要是以鱼部字入韵，实际上能体现一定的独用倾向。此外，北大秦简韵文是否基于秦音而作是有疑问的。

秦方言中鱼部与侯部还有其他关联迹象。如秦文字中的𫘤字，中古为鱼韵字，依例当归鱼部。但在西周关中地区诗篇中，这个字又与侯部字一起押韵①，似乎也可归侯部。不过问题不止于此，𫘤字声首夭为宵部字，依据同声必同部之论，还可以归宵部。

就秦韵文材料鱼、侯、幽、宵这几部字在韵文中的整体表现来看，秦方言中鱼部与另外几部字中任何一个发生大规模合流的可能性都极低。相关的特例当理解为不够严谨的谐声或用韵现象，或者个别方言中个别字音的不规则变化的结果，有时也不能排除受到其他方言区文献传抄者用字习惯影响的可能性。

秦音中开口、合口②两类字一般不发生谐声或通假方面的关联。但有时会出现按中古韵类所推定的开合口类别与依据谐声、通假推测的类别不一致的情况。比如矩字。此字依中古韵类而言，上古当为合口字，而依谐声材料则当为开口字，应与其他巨声字一样入鱼韵。就秦系谐声材料来看，矩字的职能一般用椐、柜表示，居也是鱼韵字。据此，中古矩字合口一读恐怕是来自别的方音③。

## 四　侯屋东三部

秦文字中凡侯、屋、东三部字，中古属以下各韵如表 3-10 所示。

---

① 参见《小雅·常棣》。王显《诗经韵谱》认为𫘤不入韵，所属韵段的韵例属 A○AA 式（商务印书馆 2011 年版，第 205 页）。

② 这里的开合口不一定与中古情况一致，比如前面提到的模韵的情况，该韵中古不分开合，但上古当是有开合之分的。

③ 据《颜氏家训·音辞》："北人之音，多以举、莒为矩；唯李季节云：'齐桓公与管仲于台上谋伐莒，东郭牙望见桓公口开而不闭，故知所言者莒也。然则莒、矩必不同呼。'此为知音矣。"北人以举、莒为矩，就这段文字的意思来看，南人应有所区分。据张富海先生提示，矩字变读合口可能为受规字同化所致。

表 3-10　秦音侯屋东三部辖字中古所在韵类统计

| | 侯部 | 屋部 | 东部 |
|---|---|---|---|
| 一等合 | ●侯①71/81 | ●屋 41/41 | ●东 50/50 |
| 二等开 | | ◎觉 13/32 | ●江 15/16 |
| 三等合 | ▲虞 108/165 | ●烛 28/30 | ●钟 54/55 |

相关特殊字音有：

（1）涉及依例当归鱼部或唐部的韵：帮。此字所出的里耶简 8-1041 是一支习字简，无有效文例可据。帮字与《广韵》唐韵幫字可否认同为一字是有疑问的。据《广韵》，幫字出于梁阮孝绪《文字集略》，当是后起字。此字可置而不论。䩱，鱼韵。据声首当入宵部，据押韵当入侯部。说参上节。

（2）涉及依例当归幽、冬部的韵：邹、昼，尤韵。豐、酆，东三。

（3）涉及依例当归歌、元部的韵：萦，烛韵；元韵、仙韵。此字确当归元部。需声字糯（稬），歌韵。

秦音中侯屋东三部与幽觉冬三部当存在一定的关联。

尤韵与东三大致相配，故虞→尤，锺→东三可以视为平行音变。酆是关中地名用字，或许此字的中古音可以反映一些秦音特点②。秦方言中可能有些次方言存在相关音变现象。

江韵降字归冬部是一个例外。此字西周关陇地区诗篇中三次入韵，皆是与冬部字一起押韵，其归部当无疑问。

旭字，据其中古音在烛韵当归秦音屋部。而据声首九则当归幽部或觉部。这个字在较早的文献中未见有入韵者，在陶渊明以降至齐梁诗人的作品中有数次入韵，且只与屋部字押韵而不与觉部字押韵。其上古音即为屋部也是可能的。

韵文材料中也有两个侯幽合韵韵例。相对而言，侯部与宵部之间的关联是比较少的。这也可以说明王力相关拟音不适用于秦音。

斵字。此字就中古韵而言依例当在文部或东部，均与其声首朕及同谐

---

① 据中古韵图侯为开口韵，屋、东为合口韵。但三者上古音当有相承关系，因此我们将侯列为合口韵，以与屋、东保持一致。

② 这个字的读音又或许与汉初刘邦迁徙故乡居民有关，仍存疑。

声的字有一些距离①，不好解释。不过秦系相关材料中，涉及东、文之间关联者不止一例。《左传·僖公十年》："晋之不言出入者，踊为文公讳也。"杜注云："踊，豫也，齐人语，若关西言浑矣。"踊、浑或许有音转关系。秦文字中公声有袞字②，属同类现象。在秦方言的某些次方言中，东、文二部主元音可能相同。

## 五　幽觉冬三部

秦文字中凡幽、觉、冬三部字，中古属以下各韵如表3-11所示。

表3-11　秦音幽觉冬三部辖字中古所在韵类统计

| | 幽部 | 觉部 | 冬部 |
|---|---|---|---|
| 一等开/合 | ▲豪 52/100<br>○侯 5/81 | ▲沃 6/9 | ●冬 10/10 |
| 二等开 | ◎肴 18/49 | ○觉 5/32 | ○江 1/16 |
| 三等开/合 | ▲尤 118/155<br>●幽 7/7 | ▲屋 47/59 | ▲东 15/26 |
| 四等开 | ◎萧 13/38 | ○锡 3/33 | |

特殊字音有：

〔1〕涉及依例当归之、职部的韵：覆，德韵；屋三。冒，德韵；豪韵。簋、轨、矛、頯、逵，脂韵。馗，脂韵；尤韵。

〔2〕涉及依例当归侯、屋部的韵：铸，虞韵。桴，虞韵；尤韵。旭，烛韵。

〔3〕涉及依例当归宵部的韵：陶，宵韵。嫛、椒③，宵韵。

〔4〕涉及依例当归缉部的韵：歒，合韵；屋三。此外凡声的风、佩、疯、凤等字秦音中仍当为侵部字。④

---

① 《说文》此字有异体作裹，声符为朕，侵部字，辖字一般归蒸部。鬷字中古有钟、谆两读。
② 袞是否从公声有疑问，这里从《说文》。
③ 椒、叔声韵都不够相近，能否谐声是值得疑问的。本书从秦文字字形出发仍以椒从叔声。
④ 据《释名》卷一："风，兖豫司横口合唇言之，风，泛也，其气博泛而动物也。青徐言风，踧口开唇推气言之，风，放也，气放散也。"可见包括关中在内的一些地区的方言直到汉末仍保持-m韵尾。改为收-ŋ韵尾乃是青徐一带特色。

在西周关陇地区诗篇及秦韵文中，以上关联均可找到对应的合韵现象。具体而言，之幽合韵、职觉合韵、蒸冬合韵对应〔1〕；幽侯合韵对应〔2〕；幽宵合韵合韵对应〔3〕；冬侵合韵对应〔4〕。其中幽宵合韵的例子最多，而冬侵合韵的韵例占比较高。

在中古音系中，来自幽部、宵部的字大规模地杂处于豪、肴、萧等韵中，除三等尤、宵仍保持对立外，只能从谐声上分辨。就西周关中诗篇和秦韵文，以及秦谐声字等所反映的情况来看，二部字音交混现象的历史渊源颇深。不过这个现象在周、秦音中应该只是存在于小部分次方言内，就主流而言，两部字尚能维持各自的独立。除本节所列谐声方面的关联外，亦可参见第三章（一.2）及第三章合韵数据（二.1）。

与此前四组韵部不能同时有一、四等字不同，本组及以后各组中每个韵部多兼有四个等的字。从音系内部的结构对称角度出发，似乎应将四等及与四等有关的字分出，分别成立单独的萧、戚（与锡部不同）、帖、添等韵部。若能如此，我们在解释各等韵的区别时也会比较方便。不过本组及此后各组兼有一、四等字的每个韵部，一、四等字在谐声、押韵材料中多少都存在一些关联。把相关四等字分属与之存在谐声、押韵关系的韵部中比较容易解释何以存在这样的关系。在两种处理各有利弊的情况下，我们暂用旧说。

至于幽（觉冬）部与之（职蒸）、侯（屋东）等部的关联，可参考此前各节相关讨论。

## 六　宵沃两部

秦文字中凡宵、沃两部字，中古属以下各韵如表3-12所示。

表3-12　秦音宵沃两部辖字中古所在韵类统计

| | 一等开/合 | 二等开 | 三等开 | 四等开 |
|---|---|---|---|---|
| 宵部 | ▲豪 48/100 | ▲肴 31/49 | ●宵 89/92 | ▲萧 25/38 |
| 沃部 | ◎沃 3/9<br>○铎 5/42 | ◎觉 13/32 | ▲药 21/34 | ◎锡 8/33 |

特殊字音有：

（1）涉及依例当归之、职部的韵：覈，麦韵。用为杏核之核。当归职部。

（2）涉及依例当归铎部的韵：翟，陌二；锡韵。

（3）涉及依例当归屋部的韵：暴，屋一；豪韵。

涉及幽部者可参见第三章（三.5）相关部分。

翟字还与锡部有关。秦文字中这个字主要的用法是表示戎狄之狄。秦文字有时也用狄字表示这个意义（《苍颉篇》简14有"狄署赋寶"）。翟、狄中古同音，在秦文字中用法重叠。不过翟声字多有在宵部、沃部者，而狄声字愁《说文》有异体作惕，易声字在锡部。应该如何理解翟、狄、易三个声首的关系呢？

狄字除前引见于《苍颉篇》的一例外，多用为惕的假借字，只有狄城（地名，在山西）或许亦与戎狄义有关。秦文字中主要还是用翟字来表示戎狄之狄的，狄城这个例子可以理解为名从主人。就秦系材料来看，沃部、锡部之间并无多少相通的迹象。据此，我们怀疑翟、狄二字或许代表了秦、晋（齐鲁可能与晋同①）不同的用字习惯。大致秦用翟字②，而晋用狄字③。

宵部与之部并不相邻。秦文字中覈字只见于马王堆帛书《五十二病方》，同书果实之核也写作樺。用字习惯不一，或许与秦方言区以外方言的影响有关。

## 七　缉侵两部

缉、侵两部是有相承关系的入、阳声韵部。缉部收*-p韵尾，侵部收*-m、*-mʔ韵尾。这两部的范围基本与王力系统所定范围相同，不过如何厘清缉与盍、侵与谈之间的界线是一个比较困难的问题。大致来看，缉侵、盍谈两部各自专有一部分韵，如缉侵部专有合、覃、洽、咸、缉、侵等韵，盍谈部专有盍、谈、狎、衔、叶、盐等韵，这些字的情况比较容易推定。不过在严、凡、业、乏、帖、添等韵字的具体归属上，有时很难分辨其当属

---

① 《孟子》《论语》等戎狄之狄不作翟，而《吕氏春秋》多数作翟，少数作狄。
② 就清华简来看，楚文字用字与秦一致。
③ 尚无确凿证据证明晋人以狄表示戎狄之狄。不过古文字中除秦文字以外似乎只有晋系文字有狄字，而且晋系文字似无翟字及从翟声的字。

何部。这是缉侵、盍谈部字韵文材料太少，线索不多所致。不过就与其他韵部的关联来看，缉、侵部与职、觉、蒸、冬相近，盍、谈部与鱼、阳、元、祭等相近。这两部分开当是没有疑问的。

秦文字中凡缉、侵两部字，中古属以下各韵如表3-13所示。

表3-13 秦音缉侵两部辖字中古所在韵类统计

| | 一等开 | 二等开 | 三等开 | 三等合 | 四等开 |
|---|---|---|---|---|---|
| 缉部 | ●合 13/16 | ●洽 7/8 | ●缉 33/33<br>▲业 4/8 | | ◎帖 3/14 |
| 侵部 | ●覃 32/35 | ●咸 10/13 | ●侵 60/61<br>▲严 2/4 | ◎凡 2/9 | ◎添 3/16 |

缉与盍、侵与谈之间，界限不是很明晰。有缉部、侵部声首所辖之字在依例当归盍部、谈部的叶、盍、狎、衔、盐、谈等韵者，如：

〔1〕楫、耷，叶韵。褱，叶韵；业韵、缉韵。极，叶韵；缉韵。䉒，叶韵；帖韵。

〔2〕卅，盍韵；合韵。

〔3〕黔，盐韵；侵韵。弇，盐韵；覃韵。钤、阎，盐韵。

〔4〕参，谈韵；侵韵。三、啖，谈韵。

〔5〕衔，衔韵。

其中衔字归部较有疑问。如归谈部，主要以其中古所属之韵为依据；如归侵部，主要依据其从得今（声）立论。我们认为，衔、含有语义联系，比较倾向于将其归入侵部。

也有盍部、谈部声首所辖之字在依例当归缉部、侵部的缉、合、侵、覃、咸等韵者，如：

〔6〕梜，洽韵；帖韵、狎韵。夹，洽韵；又音甲（此音见《释文》）。

〔7〕搚，合韵。瘱，合韵；盍韵。

〔8〕绀，覃韵。庵，覃韵；盐韵。黵，覃韵；衔韵。

〔9〕斩，咸韵。歉、獫，咸韵；添韵。

〔10〕黚，侵韵；盐韵。

还有几个字有其他特殊字音：

〔11〕漙，洽韵；祭合、末韵、仙合。据声首看，应归元部。

〔12〕歔，合韵；屋三。应归觉部。

〔13〕挚，脂韵去声。据声首应归缉部，不过秦音中可能已经是至部字。

〔14〕风、佩、疯、凤，东三。

秦音中缉部、盍部已经没有相配的阴声韵、次入韵。就韵文材料看，谐声上存在关联的字多转入与脂、微、歌等相配的次入韵中，这个过程在秦以前可能就已完成。如《大雅·荡》以类、怼、对、内为韵①，又以揭、害、拨、世为韵，《大雅·抑》以"寐、内"为韵，秦韵文中《为吏之道》（简14—18）以迣、大、割、害、贝为韵等皆是其例。谐声字中计、坶（后讹作婿）也当依中古韵与上古音对应规律而归入至部。

## 八 盍谈两部

盍、谈两部相互关系情况与缉、侵两部的相互关系类同。

秦文字中凡盍、谈两部字，中古属以下各韵如表3-14所示。

表3-14 秦音盍谈两部辖字中古所在韵类统计

| | 一等开 | 二等开 | 三等开 | 三等合 | 四等开 |
|---|---|---|---|---|---|
| 盍部 | ●盍 8/10 | ●狎 2/2 | ▲叶 15/20<br>▲业 4/8 | ●乏 3/3 | ▲帖 11/14 |
| 谈部 | ●谈 12/15 | ●衔 3/4 | ●盐 49/54<br>▲严 2/4 | ▲凡 7/9 | ▲添 13/16 |

除第三章（三.7）中介绍的有相关的特殊字音的字外，还有如下几个：

〔1〕邯，寒韵。

〔2〕䲠，盍韵、叶韵、鱼韵。

〔3〕夹，昔韵、盐韵。

---

① 加下划线者表示谐声上与P系字类聚者。

这几个例子分别涉及依例当归元、鱼、铎（或锡）的韵。虽然相关音变不一定产生于秦音，不过从音变的规律性来看，所涉及的韵部的主元音可能与盍、谈相同或相近，或许属同一个音位。只有这样在韵尾（脱落或者转变为另一个音）变化时，才比较可能发生语音的混同。

秦文字中夹钟或作介钟，此为盍、祭相通之例，也可用以佐证秦音中相关韵部主元音的音值情况。

## 九 微未物文四部

微、未、物、文四部是有相承关系的阴、次入、入、阳声韵部。微部收零韵尾（或喉塞音韵尾），未部收 *-tʔ 韵尾，物部收 *-t 韵尾，文部收 *-n、*-nʔ 韵尾。

其中只有未部、物部通押较多。微部、文部既不互相押韵，也不与未部或物部押韵。

与王力系统相比，表 3-15 中物部范围缩小。减少的那部分字独立出来成为未部。微部、文部的去声字可能带有喉塞音韵尾，但与平、上声对照，这个喉塞音韵尾不具有音位价值，所以我们不将其单列。

秦文字中凡微、未、物、文四部字，中古属以下各韵如表 3-15 所示。

**表 3-15 秦音微未物文四部辖字中古所在韵类统计**

|  | 微部 | 未部 | 物部 | 文部 |
|---|---|---|---|---|
| 一等开 | ○咍 3/64 | ○咍 6/64 | ●麧 1/1 | ●痕 6/6 |
| 一等合 | ▲灰 29/54 | ◎灰 9/54 | ●没 15/17 | ●魂 47/48 |
| 二等合 | ●皆 9/10 |  | ◎黠 1/3 | ▲山 2/3 |
| 三等开 | ●微 13/21 | ●微 8/21<br>○脂 6/111 | ●迄 3/3 | ●欣 14/14<br>◎真 21/87 |
| 三等合 | ●微 32/42<br>▲脂 33/61 | ●微 9/42<br>▲脂 13/61 | ▲物 11/16<br>▲术 17/22<br>●质 3/3 | ●文 38/38<br>▲谆 28/41<br>●真 6/6 |
| 四等开 |  |  |  | ○（先 10/76） |

涉及的特殊字音有：

## 第三章 韵母

〔1〕涉及依例当归东部的韵：夢，锺韵；谆韵。

〔2〕涉及依例当归支部或歌部的韵：贲，支韵；魂韵、微合。縈、衰，支合；脂合。毁、婴、蕊、委、痿、諉，支合。

〔3〕涉及依例当归脂部、质部的韵：悲，脂韵。笔，质韵。肸，质韵；迄韵。龁，屑韵；龁韵。

〔4〕涉及依例当归元部的韵：菌，元韵；真合。颁，删韵。

微末物文、脂质至真的界线是一个很大的问题。两组韵部的区分起于段玉裁之真文分部，到王力等脂微分部告一段落。

段玉裁主张真文分部的理由为：真耕之间通转联系较多，文元之间通转较多，两部分字通转方面倾向不同。这个看法是有道理的，所以能逐渐取得多数学者的认同。质物、脂微之分实际上可以视作真文分部的进一步推阐。

我们认为把脂微、质物、真文各自分为两部的理由是可以接受的，但在具体划分时，学者往往偏重韵文，而倾向于将与物部或文部押韵的字统归物部或文部，这种做法是很有问题的。

一方面，这就造成质物、真文之间几乎没有合韵的例子，而与脂微之间突出的合韵现象形成巨大的反差。质物真文这些韵部韵例不够丰富，且可系联度较低。这就很容易受到主观判断的干扰。

另一方面，这会造成上古韵部与中古韵类之间对应关系的紊乱。比如，如果说真部与耕部相应，文部应该与蒸部相应。真部有四等字，这是与耕部相应的现象；而文部也有四等字，这就与蒸部的情况不平衡了（而且也与微、物部不平衡）。

我们认为，将与物部或文部一起押韵的字都归入物部或文部可能是求之过深了。不如将王力归入物部、文部的四等韵字及与这些四等韵字有谐声关系的非四等的字仍保留在真部，这样既能保持文部与蒸部韵母分等方面的平衡，也能与脂微合韵较多的情况相呼应。具体而言，王力系统中：

归文部的殿、典、荐、刃、先、垔六个声首的字可调整到真部；

归物部的矞声首的字可调整到质部。[①]

值得注意的是，这些声首的字没有一个是一等字，同时也不涉及物部、

---

[①] 相关字的数量未计入表3-15。只有先韵字较多，未直接删除，加括号以示区别。

文部字专有的文、魂、欣、痕、物、没、迄、龀等韵。以上声首的字应当只是需要调整归部的字中的一部分。由于缺少材料,其他的字我们暂不调整。

另有个别物、文部字涉及四等韵:

〔5〕垦,先韵;痕韵。

〔6〕龀,屑韵;龀韵。

这两字的四等韵又音当为不规则演变的结果。其中垦字秦文字主要用为垦田之垦,狠字只读痕韵,无先韵又音。可以佐证我们的判断。

## 十　脂至质真四部

秦文字中凡脂、至、质、真四部字,中古属以下各韵如表 3-16 所示。

表 3-16　秦音脂至质真四部辖字中古所在韵类统计

|  | 脂部 | 至部 | 质部 | 真部 |
| --- | --- | --- | --- | --- |
| 二等开 | ◎皆 4/20 | ○皆 1/20 | ◎黠 4/10 | ◎山 3/15 |
| 三等开 | ▲脂 72/111 | ▲脂 23/111 | ●质 42/46<br>●栉 4/4 | ▲真 66/87<br>●臻 4/4 |
| 三等合 | ○脂 3/61 | ○脂 1/61 | ○术 4/22 | ◎谆 13/41 |
| 四等开 | ▲齐 60/115 | ▲齐 13/115 | ▲屑 21/34 | ▲先 40/62 |
| 四等合 | ○齐 2/19 | ○齐 1/19 | ○屑 3/18 | ▲先 7/14 |

涉及的特殊字音有:

〔1〕涉及依例当归职部的韵:洫,职合。

〔2〕涉及依例当归支部的韵:置、壒,支韵。剂、骐,支合;齐韵。

〔3〕涉及依例当归祭部、元部的韵:彗,祭合。扁、偏、煸、篇、狸,仙韵。郇,删合;谆韵。

〔4〕与微、未、物、文有关者,参上节。

除了前一节中讨论的几个声首外,王力归文部的其他一些字可能也应该调整到真部。因此我们认为秦音中真部字的数量应该较表 3-16 所统计的多一些。

就表 3-16 来看,真部二等无合口字,三、四等合口字往往数量也很少。

与支锡耕一组的相关数值相比照，显得不是很相称。这很可能也与相关字被误划入微、未、物、文等部有关。

## 十一　歌祭月元四部

秦文字中凡歌、祭、月、元四部字，中古属以下各韵如表 3-17 所示。

表 3-17　秦音歌祭月元四部辖字中古所在韵类统计

|  | 歌部 | 祭部 | 月部 | 元部 |
| --- | --- | --- | --- | --- |
| 一等开 | ●歌 33/34 | ●泰 13/13 | ●曷 11/11 | ●寒 55/56 |
| 一等合 | ●戈 46/51 | ●泰 20/20 | ●末 22/22 | ●桓 75/75 |
| 二等开 | ◎麻 12/51 | ●夬 3/3<br>◎皆 7/20 | ●鎋 3/3<br>▲黠 5/10 | ●删 23/24<br>▲山 10/15 |
| 二等合 | ▲麻 9/20 | ●夬 4/4 | ●鎋 2/2<br>▲黠 2/3 | ●删 16/17<br>◎山 1/3 |
| 三等开 | ▲支 53/120<br>◎麻 8/32 | ●祭 25/25 | ●薛 28/29<br>●月 7/7 | ●仙 68/75<br>●元 21/21 |
| 三等合 | ▲支 20/43 | ●祭 19/20<br>●废 7/7 | ●薛 16/18<br>●月 18/18 | ●仙 47/49<br>●元 56/57 |
| 四等开 | ○齐 1/115 | ○齐 6/115 | ◎屑 12/34 | ◎先 19/62 |
| 四等合 |  | ○齐 1/19 | ▲屑 8/11 | ◎先 6/14 |

涉及的特殊字音有：

〔1〕涉及依例当归支部的韵：罢，佳韵；支韵。呙，佳合；通过，戈韵。差，佳韵；支韵、麻韵。

〔2〕涉及依例当归侯部、屋部的韵：萦，烛韵；元合、仙合。稬，声首需在虞韵，归侯部。

〔3〕涉及依例当归缉部的韵：澻，洽韵；末韵、祭合、仙合。

〔4〕涉及依例当归盍部的韵：盖，盍韵；泰韵。

〔5〕涉及依例当归微、未、物、文部的韵：扣，没韵。朋，没韵；月韵。衮，魂韵。雯、巿，物韵。厥，物韵；月韵。戍，术韵。芾，物韵、微韵；泰韵。

〔6〕涉及依例当归脂、质、至、真部的韵：黪，脂韵；齐韵。羡，脂韵；仙韵。嫷，脂合、黠合。

歌、祭、月、元四部与其他韵部的关联，相关各节已论及者，本节不再赘述。

有必要讨论的是歌、元部合口字与侯部、屋部的关联。秦文字有穤，即《说文》稬字。需、耎分别在侯部、元部。段玉裁《说文解字注》认为需、耎古音不通，在段氏心目中需声字不应读入歌部、元部，读入歌部、元部的需声字应为耎声字之讹，如《说文》懦字头，段氏就改为愞。这种观点是有问题的。

只就秦文字中有的字来看，鄹字有虞韵、桓韵等读音；紫字又音分别在烛韵、元韵；又短字从豆声，均与此类同。可见这类通转关系并非孤例，应该与某种规律性的语音通转现象有关。

就穤、鄹两个字来看，这种音变大概与沛地一带有关。

《说文》："稬，沛国谓稻曰稬。"

《广韵·桓韵》："鄹，《字林》云：亭名，在新丰。"此义又读虞韵。

第一例比较明显，可以不论。第二例中涉及的新丰是刘邦为安置故乡百姓而在长安附近新建的一处城邑，其特点在于尽可能照搬了原来丰邑的格局和地名，鄹大概也是原丰邑的地名之一。

但就短字一例看，该音变也可能是秦音的现象。短字未见于先秦他系古文字，可暂定为秦文字中的特征字。《方言》："襜褕，江淮南楚谓之襢褣，自关而西谓之襜褕，其短者谓之裋褕。"亦与此相通。沛地的稬稻、鄹亭读音的特殊性，或亦可归因于经秦音折合而造成。

就以上分析来看，侯元通转现象很可能与秦音特点有关，但这种现象在秦音中是否普遍，是否是秦音的主流，仍不易论定。不过，这对于我们理解秦音歌、祭、月、元四部韵母的来源应是有启发意义的。在秦音中（但不限于秦音），除歌、祭、月、元及微、未、物、文两组八个韵部外，其他韵部都没有非唇音、喉牙音声母的开合分韵情况。这八个韵部的开合分韵状态是从何而起的呢？就歌（元）、侯（屋）之间的关联来看，一部分歌（元）部字很可能原属与侯屋东主元音一致的韵。也就是说，最初元部非唇音、喉牙音声母的合口字与元部的开口字（以及唇音、喉牙音的部分合口字）

## 第三章 韵母

不见得属于同一韵部。

在周秦韵文中，歌、祭、月、元等部韵例大多数是开口字单独押韵。非唇音、喉牙音合口字入韵的例子不多①，其中除个别字总是与开口字通押外，似乎也表现出一定独用的倾向。

〔第一类〕只与开口字及喉牙音合口字通押。此类字有岁、泉、宣：《大雅—生民》载$^{末（又泰合）}$烈$^{薛}$岁$^{薛（据《集韵》）}$，《豳风—七月》发$^{月}$烈$^{薛}$褐$^{曷}$岁$^{（据《集韵》）}$，《大雅—公刘》泉$^{仙合}$单$^{寒}$原$^{元合}$，《大雅—崧高》翰$^{寒}$蕃$^{元合}$宣$^{仙合}$，《大雅—江汉》宣$^{仙合}$翰$^{寒}$，《大雅—公刘》泉$^{仙合}$原$^{元合}$，《小雅—小弁》山$^{山}$泉$^{仙合}$言$^{元}$垣$^{元合}$，《小雅—大东》泉$^{仙合}$叹$^{寒}$，《北秦—禹九策（简25）》月$^{月}$彻$^{薛}$岁$^{薛}$。

〔第二类〕只与唇音或喉牙音合口字押韵，情况不明。此类字有薛、乱、锻：《为吏之道（合集壹323页简34伍）》发$^{月}$薛$^{薛}$，《大雅—公刘》馆$^{桓}$②乱$^{桓}$锻$^{桓}$。

〔第三类〕独用（或兼与不涉及开口字的喉牙音合口字、唇音字押韵）。此类字有夺、悦、撮、兑、駾、转：《大雅—瞻卬》夺$^{末}$说（悦）$^{薛}$，《小雅—都人士》撮$^{末}$发$^{月}$说（悦）$^{薛}$，《大雅—绵》拔$^{黠}$兑$^{泰合}$駾$^{泰合}$喙$^{废}$，《大雅—皇矣》拔$^{黠}$兑$^{泰合}$，《从政之经（简9-26）》转$^{仙合}$卷$^{仙合}$。

第二类中3个入韵字，连同第三类的7个，不与开口字押韵者共计10字。而与开口字押韵的只有3个字（尽管韵例不少）。

这种现象的成因不好判断。既可能是由于周秦韵文的作者觉得开合一致的字在一起押韵更和谐，也可能是由于合口字、开口字还未彻底整合为同一个韵部。

如果是后一种可能，我们似乎可以从歌、祭、月、元四部中各分出一部。而根据我们对穤、鄹等字的分析，这些新分出的韵部的主元音很可能与侯屋东三部一致。但在第三章（三.4）中，我们也曾提出东文通转的一些材料。这可能与秦方言中历时音变或次方言的共时差异有关。③

---

① 唇音字可能不分开合，中古韵图所标定的开合不足为据；喉牙音的合口字可能来源于圆唇舌根声母字，因此二者与其他声母的合口字应该区别看待。

② 官声字可以与开口字押韵。

③ 比如说，歌祭月元等部与侯屋东等部主元音一致可能是较早的层次，而微未物文与侯屋东主元音一致为较晚的层次；或者在秦方言的某些（少数）次方言中，侯屋东主元音与歌祭月元一致，而在另一些（多数）次方言中，则与微未物文一致。又：郑张尚芳《上古音系》（第二版）中为歌祭月元（转下页）

## 第四节　拟音问题

### 一　各部的主元音

就各部之间的关系来看，相承的阴、次入、入、阳声韵部之间主元音一致是比较容易确定的，学者们在这方面分歧不大。不同组的韵部所形成的关系，也可以为拟音提供参照。

大致而言，我们的拟音原则为：如韵尾发音部位相同的韵部之间联系较多，我们将相关韵部的主元音拟为相邻的音；如韵尾发音部位不同的韵部之间存在较多关联，我们将相关韵部的主元音拟为同一个音。

在传统音韵学中，前者即所谓旁转，后者即所谓对转。旁转、对转可能在同一语音系统内发生，也可能发生于不同语音系统内。无论如何，都可以为我们拟测音值提供参照。

此外，中古韵的收字情况也可以为我们拟测音值提供借鉴。比如鱼部、侯部在虞韵上产生交集，我们可据此将二者的主元音拟为相邻的音；歌部与支部三等字合流为中古支韵，我们可将二者的主元音同拟为前元音，等等。

根据以上原则，我们对于秦音的韵部系统拟音如表 3-18 所示。

### 二　呼与等的问题

1. 呼

在上古音各部中，除微（未）物义、歌（祭）月元等部外，精、庄、端、知、章系的一个韵部内的某一等或只有开口，或只有合口，唇音字的开合分韵情况也不明显。针对这种情况，李方桂特别构拟了一套圆唇喉牙音声母，这一构拟的优点在于可以简明地体现上古音声韵配合之规律。①这是李方桂的一个创见。联系第三章（三.11）我们对于歌部、元部合口字来源的讨论，假定在

---

（接上页）等各构拟多个主元音，其中有与侯屋东等主元音一致者，或有所见（上海教育出版社 2013 年版，第 168 页）。

① 李方桂：《上古音研究》，商务印书馆 1980 年版。

较早的阶段所有的韵部都不存在真正的开合对立，很可能也是可行的。

表 3-18 秦音各韵部主元音示意

| | *ə | *e[①] | *a[②] | *ɔ | *o | *u |
|---|---|---|---|---|---|---|
| *-ø、*-ʔ | 之部 | 支部 | 鱼部 | 侯部 | 幽部 | 宵部 |
| *-k | 职部 | 锡部 | 铎部 | 屋部 | 觉部 | 沃部 |
| *-ŋ、-ŋʔ | 蒸部 | 耕部 | 阳部 | 东部 | 冬部 | |
| *-i、*-iʔ | 微部 | 脂部 | 歌部 | | | |
| *-tʔ | 未部 | 至部 | 祭部 | | | |
| *-t | 物部 | 质部 | 月部 | | | |
| *-n、-nʔ | 文部 | 真部 | 元部 | | | |
| *-p | 缉部 | | 盍部 | | | |
| *-m、-mʔ | 侵部 | | 谈部 | | | |

不过既然微（未）物文、歌（祭）月元等部已经出现了舌齿音声母字兼有一、三等开合口字的局面，我们比较倾向于构拟 *-u-（或 *-w-）介音。

2. 等

在秦音中每一个韵部均对应中古几个韵。即使不计开合的不同，这些韵一般也要分属韵图中的几个"等"，有时只有特定的声母才能与某些韵相拼合。可以归入同一上古韵部的中古各韵母，大致而言在上古应当也不是完全相同的。通过构拟不同的介音来解释这些韵母之间的区别，应该是各类假说中比较合理的一种。

一方面，声、韵、开合全同而只存在等的区别的字，一般而言可以处于同一个谐声系列，相关字的音值应当是非常接近的。而且这种等的区别并不影响押韵。如果等的区别是介音以外的因素——比如元音方面的区别——所造成的，恐怕对于语音的相似性会造成较大的影响。而且通过构

---

① 此仍从王力拟音。王力的拟音中缺少 i 这个单元音，这个问题的解决可能还有待进一步研究。

② 可能包括几个不同的音位变体，比如后来归入中古支部的那部分歌部字主元音可能是前元音[a]，而后来归入中古虞韵的那部分鱼部字主元音可能是后元音[ɑ]。其他主元音可能也存在这种情况。

拟不同的元音来体现上古同部、中古不同韵的字的语音区别，上古的元音系统将会十分复杂，也不容易确定各种元音能否归属同一个韵部的标准。

另一方面，从有些声母只能与特定等的韵母拼合，而不能与其他等的韵母拼合来看，从声母和介音上找原因是比较合理的选择。

大致而言，我们认为秦音各等的区别可以参照如下构拟来理解①。

一等：无介音。如：*kan。

二等：带*-l-或*-r-介音②。如：*klan 或*kran。

三等（重纽 b 类）：带*-lj-或*-rj-介音。如：*kljan 或*krjan。

三等（重纽 a 类）：带*-j-介音。如：*kjan。

四等：带*-i-介音③。如：*kian。

相比于王力的拟音④，这一类拟音区别了重纽，是其优点。不过关于介音的实际音值区别，还尚无定论。由于秦系材料中缺乏反映各等音值、语音差别的材料，相关具体情况基本上只能暂付阙如。这里只讨论一点：郑张尚芳等学者主张将来母与二等、重纽 b 类的介音拟为*-r-（以母、邪母的音值反而是*l、*lj），在某些情况下是能够言之成理的⑤。不过他们所依据的材料比较零碎，时间断限往往模糊，不一定与秦音有关⑥。在后文中我们将

---

① 以下拟音大致在李方桂提出的拟音体系的基础上略有改动。李方桂的系统中各部主元音音值与本书所拟或有差异，他也不把四等韵中的 i 理解为介音，这是与我们给出的参照方案不一致之处。参见李方桂《上古音研究》（商务印书馆 1980 年版）《上古的介音》一节。

② 雅洪托夫最先将二等介音构拟为*-l-，李方桂改为*-r-，后白一平、包拟古、郑张尚芳等进一步将来母的音值也调整为*r。参见雅洪托夫《上古汉语的复辅音声母》、白一平《关于上古音的四个假设》（以上二文收入潘悟云主编《境外汉语音韵学论文选》，上海教育出版社 2010 年版），及包拟古《上古汉语中具有 l 和 r 介音的证据及相关诸问题》（收入包拟古《原始汉语与汉藏语》，中华书局 1995 年版）、郑张尚芳《上古音系（第二版）》（上海教育出版社 2013 年版）第五章第三节《介音问题》等。

③ 李方桂指出："四等字的声母完全跟一等字一样，显然高本汉所拟的四等的 i 介音是个元音，他对于声母不发生任何影响。我们不把他当作介音而归入元音里去讨论。"即，不认为 i 是介音。参见李方桂《上古音研究》，商务印书馆 1980 年版，第 23 页。

④ 王力：《汉语语音史》，中国社会科学出版社 1985 年版，第 50 页。

⑤ 参见郑张尚芳《来母与以母的古值》，《上古音系（第二版）》，上海教育出版社 2013 年版，第 90—92 页。

⑥ 这里可以举一个例子。秦文字中的柳字，对应于楚文字中从木酉声（上木下酉）的一个字（见于鄂君启节等）。笔的一种称呼"不律"（吴方言等），楚方言中叫作"聿"。均是楚方言中的以母字对应于秦或其他方言的来母字的例子。可见来、以不分或者颠倒古已有之，根据时空断限不清楚的材料所证出的来、以二母的音值参考价值是比较有限的。[论者据译音词等拟来母上古音值为*r，相关（转下页）

来母及相关介音拟为*l、*-l-，这主要是考虑了清鼻流音搭配出现的问题，一般有清鼻音的亲属语言中都有清边音，而我们构拟为清边音的彻母字与来母关系密切。另一方面，以、邪诸母在谐声关联方面也表现出擦音、近音特点，恐怕不适合拟为边音。相关情况可参看第三章（三.4—6）。

---

（接上页）的译音词往往出于越南语、壮语等，这究竟与秦音还是楚音有关系？比照前述几个例子看，答案很可能是后者。其他经中介语的音译词也不能排除受了中介语因素影响的可能］

# 第四章 声母

# 第一节 引言

## 一 材料与研究方法问题

研究上古汉语声母的情况，可资利用的主要是谐声材料。基本研究方法是利用中古韵书确定同谐声系列的字各自在中古所属的声母，而加以比较、统计，并视结果作出推论。中古声母与韵类搭配方面形成的对立或互补关系也可以帮助我们推测一些情况。

此类研究存在几个难以避免的问题。

第一，大致而言，形声字和充当其声符的字声母一般只要相似即可。因此从逻辑上来讲，研究声部比较容易，而研究具体声母则比较困难。

第二，中古有些声母的字与多类不同声母的字都有谐声关联，对此提出的解释容易带有主观性。

第三，谐声材料有历史继承性，用这种材料研究声部所得的推论，其时间属性往往比较模糊。

针对这些问题，我们的应对之策是：在必要时，注意厘清谐声关联的层次性，注意调查谐声字在出土材料、传世文献中的时空分布。举例如下：

（1）假设中古 A、B、C 三个声母，A 与 B 存在较多谐声联系，B 与 C 亦然，但 AC 很少相关联。这时某个声首中同时出现 A、B、C 三类字，我们不认为 A、C 有谐声联系。比如翏声首,本身是来母字,它同时还辖有明、见母字(同时还有其他声母,从略)。明、见二母除了在翏声首上有交集外别无联系。则我们不认为明母与见母存在直接关联。

(2) 假设中古 A、B 两个声母,二者基本不相关联。但本身为 A 声母的某个声首字 a 辖有 B 声母的字 b。我们调查发现,b 字早在秦文字之前的古文字中就已出现,或者在六国文字中也能见到。这时我们不据以认为秦音中 A 与 B 之间存在直接的谐声联系。例如清母字千从日母字人得声,殆可无疑,但千字甲骨文已见。又如影母字约从常母字勺得声,殆可无疑,但约字也见于楚文字。在秦文字中,清、日共享的声首只有人,常、影共享的声首只有勺。我们不能根据这两个例子就认为秦方言中清、日可以发生谐声联系,或常、影可以发生谐声联系。有时两个声母共享声首的数量很多,但实际上也可以无直接联系。比如影母和晓母。具体见第四章(三.1)。

我们使用传统的通过谐声字来研究上古声母的基本方法,而辅以上述措施,可以大致地弄清秦音声母的一些情况。个别结论由于论据不多,恐有不确定性,我们随时注明,留待进一步探讨。

通假材料的性质与谐声材料有一些相通之处。就秦系出土文献中的情况来看,假借字与被假借字属于同一声首者占了绝大多数,这类材料基本上不能为研究秦音提供新的线索。少数假借字与被假借字声首不同者,在中古声母差异不大时比较容易认定,而如差异较大,本身往往会引起争议。考虑到这一问题,我们基本上只使用谐声材料来研究秦音。①

## 二 《切韵》的声母系统

我们研究韵部,拿某种既成的古韵分部系统(如王力系统)来作为参照系基本是合适的。但研究上古声母,还用某种既有的上古声母体系作参照系就不甚可行。这是由于声母研究所用的材料和方法存在一些问题,具体参见前节所述。各家研究上古声母问题取材多是务求广博、不甚辨析材料的具体时空属性。我们选择研究比较充分,各家共识较多的《切韵》声类系统作为研究秦音声母的参照系。本书所依据的《切韵》

---

① 我们也对通假材料中假借字、被假借字属不同声首者进行了收集,以备参照。具体见附录。

声类系统如表 4-1：

表 4-1　本书所依据的《切韵》声类

| | | | | | | | | |
|---|---|---|---|---|---|---|---|---|
| 帮 | 滂 | 並 | | | | | | 明 |
| 精 | 清 | 从 | 心 | 邪 | | | | |
| 庄 | 初 | 崇 | 生 | (俟) | | | | |
| 端 | 透 | 定 | | | | | 来 | 泥 |
| 知 | 彻 | 澄 | | | | | | 娘 |
| 章 | 昌 | 常 | 书 | 神 | | 以 | | 日 |
| 见 | 溪 | 群 | 晓 | 匣云 | | | | 疑 |
| 影 | | | | | | | | |

有几点需略作说明：

（1）守温字母云、以二类不分，合为喻母。《广韵》云、以二类大体分用，部分相混，而《篆隶万象名义》二者区分甚严。[①]因此我们以《广韵》为主，参照《名义》确定相关字的中古声母类别。匣、云二类《名义》中往往不分，二者在音系格局中分布也是互补的，我们据此将二者视为同一个音位。

（2）守温以心、邪、晓、匣、影、喻（云以）六母为喉音，现代学者一般将心、邪归到精系，不过至于晓、匣、喻三母，还有学者按照守温的提法来处理，这样见系擦音位置出现空格，音位系统性差。我们将晓母、匣母（包括云母）作为见系的擦音，以母则作为与章系发音部位相同的近音。

（3）或以泥、娘合为一类、崇、俟合为一类。从音位系统性的角度来看，以分开为宜。秦文字中未见俟母字，这个问题不用深究。

---

[①] 有不少据声首来看应该是匣云母的字，《名义》也用以母字做切上字，表面看来《名义》在这方面与《广韵》分混程度相同，并无优势。但实际上，《名义》中匣云与以相混的字一般不见于秦文字，可能晚出，因此并不适于用来推测秦音的情况。在见于秦文字，而《广韵》《名义》切上字分属匣云母或以母时，只有《广韵》声类与谐声相合者有 3 个（具体为茎、型、蛊），而只有《名义》声类与谐声相合者达到 14 个（具体为：孈、繣、瘾、遗、役、疫、尹、捐、乔、縞、营、营、䇾、颖）。二者的数量相差是比较悬殊的。这说明《名义》在这个具体的古音类区别的保存方面要优于《广韵》。

（4）韵图以常母（又称禅母）为浊擦音，神母（又称船母）为浊塞擦音。我们将二者的位置对调。

（5）表内各声类中，有些音值比较清楚，有些则不然。对于上古声母的研究来说，参考价值较大者为类的区别，所以我们未给中古各声母标出音值。

## 第二节　中古各声母字谐声概况

本节依次介绍中古各声母的字在谐声方面的大致情况。需专题讨论者暂不展开。至于那些既有必要加以说明，而又不足以列为专题者，则随文分析。大致而言，不同发音部位的声母在谐声方面各有不同的特点，复杂程度差异巨大。我们在讨论相关情况时所列表格均据相关声母特点而设，不求格式方面的统一。

### 一　帮滂并明四母

秦文字中，中古声母属唇音声母（帮、滂、并、明）的字在共享声首方面的数据见表 4-2[①]。

表 4-2　帮系四母共享声首情况统计

|   | 帮 | 滂 | 并 | 明 | 来 | 彻 | 以 | 见 | 晓 | 匣 |
|---|---|---|---|---|---|---|---|---|---|---|
| 帮 | 56 | 28 | 41 | 4 | 3 |  |  |  | 1 |  |
| 滂 |  | 39 | 29 | 4 | 1 | 1 | 1 |  | 1 |  |
| 并 |  |  | 55 | 2 | 1 | 1 |  |  |  |  |
| 明 |  |  |  | 51 | 7 | 2 |  | 1 | 6 | 1 |

据上表而言，帮、滂、并三母类聚为一组，而明母相对独立。唇音与

---

① 共享声首的统计原则为：散字的几个读音涉及中古多个声母时，也算一个声首，否则不作声首统计。有些声首所辖的字只有一个能在中古字书、韵书、古注中查到，我们仍作声首统计。下文各表统计原则均同此。

来、晓、彻的关联比较值得注意。详第四章（三.6—7）。以、见、匣三母与唇音的联系是间接的，可以不论。

## 二　精清从心庄初崇生八母

秦文字中，中古声母属精、庄二系的字在共享声首方面的数据较为复杂。我们暂将精、庄系以外的声母作为一个整体来统计，见表4-3。

表4-3　精庄系八母（不含邪母）共享声首情况统计

|   | 精 | 清 | 从 | 心 | 庄 | 初 | 崇 | 生 | 邪 | 其他 |
|---|---|---|---|---|---|---|---|---|---|---|
| 精 | 56 | 25 | 33 | 14 | 14 | 9 | 9 | 4 |   | 5 |
| 清 |   | 42 | 15 | 10 | 9 | 9 | 6 | 4 |   | 3 |
| 从 |   |   | 43 | 7 | 13 | 6 | 9 | 3 |   | 3 |
| 心 |   |   |   | 65 | 5 | 4 | 4 | 13 | 4 | 22 |
| 庄 |   |   |   |   | 20 | 2 | 7 | 2 |   | 1 |
| 初 |   |   |   |   |   | 15 | 3 | 5 |   | 0 |
| 崇 |   |   |   |   |   |   | 13 | 3 |   | 2 |
| 生 |   |   |   |   |   |   |   | 18 |   | 5 |
| 邪 |   |   |   |   |   |   |   |   | 29 | 27 |

秦文字中无俟母字，因此无数据。

据表4-3而言：

（1）邪母与心母以外的精、庄系其他各母基本无关联，与心母的关联度也不高。因此，在秦音中邪母与其他各母不可能是同一发音部位的音。

（2）精、清、从三母之间联系较多，心母相对独立。庄系各母分别与同发音方法的精系声母关联最高。其中的数值差异也显示精、清、从类聚，而心母相对独立。

（3）庄系各声母之间的联系程度不高，但均与精系声母关联甚密。这说明庄系声母的独立性较低。进一步分析相关谐声数据：秦文字中与庄、初、崇、生四母相关的声首总共有48个，其中只辖这四母中的某一母或某几母的字者只有 5 个，另外 43 个均是与精、清、从、心四母共享的。细分来看：

庄母涉及 20 个声首，19 个与精、清、从、心四母中的一个或多个共享；
初母涉及 15 个声首，14 个与精、清、从、心四母中的一个或多个共享；
崇母涉及 13 个声首，12 个与精、清、从、心四母中的一个或多个共享；
生母涉及 18 个声首，13 个与精、清、从、心四母中的一个或多个共享。

庄、初、崇三母不与精、清、从、心四母共享的声首，均与生母共享，生母不与精、清、从、心四母共享的 5 个声首中，有 2 个与庄、初、崇三母共享。

可以说，庄、初、崇、生在谐声上完全与精、清、从、心混然无别。

据此，秦音中二者很可能应合为一类。精三、庄三类字有同音的可能性，不过我们更倾向于将两类字理解为一种与喉牙唇音之重纽相当的关系，其中有些对立也正可与唇音、喉牙音声母的重纽相应。不过中古鱼、阳等若干韵上唇音、喉牙音不存在重纽的对立，而精三、庄三合并后则有这种对立。这个问题可用唇音、喉牙音上相关韵类后来发生了合流，以及多出的一些特有韵母等来解释。端、知、章三系的塞音（或塞擦音）、鼻音的大体情况与此相似，但情况不如精、庄系简明。

（4）心母、生母与其他声母的关联度显著高于精、清、从、庄、初、崇。

下面具体分析一下本小结的八个声母与其他声母共享的声首。先来看精、清、从、庄、初、崇六母。

精母：酉（以）→酒、遒、鲉→鲉（从母）；允（以）→畎、畯、俊[①]；叔（书）→椒；朕（澄）→䕞（有日母又音）；凶（晓）→櫢。

清母：人（日）→千；隹（章）→崔；金（清）→来、见、群、晓母字。

从母：自（从）→洎（见、群）；今（见）→䲮（有崇母、书母又音）。

以上总共涉及 10 个声首。此外还有些通过其他声母间接关联者，我们已将其排除。这 10 个共享声首可能确实反映上古音的某些特点，不过也存在两个问题，一是数量较少，二是其时空属性不单纯，存在多种解释的可能性。

---

① 按：夋是否以允为声，存疑。姑从《说文》旧说。

有些来源古老。如千，人声，甲骨文已见。酒，酉声，甲骨文已见①。

有些涉及又音。如鲶、书、从、崇三音；欝，精、日二音。

有些谐声层级之间界线分明，如凶→夒；允→夋。夒声、夋声的辖字均在精、庄系范围内，而凶、允不辖其他精庄系字。

至于其他，或见于他系古文字，如金（春秋戉王州句剑）；或见于六国系传世古书，如洎（《管子·水地》）、崔（《春秋》有崔杼）、椒（《离骚》有申椒）。

由于上述原因，我们不便依据这些材料来推定秦音的情况。

心、生二母在谐声方面与非精、庄系声母关联甚多。心母与他系声母的共享声首为（21个，已剔除娄→数→薮一组）：

〔1〕〔2〕尔（日）→玺；人（日）→信；

〔3〕女（娘）→絮；

〔4〕妥（透）→绥（日母）→绥；

〔5〕襄→泥、娘、日母字；

〔6〕需→泥、日母字；

〔7〕辥→孽、櫱（疑）。

〔8〕亘（心）→匣、云母字；

〔9〕及（群）→吸（晓）→馺；

〔10〕血（晓）→邮；

〔11〕戉（云）→岁；

〔12〕彗（邪）→雪；

〔13〕司→祠、词、嗣、飼（邪）；

〔14〕旬（邪）→笋、姁、郇、询、榍；

〔15〕束（书）→速；

〔16〕小→少（书）→赵（澄）；

〔17〕〔18〕〔19〕〔20〕易（以）→赐、埸、锡；攸（以）→修、潃；允（以）→浚、酸；目（以）→台（以）→枲（心）；

〔21〕隹（章）→唯（以）→虽。

---

① 䣻、道、鲔可理解为酒省声。

生母与他系声母的共享声首为（4 个，已剔除稍←小→赵一组）：

〔1〕史→吏（来）；

〔2〕〔3〕娄（来）→数；丽（来）→洒；

〔4〕产→颜（疑）。

大致而言，心母与泥、娘、日、疑、邪、书、以、晓、匣、云母关联，生母与来、疑关联。其中心母、生母与鼻音的联系，以及生母与来母的联系都较为特殊。详第四章（三.6—7）。

心母与其他部位擦音、近音谐声的性质也是值得探讨的问题。其中，心母与晓、匣等的谐声关联跟精、清、从与见、溪、群的谐声关联大致是平行的；心、以共用的允、隹两个声首上既有心母字，也有精或清母字。联系此前的分析来看，这两类例外谐声的时代层次可能较早。因此，我们不根据这些材料来推求秦音的情况。

心母与邪母共享的 4 个声首中，旬、彗两个声首同时兼辖匣、云母字，这类声首所辖的邪母字可能原本即匣、云母字，因此心母与这些邪母字关联实际上与跟匣、云母字的关联的性质可能是相同的。目声首也涉及邪母字，这个例子中心、邪之间的关联可与心、以之间的关联合观。仅辖心、邪母字的声首只有司。这可能与后世心、邪变为相配的清浊音后发生的音变有关。总之，心母与邪母的关联是比较少的。

## 三　端透定泥来知彻澄娘章昌常日书神以邪十七母

就谐声材料来看，邪母与精、庄系其他声母关系疏远，而与端、知、章系声母高度相关。据此，我们把邪母放在本小节中一并讨论。

秦文字中与本小节的十七个声母存在谐声关联的声母比较复杂，我们仿照前文的做法，先列出这十七个声母相互之间共用声首的具体数据，以及其中每个声母与此外的全体声母的共用声首数，如表 4-4。

表 4-4　端知章系十六母及邪母共享声首情况统计

| | 端 | 知 | 章 | 透 | 彻 | 昌 | 定 | 澄 | 常 | 书 | 神 | 以 | 邪 | 泥 | 娘 | 日 | 来 | ① |
|---|---|---|---|---|---|---|---|---|---|---|---|---|---|---|---|---|---|---|
| 端 | 40 | 14 | 22 | 9 | 5 | 12 | 20 | 15 | 21 | 8 |  | 4 | 2 |  |  |  |  | 7 |
| 知 |  | 30 | 14 | 4 | 4 | 4 | 7 | 15 | 13 | 5 | 1 | 1 | 1 |  | 1 |  |  | 2 |
| 章 |  |  | 55 | 7 | 4 | 16 | 15 | 17 | 28 | 7 | 2 | 6 | 3 | 2 | 1 |  |  | 15 |
| 透 |  |  |  | 38 | 5 | 2 | 25 | 13 | 10 |  | 12 | 1 | 13 | 6 | 1 |  | 2 | 9 |
| 彻 |  |  |  |  | 26 | 4 |  | 8 | 4 |  | 3 | 7 | 4 |  | 1 |  | 4 | 10 |
| 昌 |  |  |  |  |  | 30 | 7 | 6 | 10 | 5 |  | 1 | 4 | 3 |  | 2 | 1 | 12 |
| 定 |  |  |  |  |  |  | 71 | 27 | 19 | 18 | 5 | 26 | 12 |  |  | 1 |  | 12 |
| 澄 |  |  |  |  |  |  |  | 49 | 18 | 17 | 7 | 18 | 7 |  |  |  |  | 8 |
| 常 |  |  |  |  |  |  |  |  | 43 | 6 | 5 | 6 | 5 | 1 |  |  |  | 9 |
| 书 |  |  |  |  |  |  |  |  |  | 42 | 7 | 15 | 7 | 2 | 1 | 3 | 1 | 13 |
| 神 |  |  |  |  |  |  |  |  |  |  | 15 | 8 | 8 |  | 2 | 1 |  | 3 |
| 以 |  |  |  |  |  |  |  |  |  |  |  | 60 | 17 |  | 2 | 3 |  | 24 |
| 邪 |  |  |  |  |  |  |  |  |  |  |  |  | 29 |  |  |  |  | 10 |
| 泥 |  |  |  |  |  |  |  |  |  |  |  |  |  | 22 | 7 | 14 |  | 11 |
| 娘 |  |  |  |  |  |  |  |  |  |  |  |  |  |  | 12 | 8 |  | 4 |
| 日 |  |  |  |  |  |  |  |  |  |  |  |  |  |  |  | 28 |  | 12 |
| 来 |  |  |  |  |  |  |  |  |  |  |  |  |  |  |  |  | 57 | 31 |

据表 4-4 数据而言：

（1）来母主要与他系声母相关联。不过在端、知、章三系声母中其他塞音（或塞擦音）均与来母关系疏远的情况下，唯有彻母与来母有 4 个共享的声首，透母与来母有两个共享声首，这个现象比较特别，需要做出合理的解释。详第四章（三.6—7）。

（2）泥、娘、日三母类聚在一起，与端、知、章系其他各母关联不多。

（3）不少声母与他系声母共享声首数较多，可能来源比较复杂。详第四章（三.3）。

---

① 本列统计与其他声母共享声首总数。

（4）端、知、章三系的塞音（或塞擦音）声母两两之间关联度差异很大。在36对两两组合之中，共享的声首数达到至少其中一方的总声首数的1/3以上者有20对。不足1/3者为：端与透、彻；透与知、彻、章、昌；定与知、彻、昌；知与彻、昌；彻与澄、章、昌、常；澄与昌，共计16对。除定与知这一对外，其他15对均涉及送气清音。中古的送气清音不但与浊音、不送气清音共享声首不多，透与彻、透与昌、彻与昌两两之间关系也都比较疏远。

（5）书、神、以、邪四母相通较多，不过相对而言，神、以、邪三母相互之间关联尤多，而书母略显特殊（从书母与端、知、章三母的共用声首数较其他三类都多，以及与邪母共用声首的比例偏低可知）。

在第四章（二.1—2）中，我们分别介绍了唇音、齿龈声母与不同发音部位的声母的共享声首情况。大致第四章（二.1）涉及本节的来母、彻母；第四章（二.2）涉及本节的泥、娘、日三母，以及来母、以母、邪母、书母，数量都不太多。也就是说，与本小节的十七个声母共享声首数较多的其实主要是喉牙音（软腭音、喉音）声母。相关共享声首数据见表4-5。

表4-5 端知章系与见系各母共享声首情况统计

|   | 端 | 透 | 定 | 知 | 彻 | 澄 | 章 | 昌 | 常 | 书 | 神 | 以 | 邪 | 泥 | 娘 | 日 | 来 |
|---|---|---|---|---|---|---|---|---|---|---|---|---|---|---|---|---|---|
| ① | 6 | 5 | 8 | 2 | 7 | 5 | 15 | 10 | 9 | 7 | 2 | 16 | 8 | 6 | 4 | 7 | 17 |
| 见 | 1 | 3 | 2 |   | 1 |   | 8 | 3 | 3 | 3 |   | 8 | 5 | 3 | 1 | 1 | 14 |
| 溪 | 2 | 4 | 5 |   | 1 |   | 5 | 4 | 3 | 4 |   | 3 | 1 | 1 | 1 |   | 3 |
| 群 |   | 2 | 1 |   |   | 1 | 2 |   | 1 | 3 | 1 | 1 |   | 3 | 2 | 2 | 3 |
| 疑 |   |   |   |   | 1 |   | 3 | 2 |   | 2 |   | 2 | 1 | 2 | 1 | 3 | 3 |
| 晓 | 2 | 2 | 3 |   | 4 | 2 | 2 | 4 | 3 | 4 |   | 4 | 1 | 3 | 2 | 4 | 2 |
| 匣 | 1 | 2 | 3 |   | 1 |   | 2 |   | 3 | 1 |   | 2 | 3 |   |   |   | 3 |
| 云 |   |   | 1 |   |   | 1 | 1 |   | 1 |   |   | 1 | 2 |   |   |   |   |
| 影 | 2 | 1 |   | 2 | 2 | 1 | 3 | 1 | 1 | 1 |   | 3 | 1 | 2 |   | 1 |   |

① 本行统计与喉牙音声母共享声首总数。

就表 4-5 来看，本小节的十七个声母与喉牙音声母的谐声联系比较普遍。不过与表 4-4 中的相关数据相比，两两之间共享声首的数值一般较小。

来母的情况比较特殊。就表 4-4 来看，来母除与彻母、透母有共享声首外，与端、知、章系塞音或塞擦音不存在谐声关联，而表 4-5 则显示来母与喉牙音声母有 17 个共用的声首。这是需要解释的。详第四章（三.6）。

如果对相关声首作一些更细致的分析，很容易有所收获。比如来母与喉牙音声母共用的 17 个声首中，一般不涉及其他声母的字，不过有 2 个涉及以母字。乐（来、疑两读），辖以母字 3 个：藥、嬠（又音书母）、栎（又音米母）；监（见母），辖以母字盐。来、以共有 3 个共享声首，这就占了两个。另一个是聿（辖律字）。律字甲骨文已见，传世文献多有，恐不能反映秦音特点，可以排除。就乐、监两个声首字都是喉牙音字（或有喉牙音读音）来看，来母与以母的谐声关系很可能是通过喉牙音的中介而间接实现的。

关于端、知、章系声母与喉牙音的谐声问题，值得讨论的问题较多。比如彻母与喉牙音声母共享的声首，多数具有排他性。这或许可以帮助我们搞清楚一部分彻母字的来源问题，进而为归并端、知、章系的音位减少一些障碍。详第四章（三.7）。又如章、昌、常、书、以、邪等母，它们与喉牙音声母共享的声首只有少量兼辖端、知系字。相关的章系字、邪母字很可能本为喉牙音字。详第四章（三.3）。

## 四　见溪群疑晓匣云影八母

中古这八个声母的字与其他各系声母的关联此前各节已分别介绍。本节只讨论喉牙音各母本身的情况。各母声首独用及共用数据见表 4-6。

表 4-6　见系七母及影母共享声首情况统计

| 独用率 | 独用[①] | | 见 | 溪 | 群 | 疑 | 晓 | 匣 | 云 | 影 |
|---|---|---|---|---|---|---|---|---|---|---|
| 20.81% | 31 | 见 | 149 | 57 | 43 | 18 | 29 | 68 | 7 | 21 |
| 12.35% | 10 | 溪 | | 81 | 25 | 15 | 22 | 41 | 6 | 14 |
| 5.56% | 3 | 群 | | | 54 | 8 | 16 | 15 | 4 | 10 |
| 34.69% | 17 | 疑 | | | | 49 | 14 | 15 | 3 | 5 |
| 36.36% | 28 | 晓 | | | | | 77 | 26 | 9 | 14 |
| 8.25% | 8 | 匣 | | | | | | 97 | 17 | 21 |
| 19.35% | 6 | 云 | | | | | | | 31 | 6 |
| 50.79% | 32 | 影 | | | | | | | | 63 |

　　就上表数据而言，见、溪、群三母类聚为一组。见与匣、溪与匣、云与匣相互之间联系也都较为密切。影母的相对独立程度最高。晓母次之。疑母的独立性与晓母相当，但独立程度远不如明母或泥、娘、日三母（三者视为一体）。

　　上述现象多数比较好理解。比如中古同为塞音的见、溪、群类聚；匣与云关联度高；疑、影相对独立等，均可由中古音系的格局来解释。

　　如果匣母字在秦音中也全为浊擦音字，匣母、晓母与塞音的关联程度应该差不多。但实际上，与匣母有关的声首超过半数与见母共用，与溪母有关的声首超过半数与匣母共用，这显然超出了塞音与擦音之间合理的关联程度。详第四章（三.2）。此外，影母上古的音值及其与匣、晓的关系问题也存在争议。详第四章（三.1）。

## 第三节　秦音声母专题研究

　　如果从谐声材料来看，中古疏远的两个声类联系较多，或者中古相似的两个声类联系很少，我们就可从中观察到秦音与《切韵》音系在声类上的区别。

---

[①] 按：独用声首包括兼辖非喉牙音声母字的声首。

## 一 影母的音值及相关问题

潘悟云在《喉音考》一文中提出一种构拟，将影、晓、云相配，分别构拟为小舌音塞音*q、*qh、*ɢ。①这与传统上将影母拟为喉塞音的做法不同。对秦音而言，哪种拟音更好呢？这个问题其实可以用谐声材料来判断。

秦文字中，与影母相关的63个声首中，不与其他喉牙音共享的声首有32个，超过半数（其中28个只辖影母字）。与其他发音部位的塞音或塞擦音相比，这个独用比例显然过高。在其他31个声首中，有8个是影母与某一个喉牙音声母单独共享的②。其中：

与见母共享者4个（公、亞、弇、官。其中公兼辖以、邪母字，亞兼辖章母字）；

与匣母共享者2个（尹③、蔓）；

与溪母字或疑母字共享者各有一个（区、㒅。其中区兼辖彻母字）。

就这8个声首来看，影母与见母联系最多。影母无单独与群、晓、云之一共享的声首。

剩余的23个声首情况如表4-7。

据以上情况而言：

（1）影母的字作声首时极少辖其他声母字。谐声字在选择声首时一般是在语音关系更近的声母中寻找，其他声母的字不用影母字作声首，这说明影母的音值与各类声母都有距离。

（2）影母字以其他声母的字作声首时，有优先选择见母字或与见母同为塞音的溪、匣母字④作声首的倾向。即使选择云母字作声首，这些声首也必同时辖有溪母、群母字（又声首为唯一例外）。这说明影母主要与塞音相联系，且与见母最为接近。

---

① 潘悟云：《喉音考》，《民族语文》1997年第5期。
② 也包括兼有非喉牙音字者。
③ 《广韵》为以母字。《篆隶万象名义》为云母字，但同时只用作以母切上字。今暂定为云母字。
④ 指来自古群母者，参第四章（三.2）。

表 4-7 影母与其他两母或多母共享声首的辖字统计

| | | 见 | 溪 | 群 | 疑 | 晓 | 匣 | 云 | 影 | 从 | 崇 | 透 | 泥 | 书 |
|---|---|---|---|---|---|---|---|---|---|---|---|---|---|---|
| ① | | 17 | 13 | 10 | 4 | 13 | 19 | 5 | 22 | 1 | 1 | 1 | 1 | 1 |
| 见 | 勾 | 4 | 1 | 3 | | 1 | 2 | | 4 | | | | | |
| 见 | 甘 | 4 | | 2 | 2 | | 1 | | 1 | | | | | |
| 见 | 圭 | 9 | 3 | | | 1 | 6 | | 3 | | | | | |
| 见 | 果 | 4 | 2 | | | | 2 | | 1 | | | | | |
| 见 | 旡 | 4 | 1 | 3 | | 1 | | | 1 | | | | | |
| 见 | 加 | 6 | | 1 | | | 1 | | 1 | | | | | |
| 见 | 夹 | 5 | 4 | | | 2 | 3 | | 1 | | | | | |
| 见 | 交 | 8 | | | | 1 | 4 | | 1 | | | | | |
| 见 | 今 | 7 | 3 | 7 | | 1 | 3 | | 1 | 1 | 1 | 1 | 1 | 1 |
| 见 | 夬 | 6 | 3 | | | 1 | 1 | | 2 | | | | | |
| 溪 | 可 | 7 | 5 | 3 | 2 | 1 | 3 | | 7 | | | | | |
| 溪 | 刃 | 1 | 2 | | 1 | 1 | 1 | | 1 | | | | | |
| 匣 | 盍 | 1 | 1 | | | | 2 | | 2 | | | | | |
| 匣 | 会 | 3 | 1 | | | | 2 | | 1 | | | | | |
| 匣 | 学 | 1 | | | | | 2 | | 1 | | | | | |
| 匣 | 爻 | 2 | | | | | 2 | | 1 | | | | | |
| 匣 | 荧 | | | 1 | | 1 | 5 | 1 | 3 | | | | | |
| 影 | 肙 | 3 | | 1 | | | | 2 | 8 | | | | | |
| 影② | 矣 | | | | 1 | 1 | | | 2 | | | | | |
| 云 | 王 | | 1 | 2 | | | 3 | 2 | 2 | | | | | |
| 云 | 于 | | 6 | | | 4 | 5 | 9 | 4 | | | | | |
| 云 | 员 | | | 2 | | 3 | 4 | 9 | 1 | | | | | |
| 云 | 又 | | | | | | 1 | 11 | 1 | | | | | |

① 本行统计有上一行所标出的声组的辖字的声首数。
② 《广韵》为云母字。此据《名义》。

（3）影、晓共享声首虽多，但二者的关联大多是间接的。如果据《广韵》，二者在矣字上的交集也是间接的。这样二者就完全没有直接联系了。影母与晓母关系很远，殆可无疑。

综上所述，至少就秦音而言，潘悟云的相关主张并不可信。影母当拟为喉塞音。

## 二 匣群云三母相关问题

中古音系（韵图）中，匣母只有一、二、四等字，群母、云母都只有三等字（其中群母分重纽 a、b 类、其他三等，云母只有 b 类及其他三等）。上古时期三类字关系如何？对此，存在几种不同的意见（见表4-8）。

表 4-8 群匣云三母上古音值拟测意见对照

| 序号 | 主张者 | 构拟为塞音 | 构拟为擦音 |
| --- | --- | --- | --- |
| 1 | 高本汉 | 群匣gh、云g | |
| 2 | 曾运乾<br>董同龢 | 群g | 匣云ɣ |
| 3 | 周法高 | 群匣g | 云ɣ |
| 4 | 李方桂（晚期） | 群匣云g、gw | |
| 5 | 陈新雄 | | 群匣云ɣ |
| 6 | 李方桂（早期）<br>罗常培<br>邵荣芬 | 群匣g、gw | 匣云ɣ、ɣw |
| 7 | 郑张尚芳 | 群匣（多数）g、gw | 匣（少数）云ɦ、ɦw |

中古时期匣、云可合为一个音位，这一点争议不大。第 2 说实际上是把这个意见直接推到上古了。这个做法的问题有二：其一，群母一、二、四等位置仍然存在空格；其二，浊擦音位置有音位，这与精、庄系无浊擦音不对应。1、4 二说没有这两个问题。不过第 1 说为上古音构拟了全浊塞音声母的送气、不送气的对立，这一点很难证明；而第 4 说将群、匣、云直接归并，无法说明上古到中古群、云两类字的分化条件。

## 第四章 声母

问题的焦点在于匣母是否当分为两类,以及云母与群母的关系。先来看第二个问题。就与匣母有关的声首来看,匣、云共享的 17 个声首中,10 个与见、溪、群母无关,表现出一定的排他性。与此相对照,匣、群共享的 15 个声首中,13 个兼有见、溪母字。秦文字中与群母有关的声首有 54 个,与云母有关的声首有 31 个,而二者总共只有 4 个共享声首。就此来看,群、云的关系比较疏远。

就表 4-6 的统计数据来看,匣母与见、溪二母和云母都存在密切关联,同时见、溪、群三母类聚为一类,云与群则关系疏远。综合这些情况,我们支持第 6、7 两说将匣母二分的主张。将匣母一、二、四等字中各一部分划入群母,则古群母形成与各等韵均可拼合的格局,与见、溪等母相当。剩下的匣母字可划入云母。不过古云母能拼合的韵类较其他喉牙音仍然缺一类。大致情况见表 4-9。

表 4-9 上古喉牙音各母诸"等"辖字情况对照

|  | 一等 | 二等 | 重纽 b | 重纽 a | 其他三等 | 四等 |
|---|---|---|---|---|---|---|
| 其他 | √ | √ | √ | √ | √ | √ |
| 古群母 | 匣 | 匣 | 群 | 群 | 群 | 匣 |
| 古云母 | 匣 | 匣 | 云 | ? | 云 | 匣 |

古云母缺少重纽 a 类,这个问题需要做出合理的解释。

就谐声材料来看,与匣、云二母有谐声关联的声母虽多,但除喉牙音声母外,其他声母与匣、云二母的联系程度非常有限,无法直接拿来"填空"。不过据一些迹象来看,中古以母字中有些当来源于匣、云母。例如:

曷声之嫌、瘴;顷声之颖;

役声之役、疫;荧声之謍、营、䁝;

矞声之鹬、繘;肙声之捐。

以上字据《广韵》皆为以母字,但《篆隶万象名义》的切上字往往是匣、云母字①。我们在订正字音过程中根据谐声偏旁、他书等增删削或替换了部分字音，这些可能正是可以填入"匣云"母重组 a 类空格中的字②。

云母的另一个问题是缺乏开口字。我们确定的秦文字中有且中古为云母字者共 87 个，其中合口字 73 个，开口字 15 个（囿字开合两属）。这 15 个开口字中 13 个是尤韵字，两个是宵韵字（鄂、鸮）。相关尤韵字谐声、又音方面可与屋三系联，也可以认为原为合口。鄂、鸮这类字，据李方桂的看法也经过了一个有合口成分的阶段③。我们所指出的当归入古云母重组 a 类的字，基本也全是合口字。如果我们的构拟止于此，云母将几乎全无开口字。除非归入古云母的匣母字也同样缺少开口字，或者另找到其他能够填补这一空格的字，否则云母的情况将不好理解。在辖以母字的 60 个声首中，至少 12 个是主要与喉牙音声母字相关而基本不与端知系声母相关的，其中主要都是开口字。我们认为这些字是可以拿来填古云母开口的空格的。此外，邪母字中只与喉牙音声母存在谐声关联者，秦音中很可能也当分别归入古云母的开、合口字。详第四章（三.4）。至于古云母重组 b 类开口，或许可由与喉牙音声母字存在谐声关联的来母三等字填空。

总之，就秦文字中的谐声字来看，秦音中喉牙音各母在与韵类的配合方面应该是整齐对应的。

## 三　章系字的两种来源

在第四章（二.3）中，我们大致介绍了端、知、章系 16 个声母以及邪母在谐声方面的情况。据表 4-5 可知，端、知、章系声母普遍与见系声母存在谐声关联。

不过各系声母与见系声母的关联程度存在一定的差异，可能意味着性质的不同。此前有学者主张章系字中一部分来源于见系，就章系声母与见系的联系更多，且有不少声首单独与见系声母共用而不掺杂端、知系声母字来看，这个说法可能是正确的。不过，仅从表 4-5 的数据来下结论似乎

---

① 相关情况有一定复杂性，参 75 页注②。
② 郑张尚芳亦将此类字归为云母重组四等。参见《上古音系》（第二版），上海教育出版社 2013 年版，第 87 页。
③ 李方桂：《上古音研究》，商务印书馆 1980 年版，第 18 页。

仍嫌轻率，有必要对这个问题进行更细致的分析。

在与端知章等十六母有关的 232 个声首中，有 51 个是与喉牙音各声母（见溪群疑晓匣云）共享的①。这些声首大致可分为三类。第一类不涉及端、透、定、泥、知、彻、澄、娘八母（29 个）（见表 4-10）。

**表 4-10　与章系和喉牙音有关，但与端知系无关的声首辖字统计**

|   | 章 | 昌 | 常 | 日 | 书 | 以 | 邪 | 心 | 来 | 见 | 溪 | 群 | 疑 | 晓 | 匣 | 云 | 影 |
|---|---|---|---|---|---|---|---|---|---|---|---|---|---|---|---|---|---|
|   | 9 | 6 | 2 | 3 | 4 | 11 | 8 | 2 | 2 | 18 | 8 | 1 | 8 | 5 | 7 | 2 | 2 |
| 车 |   | 1 |   |   |   |   |   |   |   | 1 | 1 |   |   |   |   |   |   |
| 臣 |   |   | 2 |   |   |   |   |   |   | 2 | 3 |   |   |   | 1 |   |   |
| 臭 |   |   | 1 |   |   |   |   |   |   |   | 1 |   |   |   |   |   |   |
| 儿 |   |   |   | 1 |   |   |   |   |   |   | 1 |   |   |   |   |   |   |
| 羔 |   |   |   |   |   | 1 |   |   |   | 1 | 1 |   |   | 1 |   |   |   |
| 公 | 1 |   |   |   |   | 2 | 3 |   |   | 2 |   |   |   |   |   |   | 1 |
| 谷 |   |   |   |   |   | 5 | 1 |   |   | 1 |   |   |   |   |   |   |   |
| 彗 |   |   |   |   |   |   | 1 | 2 |   |   |   |   |   |   | 1 | 2 |   |
| 惠 |   |   |   |   |   |   |   | 1 |   |   |   |   |   |   | 1 | 1 |   |
| 监 |   |   |   |   |   | 1 |   |   | 4 | 1 |   |   |   |   |   |   |   |
| 敫 | 1 |   |   |   |   |   |   |   |   | 4 | 1 |   |   | 4 |   |   |   |
| 丩 |   |   |   |   | 1 |   |   |   |   | 2 |   |   |   |   |   |   |   |
| 殻 |   |   |   |   | 1 |   |   |   |   | 1 |   |   |   |   |   |   |   |
| 若 |   |   |   | 2 |   |   |   |   |   |   |   |   |   |   | 1 |   |   |
| 十 | 1 |   | 2 |   |   |   |   |   |   | 1 |   |   |   |   |   |   |   |
| 午 |   |   | 1 |   |   |   |   |   |   | 2 | 1 |   |   |   |   |   |   |
| 咸 | 2 |   |   |   |   |   |   |   |   | 4 |   |   |   | 4 |   |   |   |
| 旬 |   |   | 2 |   |   |   | 2 | 5 |   | 2 |   |   |   |   | 1 |   |   |
| 牙 |   |   |   |   | 1 | 2 |   |   |   | 3 |   |   |   |   |   |   |   |

①"端知章等十六母"指端、透、定、泥、知、彻、澄、娘、章、昌、常、日、书、神、以、邪等十六母。

续表

|  | 章 | 昌 | 常 | 日 | 书 | 以 | 邪 | 心 | 来 | 见 | 溪 | 群 | 疑 | 晓 | 匣 | 云 | 影 |
|---|---|---|---|---|---|---|---|---|---|---|---|---|---|---|---|---|---|
|  | 9 | 6 | 2 | 3 | 4 | 11 | 8 | 2 | 2 | 18 | 8 | 1 | 8 | 5 | 7 | 2 | 2 |
| 羊 |   |   |   |   |   | 5 | 2 |   |   | 1 | 1 |   |   |   |   |   |   |
| 臣 | 1 | 1 |   |   | 3 |   |   |   |   | 1 |   |   |   |   |   |   |   |
| 亦 |   |   |   |   | 2 | 6 |   |   |   |   |   |   |   | 1 |   |   |   |
| 埶 |   |   |   |   | 1 |   |   |   |   |   |   |   |   | 1 |   |   |   |
| 垔 | 1 |   |   |   |   |   |   |   |   | 1 |   |   |   |   |   |   | 5 |
| 与 |   |   |   |   |   | 20 | 1 |   |   | 1 |   |   |   |   |   |   |   |
| 乐 |   |   |   |   |   | 3 |   | 5 |   | 1 |   |   |   |   |   |   |   |
| 支 | 2 | 1 |   |   |   |   |   |   |   |   | 2 |   | 1 |   | 3 |   |   |
| 只 | 3 |   |   |   |   |   |   |   |   | 1 |   |   | 1 |   |   |   |   |
| 旨 | 5 |   |   |   | 2 |   |   |   |   | 2 | 1 | 1 | 1 |   |   |   |   |

第二类只涉及透、定、泥、彻四个声母（9个）（见表4-11）。

表4-11 与透定泥彻四母和喉牙音有关，但与其他端知章系各母无关的声首辖字统计

|  | 透2 | 定2 | 泥1 | 彻5 | 明1 | 来1 | 见4 | 溪4 | 群1 | 疑2 | 晓3 | 匣2 | 影6 |
|---|---|---|---|---|---|---|---|---|---|---|---|---|---|
| 畜 |   |   |   | 3 |   |   |   |   |   |   | 3 |   |   |
| 庚 |   | 1 |   |   |   |   | 1 | 1 |   |   |   |   |   |
| 妪 |   |   | 1 |   |   |   |   |   |   | 1 |   |   |   |
| 贵 | 1 | 3 |   |   |   |   | 1 | 1 | 2 |   |   | 3 |   |
| 翏 |   |   | 1 | 1 | 7 | 2 |   |   |   |   | 1 | 1 |   |
| 区 |   |   |   | 1 |   |   |   | 4 |   |   |   |   | 6 |
| 去 | 1 |   |   |   |   |   | 2 | 5 |   |   |   |   |   |
| 熏 |   |   |   | 1 |   |   |   |   |   |   | 1 |   |   |
| 疑 |   |   |   | 1 |   |   |   |   |   | 1 |   |   |   |

第三类则同时涉及端、知系声母和章系声母（13 个）[①]（见表 4-12）。

表 4-12　与端知章系和喉牙音都有关的声首辖字统计

| | 端 | 透 | 定 | 泥 | 知 | 彻 | 澄 | 娘 | 章 | 昌 | 常 | 日 | 书 | 神 | 以 | 见 | 溪 | 群 | 疑 | 晓 | 匣 | 云 | 影 |
|---|---|---|---|---|---|---|---|---|---|---|---|---|---|---|---|---|---|---|---|---|---|---|---|
| | 6 | 3 | 6 | 4 | 2 | 2 | 5 | 2 | 6 | 4 | 7 | 4 | 3 | 2 | 5 | 3 | 5 | 4 | 1 | 9 | 4 | 1 | 1 |
| 川 | | | | | 1 | | | | 1 | | | 1 | | | | | | | | 1 | | | |
| 合 | 1 | | | | | | 1 | | | | | | | | 3 | | | | | 2 | 2 | | |
| 今 | | 1 | | 1 | | | | | | | | 1 | | | 7 | 3 | | 3 | 1 | 3 | | | 1 |
| 董 | | | 1 | | | | 1 | | | 2 | | | | | 4 | | | 3 | 1 | | | | |
| 甚 | 2 | 1 | 1 | | | 1 | 2 | | | | | | | | | 1 | | | | | | | |
| 示 | | | | | 1 | 1 | 2 | | | | | | | | 2 | 1 | | | 1 | | | | |
| 象 | | | 3 | | | | | | | | | 2 | | | | 1 | | | | | | | |
| 妥 | | 1 | | | | | | | | | 1 | | | | | | | | | | | | |
| 邕 | | | 2 | | | | | | | | | | | | 1 | | | | | | | 2 | |
| 向 | 2 | | 2 | | 2 | 1 | 2 | 4 | 2 | | | | | | | | | | 1 | | | | |
| 尧 | | | 1 | | 3 | | | | | 3 | | 1 | | | | 1 | 1 | | 3 | 2 | | | |
| 真 | 2 | 1 | | | | | | | 2 | 1 | | | | | | | | | 1 | | | | |
| 佳 | | | 3 | | 2 | | 4 | | | | | | | | 2 | | | | | 1 | 1 | 1 | |

从上面三个表的数据来看，章系声母与见系声母的联系比端、知系声母与见系声母的联系要多得多。对此有两种可能的解释。

（1）章系声母的音值介于端、知系和见系声母之间，所以见系声首有时辖一些章系字，相应地，章系声首辖见系字的情况也多于端、知系声首辖见系字。

（2）只与见系字有谐声关联的章系字原本是见系字，只是在后来的演变中这些字与来源于端、知系字的那部分章系字发生了合流。

我们认为后一种可能性更大。就秦文字来看，中古见系重纽四等（即三等 a 类）字的数量只有 41 个，而重纽三等（即三等 b 类）字的数量则有

---

[①] 佳声又辖清母字崔、心母字虽；今声又辖从母字鲐、崇母字岑，妥声又辖心母字绥。表格从略。

148 个①。后者是前者的三倍还多。这与帮系、精庄系的情况不相应：帮系三等 a 类字有 67 字，三等 b 类字 61 字；精系三等字 265 字，庄系三等字 72 字。就音理来说，三等 a 类实际上是比三等 b 类简单的音②，就此而言，帮系、精庄系的情况是正常的，而见系的情况则是反常的。

不过有一个问题：如果说见系 a 类字发生过变入章系的音变，何以见系仍保存了一部分三等 a 类字？这种情况的成因可能比较复杂。在现代普通话中，中古见系二等字有些有 i 介音，故而与精系三等字合流；另一些无 i 介音，故与见系一等字合流。这种现象对于我们理解见系 a 类字与章系的一部分字同源而异流的现象是有参考价值的。方言分歧方面的影响、韵书存古、用字频率差异等都有可能是见系仍保存部分重组 a 类字的原因。

中古的部分章系字在秦音中尚属见系，这是从宏观的层面来讲的。在秦文字中，端、见两系在某些声首上原本就有少量关联，这种可能性也是存在的。不过，二者共享的声首中某些应当先予排除。比如说一些涉及彻母的例子。彻母与喉牙音关系比较特殊，具体参第四章（三.7）。表 4-11 的 9 个声首中，有 5 个不涉及彻母以外的端知系声母。表 4-12 中川声首也属于此类。这些声首如搁置不论，则表 4-11 中只剩 4 个声首，加上表 4-12 中剩余的 12 个声首，总共还有 16 个端知系声母与喉牙音共享的声首。

其中涉及一字多音、可疑谐声，以及涉及远古谐声字、秦与六国通行的谐声字等例子，实际上也不适合作为讨论秦音的依据。具体而言：

（1）多音字

妮字，泥、疑两读。

去声首字鮾，透、溪两读。

向字，书、晓两读。

妥声字绥，日、晓、心三读。

召声字唌，定、匣两读；窞，定、来两读。

示声字祁，有澄、章、常、群等多个读音。

---

① 我们只统计有重组对立的见、溪、群、疑、晓五母。影母为喉塞音，与问题无关。其他无重组对立的韵原来应该也有重组的对立，但一般已无法甄别，故不作统计。

② 参见第三章（四.2），因三等 b 类涉及*-l-类介音，而三等 a 类则否。

（2）可疑谐声字

贪（透母）、念（泥母），二字所从之今也可能是纯义符。喙，是否从象声，较为可疑。

（3）远古谐声字

庚声字唐，殷商甲骨文中已见。

（4）同时通行于秦方言区以外的谐声字

堇声字难，泥母。亦见于楚、齐、中山文字。以难为声符的字均为泥、娘、日母字，与见系声母无涉。

排除以上声首之后，只剩6个声首。

合（见系匣母）声字给，见母；→荅，端母。

甚（端系常母）声字戡，透母；→堪，溪母。

真（端系章母）声字瞋，昌母；→顚，溪母。

贵（见系见母）声字横，溪母（又读群母）；→儥，透母（又读匣母）。匮，群母；→隤積頽，定母。

尧（见系疑母）声字饶，日母；→娆，泥母；→譊，娘母。

隹（端系章母）声字谁，常母；→淮（匣母）。维（以母）→帷（云母）→睢（晓母）<sup>①</sup>。

以上除一例涉及辗转谐声外，其余均可视为以同发音方法而谐声的例子。总之，端见相通的例子的数量相对于端、知、章、见系庞大的声首基数而言，可以说微乎其微。据古书记载来看，关中一带方言中某些见系字可能确有读如喉牙音字的现象。《释名·释天》云："天，豫司兖冀以舌腹言之，天，显也，在上高显也。青徐以舌头言之，天，坦也，坦然高而远也。"显字中古为晓母字，《释名》以显训天，说明二字语音相近。所谓"豫司兖冀"，其中即包括关中地区。不过问题比较复杂。比如看到"天"这个例子，我们可能会猜想青徐一带方言应该不会也有端见混淆的现象，实则不然。如《释名·释宫室》云："楹，亭也，亭亭然孤立，旁无所依也。齐鲁读曰轻。"楹，以母字；亭，定母字；轻，溪母字。可见其他方言读端知系声母者，齐鲁反而有读喉牙音声母的。总之，端知系声母与喉牙音

---

① 经由云母字辗转谐声。

声母的偶然性关联似乎在上古各方言中普遍存在，可能与各方言内部的某些次方言有关，也可能是只涉及个别字的零星现象。

至于章系与见系的谐声关联，在排除我们前文中已归入端系的声首后，仍有33个（表4-10中的29个，加上表4-12中的合、今、臽、尧4个）共享声首。这个数量是比较可观，应当反映规律性的特点。相关声首的辖字基本可以划入见系。

与见系相比，章系多出两个声母（邪、以、神其中之二）。这个问题我们在第四章（三.4）中再进行讨论。

## 四　秦音中的半元音声母

中古音系中，神、以二母分别为章系浊擦音、近音，邪母为精系浊擦音，匣（云）母为见系浊擦音。不过据第四章（二.2）的统计数据，秦音中邪母与精、庄系各母基本上没有联系，同时，精、庄系也没有另外的联系特别紧密的声母。这说明精、庄系浊音位置很有可能是空缺的。从音位的系统性特点来看，其他发音部位的浊擦音也变得比较可疑，中古神母、邪母、匣（云）母的来源就成了问题。对于上古以母的音值，学者间也存在不同的的构拟。总之，这几个声母的音值问题是有必要深究的。

1. 以母

秦文字中，中古为以母的字分属60个声首，在与喉牙音声母共享的16个声首中，11个（羔、公、羊、益、牙、与、谷、亦、臣、监、乐）不涉及端、透、定、知、彻、澄六母的字，1个（臽）涉及定母字，但有又音，这12个声首所辖的以母字当为喉牙音来源。此外还有7个（鬲、寅、斿、䍃、夬、毓、侖）只辖以母字，不容易判断其归属。这些我们搁置不论。

在剩余的41个声首中，8个与端、透、定、知、彻、澄无关（见表4-13）。

其中酉、允、易3个声首辖它母字。剩下的5个声首是单独与神、邪二母或其中之一共用的。神、邪二母中古均为浊擦音。在第四章（三.2）中，我们指出古云母重组a类字在中古有变入以母者（《广韵》），匣、云中古亦为浊擦音。以母与浊擦音的这种特殊关系，是很值得重视的。

表 4-13　其他与以母有关，但与端知系无关的声首辖字统计

|  | 昌 | 神 | 以 | 邪 | 精 | 从 | 心 |
|---|---|---|---|---|---|---|---|
| 射 |  | 1 | 1 | 1 |  |  |  |
| 巳 |  |  | 2 | 3 |  |  |  |
| 采 |  |  | 1 | 1 |  |  |  |
| 次 |  |  | 1 | 2 |  |  |  |
| 易 |  |  | 3 |  |  |  | 3 |
| 蝇 |  | 1 | 1 |  |  |  |  |
| 酉 | 1 |  | 5 |  | 3 | 1 |  |
| 允 |  |  | 1 |  | 2 |  | 2 |

排除以上 27 个声首后，仍有 33 个声首。我们仅就这些声首，来看看以母与其他声母的关系①（见表 4-14）：

表 4-14　以母与端知系共享声首辖字统计简表

| 端 | 透 | 定 | 彻 | 澄 | 章 | 昌 | 常 | 书 | 神 | 邪 | 心 | 晓 |
|---|---|---|---|---|---|---|---|---|---|---|---|---|
| 4 | 13 | 25 | 7 | 18 | 4 | 2 | 6 | 14 | 6 | 8 | 4 | 2 |

值得注意的问题有两个。

第一，以母与定、澄二母高度相关（33 个声首中只有异、粤、詹无定澄母字），但与端、知二母关联过少（只有詹、弋、刀、多 4 个共享声首）。

第二，以母与常母联系有限，而且与常母共享的声首都辖有定、澄母字。

从各种迹象来看，以母应该是一个浊音，而且其发音部位当与章系不同。在具体的发音方法方面，大致有颤音、闪音、边音、近音等可供选择。

相对而言，近音更接近擦音，为了便于解释以母字在谐声方面与书、神、邪三母字的特殊关系，以及中古与古云母重纽 a 类字的演变关系，构拟为近音是较好的选择。

至于具体拟音，还需要看与之相关的神母、邪母的情况综合酌定。我

---

① 滂、精、清、知、日、群、疑、匣、云、影十母只出现一次，不列入表中。

们在随后几个小节中继续分析这个问题。

2. 神母

与神母有关的声首不多，只有 15 个，因此我们将其全数列出（见表 4-15）。

表 4-15　与神母有关的声首辖字统计表

|   | 透 | 定 | 知 | 彻 | 澄 | 章 | 昌 | 常 | 日 | 书 | 神 | 以 | 邪 | 精 | 群 | 晓 |
|---|---|---|---|---|---|---|---|---|---|---|---|---|---|---|---|---|
|   | 1 | 5 | 1 | 3 | 7 | 2 | 1 | 5 | 1 | 7 | 15 | 8 | 8 | 1 | 1 | 1 |
| 辰 |   |   | 1 |   | 3 |   |   | 2 |   |   | 1 |   |   |   |   |   |
| 川 |   |   |   | 1 |   |   | 1 |   |   |   | 1 |   | 1 |   |   | 1 |
| 盾 |   | 1 |   |   |   |   |   |   |   |   | 2 |   | 1 |   |   |   |
| 卖 |   | 7 |   |   |   |   |   |   |   |   | 1 |   | 1 |   |   |   |
| 射 |   |   |   |   |   |   |   |   |   |   | 1 | 1 | 1 |   |   |   |
| 申 |   |   |   |   |   |   |   |   |   | 4 | 1 |   |   |   |   |   |
| 食 |   |   | 1 |   |   |   |   |   |   | 1 | 2 |   | 1 |   |   |   |
| 示 |   |   |   |   | 1 | 1 |   | 2 |   |   | 2 | 1 |   |   | 1 |   |
| 世 |   |   |   |   | 1 |   |   |   |   | 2 | 1 | 1 |   |   |   |   |
| 术 |   |   |   |   | 1 |   |   |   |   |   | 7 |   |   |   |   |   |
| 它 | 3 | 5 |   |   | 2 |   |   | 2 |   | 2 | 2 | 3 | 1 |   |   |   |
| 蝇 |   |   |   |   |   |   |   |   |   |   | 1 | 1 |   |   |   |   |
| 余 |   | 6 |   | 1 | 3 |   |   | 2 |   | 4 | 1 | 2 | 2 |   |   |   |
| 予 |   |   |   |   | 1 |   |   | 2 |   | 1 | 2 | 3 | 1 |   |   |   |
| 朕 |   | 5 |   |   | 1 |   |   |   | 1 | 2 | 1 | 1 |   | 1 |   |   |

与神母有关的声首所辖的两个喉牙音字为训（晓母，又读邪母）、祁（群母，又读章、昌、常等母），均涉及又音，当归端知系还是见系不甚确定，姑且不论。

神母与中古各母字共享声首的情况比较分散，不过也能看出大体的倾向。与神母字共享声首最多的是以母、邪母，其次是澄母，再次是定母、常母。我们认为，可将神母构拟为与澄母同部位的近音。理由为：

首先，在秦文字中精系各母无相配的浊擦音声母的情况下，中古其他浊擦音声母在秦方言音系中的地位也成了疑问。相较仍将神母视为浊擦音，将其构拟为近音可以避免与精系在音类上产生不对应问题。

其次，神母与以母关联最多，如此构拟便于解释二者的关系。

最后，神母与章系各母的联系总体不如与知系各母多，而且很难确定神母与喉牙音有关，这与章系各母的情况存在明显差异。因此，不便于将之构拟为与章系同部位的音。

一个问题是，知、彻、澄、娘四母与二、三等韵均可搭配，而神母字只有一类。如何解决这一矛盾？在第四章（三.4）中，我们已指出以母与章系关联不多，而与澄母关联较多的现象。联系这个问题，或许可将神母理解为与知系二等相配的音，将以母理解为与知系三等相配的音。试比较秦文字中知系二等与三等、神母与以母在辖字数上的关系，见表4-16。

表4-16 秦文字中知系二等、神母与知系三等、以母辖字数量对照

| 知二 9 | 彻二 6 | 澄二 13 | 娘二 10 | 神 29 |
|---|---|---|---|---|
| 知三 58 | 彻三 31 | 澄三 72 | 娘三 12 | 以 168 |

不过，彻母、以母来源都比较复杂，上述数据也只能起一个大致的参考作用。我们对于神、以音值的假设有待进一步的证实。

3. 邪母

秦文字中与邪母有关的声首共有29个，其中8个辖有喉牙音字者（旬、惠、彗、公、羊、谷、与、牙）均不出现端、知系塞音（或塞擦音）声母的字，当来自喉牙音声母。另有6个也不出现端知系字，见表4-17。

其中1个只辖邪母字，4个与以母共享，1个与神母共享，1个与心母共享。邪、以二母表现出较高的相关性[①]。

---

[①] 郑张尚芳指出邪母"开口字来自喻四以母，合口字来自喻三云母"。（《中古三等专有声母非组、章组、日喻邪等母的来源》，《郑张尚芳语言学论文集》，中华书局2012年版，第515页）从秦文字来看，这个论断对于存在开合分韵的韵部而言是成立的。在存在开合分韵的韵部中，凡邪母合口字均不与端知章系声母发生关联。不过开口字或不存在开合分韵的韵部中的邪母字虽均与以母关系密切，（转下页）

表 4-17　与邪母有关，但与喉牙音和端知系都无关的声首辖字统计

|   | 神 | 以 | 邪 | 心 |
|---|---|---|---|---|
| 辞 |   |   | 2 |   |
| 射 | 1 | 1 | 1 |   |
| 司 |   |   | 3 | 2 |
| 巳 |   | 2 | 3 |   |
| 采 |   | 1 | 1 |   |
| 次 |   | 1 | 2 |   |

剩下的 15 个声首与端、知系塞音（或塞擦音）声母有关（见表 4-18）。在秦音中邪母可能是与章系同部位的近音。理由为：

（1）邪母与以母共享的声首最多，与神母共享的声首虽然只有 8 个，但数量超过秦文字中与神母有关的声首总量（15 个）一半。邪、神、以三母归为同一类音并不缺乏谐声方面的支持。

（2）中古章、昌、常、日四母的字有齿龈音、软腭音两种来源，中古邪母字也是这样。

总之，用邪母字来填补章系近音位置的空格是合适的。

将邪母视为与章系相配的近音的主要障碍在于邪母与章系各母的共享声首不多。从这方面看将邪母与章系相配并不比把以母与章系相配更好。既然以母、邪母都有一部分字来源于见系，而都与章系关系不明显，何以以母在秦音中要居于与知系三等相配的位置，而不是处于与章系相配的位置？又何以确定邪母的地位？

除了第四章（三.4）中提出的字数比例的问题外，这个问题还可以从其他角度来理解。就《篆隶万象名义》中见于秦文字的古云母字绝大多数仍保留重组 a 类来看，这批字向以母转化的时间应当偏晚。《颜氏家训·音辞篇》批评南人语音不正云："其谬失轻微者，则南人以钱为涎，以石为射，以贱为羡，以是为舐。"这种发音"谬失"的实质是读从母为

---

（接上页）不过这部分邪母字、以母字的来源应该并不单纯。有些与喉牙音声母相关联，有些与端知章系声母相关联。因此郑张尚芳此论适用于两类以母字已经合流后的时代。

邪母，读常母为神母。就所谓"谬失轻微"的评价来看，从与邪、常与神之间的区别很可能已经是浊塞擦音与浊擦音的区别了。邪母已经不再与章系相配。据此来推断，邪母中来自古云母的字，只能是在此前的历史时期混入的。除假定邪母原占据章系近音位置外，似乎别无更好的选择。如果这个假设成立，则以母与章系声母相配，应该是在邪母已经变入精系以后。

表 4–18  与邪母、端知系都有关的声首辖字统计

|   | 端 | 透 | 定 | 知 | 彻 | 澄 | 章 | 昌 | 常 | 书 | 神 | 以 | 邪 | 心 |
|---|---|---|---|---|---|---|---|---|---|---|---|---|---|---|
|   | 2 | 6 | 12 | 1 | 4 | 7 | 2 | 2 | 5 | 7 | 6 | 8 | 15 | 1 |
| 盾 |   |   | 1 |   |   |   |   |   |   |   | 2 |   | 1 |   |
| 卖 |   |   | 7 |   |   |   |   |   |   | 1 |   |   | 1 |   |
| 石 | 2 | 4 | 4 | 1 | 1 |   | 4 | 2 | 2 | 1 |   |   | 1 |   |
| 食 |   |   |   |   | 1 |   |   |   |   | 1 | 2 |   | 1 |   |
| 隋 |   | 1 | 4 |   |   |   |   |   |   |   |   | 1 | 2 |   |
| 豕 |   |   | 1 |   |   | 1 |   |   |   |   |   |   | 6 |   |
| 它 |   | 3 | 5 |   |   | 2 |   |   | 2 | 2 | 2 | 3 | 1 |   |
| 覃 |   |   | 4 |   |   |   |   |   | 1 |   |   | 1 | 1 |   |
| 寻 |   | 1 |   |   |   |   |   |   |   |   |   |   | 1 |   |
| 昌 |   | 1 | 3 |   | 2 | 1 |   |   | 1 |   |   | 4 | 2 | 1 |
| 用 |   | 3 | 1 |   |   |   |   |   |   |   |   | 6 | 1 |   |
| 由 |   |   | 1 |   |   | 2 |   |   |   |   |   | 2 | 1 |   |
| 余 |   |   | 6 |   | 1 | 3 |   |   | 2 | 4 | 1 | 2 | 2 |   |
| 予 |   |   |   |   |   | 1 |   |   | 2 | 1 | 2 | 3 | 1 |   |
| 之 | 1 |   | 4 |   |   | 1 | 2 | 2 | 3 |   |   |   | 1 |   |

邪母与章系共享声首不多，或许可与庄、初、崇、生之间联系度不如各自与精系声母的联系度高视为平行现象。这很可能是章系字在谐声方面处于附属于端系或见系的地位，缺少独立性而造成的。

### 4. 古云母

既然秦方言中精庄系缺少浊擦音，而邪、神也均可与以母一并拟为近音，则古云母同为近音的可能性是比较高的。

就古云母字的重组 a 类字《广韵》中或变入以母，以及云母字后来与以母合流来看，云母可能始终保持近音音值，而未变为浊擦音。

### 5. 小结及遗留的问题

根据第四章（三.4）各小结的讨论，我们将秦方言中神、以、邪、匣（不包括来自古群母者）、云母字的声母均拟为近音。大致而言，参照此前所介绍的各等的拟音体系，这几类字在音系中的地位及拟音见表4-19。

**表 4-19　秦音中诸近音音值拟测**

| | |
|---|---|
| 神母 ʐ- | 知二 tʐ-/tl-/t- |
| 以母 ɿj- | 知三 tʐj-/tlj-/tj- |
| 邪母 j- | 章母 tj- |
| 匣母 ɰ-、ɰl-、ɰi- | 见一、二、四 k-、kl-、ki- |
| 云母 ɰlju- | 见三重三合 klju- |

中古音系中书母与神母为相配的清、浊音。不过在秦音中，我们将神、以、邪三母合为一类。这样一来，秦音中书母当同时对应神、以、邪三类音。不过，在与书母有关的 42 个声首中，除 6 个可以确定是来源于见系外，基本已无从辨别与知二、知三、章相配的各是哪些书母字。此外，关于书母字还有其他需要讨论的问题。详见下节。

## 五　书母的地位问题

除前一节提出的问题外，在秦音中书母是否具有足够的独立性，是否是一个清擦音也存在疑问。据我们统计，只辖书母字的声首只有 4 个，比例不到与书母相关的声首总数的 1/10。这个数字相对于心母、晓母的独用比例而言明显偏低。就表 4-4 的数据来看，与书母相关的声首中超过半数与定、澄二母共用，显得过多，而与以母共用声首数居第三位，不甚突出。①这可能造成对书母上古音地位的怀疑。为此，我们对书母相关的 42 个声首字的声母进行了统计，结果如下：

心母（1）：小。

端母（1）：帝。

透母（2）：它壬。

定母（2）：兑覃。

知母（1）：肘。

澄母（1）：朕。

章母（5）：者至旨戠占。

常母（1）：石。

书母（14）：申叔罙夾式向世矢春尸㒭失首束。

神母（1）：食。

以母（9）：俞亦易目予枼余攸尢。

见母（2）：今丩。

溪母（1）：殸。

疑母（1）：尧②。

书母字在选择声首时优先选择同声母字，其次选择以母字，二者之和超过书母相关声首数的一半。而只有个别的书母字选择定、澄母字为声首。据此而推定书母在秦音中相对独立，且是一个清擦音，应当问题不大。

## 六 来母的谐声问题

在秦文字中，与来母存在谐声关联的声母较多。大致而言，相关声母可归纳为如下四类：

（1）见系声母；

（2）帮系声母；

（3）彻母、透母；

---

① 在没有浊擦音的情况下，清擦音的音值最接近同发音部位的半元音。因此这个问题是需要考虑的。

② 此例中烧字的声母在秦音中当为清软腭鼻音。在以后又经历了转入晓母、又流入书母的音变。此类在考虑秦音书母音值时均当剔除。此处仅举例，不一一说明。

(4) 生母。

在来母与其他声母共享的 31 个声首中，与见系声母共享的声首就有 17 个。其中 12 个只辖来母字和见系声母字（见表 4-20）。

表 4-20　来母与见系声母单独共享的声首辖字统计

| | 来 | 见 | 溪 | 群 | 疑 | 晓 | 匣 |
|---|---|---|---|---|---|---|---|
| | 12 | 10 | 3 | 2 | 1 | 1 | 2 |
| 鬲 | 1 | 3 | | | | | |
| 各 | 11 | 5 | 1 | | | | 1 |
| 兼 | 5 | 3 | 3 | | 1 | | 2 |
| 柬 | 7 | 2 | | | | | |
| 降 | 1 | 1 | | | | | |
| 角 | 1 | 1 | | | | | |
| 京 | 3 | 2 | | 1 | | | |
| 立 | 4 | | 2 | 1 | | | |
| 劦 | 1 | | | | | 1 | |
| 林 | 1 | 1 | | | | | |
| 仑 | 6 | 1 | | | | | |
| 吕 | 2 | 2 | | | | | |

另有 6 个涉及其他声母（见表 4-21）。

以上来母与见母的共享声首特别多，而其他各母与来母的共享声首较少，且多是经由见母而间接产生关联。这个现象可能是见母的声首字较多造成的。

此外是来母与非见系声母共享的 13 个声首（见表 4-22）。

表 4-21  来母与见系声母共享的其他声首辖字统计

|   | 来 | 见 | 群 | 疑 | 晓 | 匣 | 明 | 清 | 心 | 生 | 彻 | 书 | 以 |
|---|---|---|---|---|---|---|---|---|---|---|---|---|---|
| 监 | 4 | 1 |   |   |   |   |   |   |   |   |   |   | 1 |
| 来 | 1 |   |   |   |   | 1 |   |   |   |   |   |   |   |
| 娄 | 12 | 1 |   |   |   |   |   |   | 1 | 1 |   |   |   |
| 翏 | 7 | 2 |   |   | 1 | 1 |   |   |   |   | 1 |   |   |
| 金 | 3 | 2 | 1 | 3 |   |   | 1 |   |   |   |   |   |   |
| 乐 | 5 |   |   |   | 1 |   |   |   |   |   |   | 1 | 3 |

表 4-22  来母与非见系声母共享的声首辖字统计

|   | 来 | 帮 | 滂 | 並 | 明 | 庄 | 崇 | 生 | 透 | 彻 | 神 | 以 |
|---|---|---|---|---|---|---|---|---|---|---|---|---|
|   | 13 | 3 | 1 | 1 | 5 | 1 | 1 | 1 | 2 | 3 | 1 | 1 |
| 剌 | 3 |   |   |   |   |   |   |   | 1 | 1 |   |   |
| 里 | 7 |   |   | 2 |   |   |   |   |   |   |   |   |
| 丰 | 3 |   |   |   |   |   |   | 1 |   |   |   |   |
| 丽 | 4 |   |   |   | 1 |   |   |   |   |   |   |   |
| 亘 | 1 | 1 |   |   |   |   |   |   |   |   |   |   |
| 六 | 3 |   |   |   | 1 |   |   |   |   |   |   |   |
| 龙 | 4 |   |   | 1 |   |   |   |   |   | 1 |   |   |
| 盧 | 11 | 1 |   |   |   |   |   |   |   |   |   |   |
| 戀 | 7 | 1 |   |   | 2 |   |   |   |   |   |   |   |
| 卯 | 6 |   | 1 |   | 2 |   |   |   |   |   |   |   |
| 史 | 1 |   |   |   |   | 1 | 1 | 3 |   |   |   |   |
| 万 | 6 |   |   |   | 2 |   |   |   |   | 2 |   |   |
| 聿 | 1 |   |   |   |   |   |   |   |   | 1 |   | 2 |

表 4-21 和 4-22 中所涉及的声母中，清母、心母、书母、庄母、崇母、神母与来母各只有 1 个共享声首，以母与来母虽然有 3 个共享声首，但比较确定的乐、监两个声首所辖的以母字实际上可以看作是见系字，参见第

四章（二.3）相关讨论。如将它们排除，也是只剩下 1 个共享声首。将这些声母与来母的谐声关联解释为偶然现象问题应当不大。但来母与帮系、见系、彻母[①]、生母的共享声首都不止一个，这是不应该含混过去的。这个问题应该如何来解释呢？

前辈学者对此问题多有讨论。一种观点认为，与来母存在谐声关联的其他声母字原来应属*Cl 或*Cr 式复辅音（C 表示辅音，*l 或*r 代表来母的音值）。该假说的一个主要根据在于与来母字存在谐声关联者往往是中古二等字或三等重纽 b 类字。我们先来检验一下与来母有谐声关系的其他声母字是否有这样的特点（见表 4-23）。

表 4-23 与来母有谐声关系的其他声母字一览表

| 声首 | 二等 | 重纽 b | 一等 | 三等 | 四等 | 重纽 a |
|---|---|---|---|---|---|---|
| 来 | 麦 | | | | | |
| 鬲 | 鬲隔鬴 | | | | | |
| 各 | 挌荅格客 | | 各阁貉 | | | |
| 兼 | 獫歉 | 賺 | | | 兼蒹縑谦歉嗛嫌玁 | |
| 束 | 束谏 | | | | | |
| 降 | 降 | | | | | |
| 角 | 角 | | | | | |
| 京 | | | | 京景黥 | | |
| 立 | | 脤苙泣 | | | | |
| 劦 | | | | 胁 | 协 | |
| 林 | 禁 | | | | | |
| 仑 | 纶 | | | | | |
| 吕 | 莒筥 | | | | | |
| 监 | 监 | | | | | 盐 |
| 娄 | 数 | | | 癭 | 屦 | |

---

[①] 透母的情况可以与彻母合观。

续表

| 声首 | 二等 | 重纽b | 一等 | 三等 | 四等 | 重纽a |
|---|---|---|---|---|---|---|
| 翏 | 胶璆 | 瘳 |  |  | 樛缪 |  |
| 佥 |  | 俭检嬐险验 |  | 剑 |  | 僉 |
| 乐 | 乐 |  |  |  |  | 栎藥嶘 |
| 剌 | 獭 |  | 獭 |  |  |  |
| 里 | 薶霾 |  |  |  |  |  |
| 豊 |  |  |  |  | 体（軆） |  |
| 丽 | 洒 | 洒 |  |  |  |  |
| 靣 |  | 禀 |  |  |  |  |
| 六 |  |  |  | 睦 |  |  |
| 龙 | 庞 | 宠 |  |  |  |  |
| 虍 |  |  |  | 肤 |  |  |
| 戀 | 欒蛮 | 变 |  |  |  |  |
| 卯 | 卯窌 |  | 贸 |  |  |  |
| 史 |  | 史使事倳𠭆 |  |  |  |  |
| 万 | 蛮迈 |  |  | 万 |  |  |
| 聿 |  |  |  |  |  | 聿肆 |

据表 4-23，中古出现在重纽 a 类位置者显然是极少数。其中盐与栎、藥、嶘的声首是见系字，这四个以母字应该是从声首字直接得声的，与来母当无直接关联。金字比较特殊，秦文字中并无确凿的文例，释读存疑。至于以母聿字，神母肆字，据第四章（三.4）所论，非见系来源的神母字、以母字上古当与知二、知三相配。如此说可行，这两个字实际上也不构成例外。①

也就是说，与来母存在谐声关联的其他声母字多为二等字、三等重纽 b 类字，而一般不存在重纽 a 类字的说法不误。

据此来看，以 *Cr 或 *Cl 式复辅音来解释各母与来母的谐声关联是一种

---

① 不过就神、以母上古不存在 *Cr 或 *Cl 式复辅音一点而言，这两个例子还是有一些特殊性的。

较好的办法。毕竟像 m、k 这样的单辅音声母与来母在音值上差距不小，相互存在较多的谐声关联是很不容易理解的。而且若不采取*Cr 或*Cl 式复辅音的构拟，也无法解释与来母存在谐声关联的其他声母的字何以要集中出现在二等、重纽 b 类，而不出现于重纽 a 类。①

不过有一个问题是，除透母、彻母外，其他端知章系声母几乎完全不与来母存在谐声关联。我们认为透、彻二母与来母的关联，与帮系、见系、生母等与来母的关联可能存在性质上的差异。关于这个问题，详第四章（三.7）。

除透母、彻母以外的端知章系声母之所以几乎不与来母发生谐声关联，原因可能在于介音*-l-与端知系声母的拼合不如与唇音或喉牙音声母的拼合浑然一体。*tl、*dl 这类音亲属语言中也是比较少见的。据此，在秦音中这些声母后的*l 的音值也可能已经变化。（可视为音位变体，比如变为*-r-一类的音。*tl 结合为*t̠、*dl 结合为*ḍ等，发生这类音变的可能性也是存在的）。

## 七 清鼻流音

我们据以构拟清鼻流音的字主要有以下四类：第一，与唇音字有谐声联系的晓母字；第二，与泥、娘、日三母字有谐声联系的心母字；第三，与疑母字有谐声关系的晓母字；第四，与唇音声母、来母、喉牙音声母有谐声联系的彻母字。

### 1. 清唇鼻音

在秦文字中，明母与晓母共享以下声首（2 个以上只填数字）（见表4-24）。

明母与其他声母的联系很少，晓母与明母虽然仅 6 个共享声首，但已经超过了明母与帮母或滂母、并母的共享声首数（分别为 4、4、2 个）。值得注意的是，除翏声首外②，其他 5 个声首不兼辖其他声母的字，在辖字方面表现出排他性。据此，相关两部分字的声母音值应十分接近。

---

① 来母三等的一些字应该是由古云母的重纽 b 类（*ɰlj-）变来的。参见第四章（三.2）相关讨论。
② 这个例子可视为明、晓间接谐声。

第四章　声母

表 4-24[①]　明母与晓母共享的声首辖字情况

|   | 明 | 晓 | 来 | 彻 | 见 |
|---|---|---|---|---|---|
| 黑 | 2 | 黑 |   |   |   |
| 翏 | 缪 | 獠 | 7 | 瘳 | 4 |
| 毛 | 3 | 耗 |   |   |   |
| 威 | 3 | 威 |   |   |   |
| 母 | 7 | 4 |   |   |   |
| 亡 | 7 | 荒 |   |   |   |

另还有两个相关的声首（见表 4-25）。

表 4-25　晓母与唇塞音共享的声首辖字一览表

|   | 帮 | 滂 | 晓 |
|---|---|---|---|
| 奉 | 奉 |   | 捧 |
| 亯 |   | 享（烹） | 亯 |

这两个例子涉及的字存在一些疑问（如出现较早，谐声关系也不是很确凿），而且数量也少，但作为补充证据还是能说明一些问题。帮、滂二母的字只与晓母字而不与其他喉牙音字发生谐声上的关联，其他喉牙音字也完全不与唇音字发生谐声上的直接关联[②]，这说明不是相关的明母字来自喉牙音，而是相反。

相关的晓母字既然来源于唇音，又与明母字联系特别密切，其原来的声母是清唇鼻音 $*m_l$ 的可能性是比较大的。[③]

2. 清齿龈鼻音

在秦文字中，泥、娘、日三母字在谐声上大致类聚为一组。三者与心母共享如下声首（见表 4-26）。

---

[①] 本表只辖一字者直接列出具体字，其他仍列出数字。
[②] 翏声首所辖明、见母字当是分别与声首翏谐声，二者在谐声上的关联是间接的。
[③] 董同龢、李方桂等所论略同。参见李方桂《上古音研究》，商务印书馆 1980 年版，第 18—19 页。

表 4-26  泥娘日三母与心母共享的声首辖字统计

| | 泥 | 娘 | 日 | 心 | 清 | 透 | 晓 |
|---|---|---|---|---|---|---|---|
| 尔 | 1 | | | 2 | | | |
| 女 | 3 | 3 | 2 | 1 | | | |
| 人 | 2 | | 2 | 1 | 1 | | |
| 妥 | | | 1 | 1 | | 1 | 1 |
| 襄 | 1 | 1 | 7 | 2 | | | |
| 需 | 1 | | 7 | 2 | | | |

泥、娘、日三母与心母的共享声首，比与其他任何声母的共享声首都多。上表中各声首的辖字除一个远古字例（人声字千）涉及清母，另一个涉及又音（妥声字绥，有日、晓、心三读）外，其余 5 个在辖字方面均具有排他性。

除上表所列的声首外，泥、娘、日三母与其他精、庄系声母在今、朕两个声首上也有交集。这两个例子中声首字既非泥、娘、日母字，亦非精、庄系声母字，其间的联系当是间接的①。可见，泥、娘、日三母与心母的联系具有特殊性。如果与泥、娘、日三母有谐声关联的心母字原来就是与精、清、从、庄、初、崇、生等相同部位的音，它们基本不与精、庄系声母发生关联就很不好理解。据此，我们认为应将与泥、娘、日三母存在谐声方面关联的心母字的声母构拟为清齿龈鼻音 $*n̥$。

心母、生母与疑母也有谐声关系：辥（心）→孼、嶭（疑）；彦（疑）→产（生）。其中的心、生母字可能也是从清齿龈鼻音变来。产（產）用彦为声首，孼、嶭用辥为声首，当是由于双方声母同为鼻音，相似性较高。②

### 3. 清软腭鼻音

在前面两节中，我们分别构拟了 $*m̥$（主要据明晓谐声）、$*n̥$（主要据泥

---

① 端、知、章各母与心母的关联也远多于与其他精、庄系声母的关联，但情况复杂，不便作为判断依据。

② 李方桂将与泥、娘母字谐声的透、彻、书母字的声母构拟为清齿龈鼻音（《上古音研究》，商务印书馆 1980 年版，第 19 页），与我们的观点不同。他所举的例子不可谓不丰富，但相关字例只有极个别是秦文字中有的。考虑到塞音本来就与鼻音有低频的互谐，据极个别的字例来构拟清齿龈鼻音，可信度较低。

心谐声)两个清鼻音。从音位的系统性角度而言,与之相应,疑母也应有相配的清鼻音*ŋ̊。

不过构拟清软腭鼻音的线索不太明晰。这是由于疑母字与几个喉牙音声母共享的声首都较多,比如与见母有 18 个,与溪母有 15 个,与晓母有 14 个,与匣母有 15 个,与群母有 8 个,与影母有 5 个,而同时与其他声母的共享声首又都比较少(见表 4-27)。

**表 4-27　疑母与云母及非喉牙音声母共享声首统计**

| 云 | 来 | 清 | 心 | 生 | 邪 | 彻 | 定 | 泥 | 娘 | 章 | 昌 | 常 | 日 | 书 | 以 |
|---|---|---|---|---|---|---|---|---|---|---|---|---|---|---|---|
| 3 | 3 | 1 | 1 | 1 | 1 | 1 | 1 | 2 | 1 | 3 | 1 | 1 | 2 | 3 | 3 |

在这种情况下,我们只能参照其他清鼻音消失后原辖字的去向,大致估计清软腭鼻音消失后原所辖之字可能会与哪一音类合流。从其他两个清鼻音在消失后原来所辖的字最终均与清擦音合流(如*m̥→晓母,*n̥→心母)来看,与疑母联系较多的清擦音只有晓母,转为晓母字很可能是原清软腭鼻音字的归宿。

从具体共享声首来看,疑、晓二母在干、开、斤、军、可、刃、象(存疑)、我、午、嚣、虍、尧、矣、玉这几个声首上有交集。其中声首字为晓母或疑母者为象(存疑)、我、午、嚣、虍、尧、玉。除尧声首所辖 14 字中有趬(溪母)、翘(群母)两字外,其他 6 个声首均不涉及见、溪、群、匣、云、影等母字,表现出明显的排他倾向。据此而言,我们构拟清软腭鼻音*ŋ̊的依据还是比较坚实的。李方桂结论与本书略同。[①]

4.清边音

清鼻流音在亲属语言中是比较常见的音类。一般来说,凡鼻音分清浊的语言,边音一般也分清浊。比如亲属语言中阿昌语、仙岛语(以上缅语支)、茶洞语、布央语(以上侗台语族)、苗语(苗瑶语族)等均是如此[②]。在前文中,我们已经构拟了三个清鼻音,证据是比较充分的。据此,秦音

---

[①] 李方桂:《上古音研究》,商务印书馆 1980 年版,第 20 页。
[②] 参见孙宏开等《中国的语言》(商务印书馆 2007 年版)相关各语的声母部分,下同。

中应当也有清边音。

在第四章（三.6）中，我们指出彻母、透母与来母关系可能存在特殊性的问题。从种种迹象看，彻母、透母字中有一部分在秦音中很可能就是清边音字。具体如下：

第一，在端、知、章系塞音或塞擦音各母中，只有彻母、透母与来母有接触。

第二，彻母与唇音、喉牙音声母存在谐声关联，这与来母的情况是平行的。

第三，秦文字中与彻母有关的声首共 26 个，这些声首可以分为甲、乙两种主要的类型。一是与唇音声母、来母、喉牙音声母共用的声首（12 个，甲类），二是与端、知系声母共用的声首（13 个，乙类）①。甲、乙类声首只在剌（獵字）、多（黟字）两个声首上有所交集。獵字透、彻两读②。黟字，影母，这个读音来自地名黟，非关陇地区地名，当不反映秦音情况。因此我们大可将剌声从乙类中剔除，将多声从甲类中剔除。这样，甲类 11 个声首，乙类 12 个声首，完全是分开的。

第四，来母多与见母字谐声，彻母多与晓母字谐声（参见表 4-5）。清边音往往带有摩擦、送气属性，相对于来母比较接近晓母。将彻母甲类字拟为清边音，既能解释彻母、来母二者均与喉牙音接触之同，又能解释二者在与喉牙音接触时所存在的具体差异。

总之，把彻母甲类字拟为清边音的证据是比较充分的。这个问题解决之后，彻母在谐声方面何以与端、透、定、知、澄、章、昌、常等关联度不高也就比较容易理解了。如果我们只看与端知系声母共用的彻母声首，12 个中有 8 个出现澄母字，6 个出现定母字，5 个出现端母字……共用比例还是相当高的。③

5. 遗留的问题

总体而言，我们构拟清鼻流音所据的谐声材料数量都不是很多。造成

---

① 另有 4 个声母未归入以上两类。
② 在第二章（二.3）中涉及"北周字文泰，原名黑獺"这条材料。可见在北周时期獺字声母当已与透母合流。
③ 李方桂也将与来母谐声的透、彻母字拟为清边音（标写作*hl）。相关论述见《上古音研究》，商务印书馆 1980 年版，第 20 页。

这种现象的原因可能是两方面的。

第一，清鼻流音辖字可能较少。在塞音、塞擦音中，送气音字一般是最少的。有时比例还很悬殊，如表 4-28。

表 4-28　秦文字里各类塞音、塞擦音数量对照

| | 不送气清音 | 送气清音 | 浊音 |
| --- | --- | --- | --- |
| 帮系 | 178 | 86 | 177 |
| 精系 | 140 | 93 | 101 |
| 庄系 | 35 | 21 | 22 |
| 端系 | 89 | 62 | 179 |
| 知系 | 66 | 36 | 85 |
| 章系 | 140 | 49 | 90 |
| 见系一、二、四等 | 284 | 103 | - |
| 见系三等 | 163 | 78 | 131 |

与送气塞音、塞擦音字较少原理相仿，清鼻流音比常规的鼻音、边音辖字少很多是可能的。若如此，其声首数也会随之下降。

第二，如果某个声首只辖清鼻流音字，在清鼻流音消失后这个声首的辖字很可能整体性地与其他声母的字合流，使得我们无从辨别。很可能在晓母、心母、彻母字中，还隐含着其他来源于清鼻流音的字。

## 第四节　小结

根据本章前面几节的分析，秦方言的声母系统当如表 4-29 所示：

与中古音系的声母系统相比，秦方言音系声母系统可能有以下特点：

第一，秦方言音系中不存在浊擦音音位。中古的浊擦音声母大致对应于表内的两个（以、云）半元音声母。

第二，有清鼻音、清边音。晓母字中分出清唇鼻音、清软腭鼻音两类，心母字中分出清齿龈鼻音一类，彻母及透母字中分出清边音一类。

表 4-29 秦音声母系统简表

| | | | | | | | | |
|---|---|---|---|---|---|---|---|---|
| 帮 p | 滂 ph | 並 b | | | (晓)m̥ | 明 m | | |
| 精 ts | 清 tsh | 从 dz | 心 s | | | | | |
| 端 t | 透 th | 定 d | | | (心)n̥ | 泥 n | (彻)l̥ | 来 l |
| | | | 书 ʃ | 以、j | | | | |
| 见 k | 溪 kh | 群 g | 晓 x | 云 ɰ | (晓)ŋ̊ | 疑 ŋ | | |
| 影 ʔ | | | | | | | | |

第三，取消了邪、庄、初、崇、生、知、彻、澄、娘、章、昌、常、日、书、神、匣十六母。大致而言：

庄、初、崇、生分别并入精、清、从、心；

知、彻（分出清鼻音后的剩余部分）、澄、娘分别并入端、透、定、泥；

章、昌、常、日主体部分分别并入端、透、定、泥，剩余部分归见、溪、群、疑；

神母、邪母的主体部分与以母合为一组，剩余部分归古云母；

匣母拆分为两部分，一部分归古群母，一部分归古云母；

来母三等字的一部分上古归古云母。

秦音中二等、三等重纽 b 类字的声母后带有*-l-音，我们将之理解为介音成分（这与一般所谓复辅音应有所区别），不列入秦音的声母表。详第四章第一节。

# 结　语

　　限于客观研究条件，传统的上古音研究在甄别材料的时空属性方面存在较大的不足。大批出土材料的涌现，为较深入地探讨某些先秦方言音系的情况提供了可能。本书就是在这样的背景下，综合利用传世和出土文献材料，对周秦时期秦方言的语音系统进行全面探索的一次尝试。

　　本书分为四个部分：

## 一

　　本书首先对于秦人、秦方言的相关问题进行了讨论。秦君世系源出大骆之族，但从语言学的角度来看，我们应将周余民视为秦人的主体来源，从周室东迁到秦亡以前的关中地区方言，也就是我们所说的秦方言，主要就是在西周关中方言的基础上发展而来的。秦晋对峙于河西的数百年间是秦方言传统生成并得以巩固的关键阶段。在这一历史时期，秦方言的边界大致稳固，雍方言的语音系统成为秦方言的标准音。

　　在第一章的剩余部分，我们对目前上古方言的研究情况作了简要回顾，介绍了本书所使用的材料、方法以及对于部分相关的重要问题所采取的立场。在利用清儒经典研究方法（如韵例分析法、谐声系联法等）的同时，着重于材料时空属性的甄别，剔除某些不适用于研究秦音的异质材料是本书的主要特色。

## 二

目前研究上古声调尚缺乏有效的手段。我们借鉴丁邦新的研究思路，从双音节异调并列语中字的排序现象入手来分析这一问题。就西周关中诗篇、秦统一前后法律文本两种文献中的异调并列语排序类型的变动而言，在秦统一前后，秦方言中上声调当已形成一段时间，而去声字仍保留某种非响音的辅音韵尾。

通过对周秦诗篇用韵材料的分析结果来看，从西周到秦统一前后，阴声韵中的去声字的读音由相对靠近平声转变为与平声、上声距离大致相当。K 系字中平、上声始终未与入声接触，中古为去声的字（包括两类，一类谐声上与平、上声字相关，另一类与入声字相关，在秦音中这两类字已经融合为一类）与平声字、上声字及入声字均可通押，而音值相对更接近于入声。T 系字的情况有所不同，中古为去声的字中谐声上与平上声字和入声字相关的字始终分用。

从西周到秦统一前后的韵文中，中古为去声的字的独用比例总体上有一定程度的上升，初步显示出向中古音系发展的趋势。

周秦韵文用韵方面 K 系字的去声无论谐声上是否与入声相关，都更多地与入声字通押，以及 T 系去声 B 类字与入声字大量通押，这些现象与《切韵序》对秦陇方言"去声为入"的记载可以合观。我们认为秦方言中去声字、入声字的区别完全是韵母不同（但能通押的韵母之间音值差异不大），在声调方面上二者应属同一音位。

根据上述分析，我们认为秦音中只有平、上、去三调。去声字均带-ʔ韵尾，但除祭至未三部通过该韵尾与月质物三部相区别外，-ʔ韵尾均不具有音位价值。

## 三

上古韵部的研究是上古音研究中发展较为成熟的一个领域。在这一部分中本书大致以王力系统为参照系，观察各部字之间的联系程度。本书首先比较了西周关中诗篇及秦韵文的用韵。结果显示，二者的用韵特点是高度一致的。本书据以归纳的秦音韵部与王力的上古音分部系统差异不大。

王力所据以划分上古音韵部的主要材料——《诗经》韵文中，周人系统的材料（如二《雅》《豳风》），以及与周人相关的一些诸侯国的材料（如卫、郑、王等《风》诗，及《鲁颂》等）占了绝大多数。而在本书第一章中，我们对周方言与秦方言一脉相承的历史关系也进行了阐发。秦音韵部与王力上古音韵部高度一致，是具有深刻的历史理据的。

周秦韵文中都有一些罕见的通押韵例。这些韵例很可能反映周秦方言内部某些次方言现象，但也可能与域外方言影响、个别人用韵不严有关。由于材料实在过于稀少，理论上无法得出更为确凿的结论。

我们对于秦音韵部与《切韵》韵类的对应关系也进行了梳理。很多秦音韵部或缺少四等字，或缺少一等字，但也有元部、宵部等四等俱全的韵部。在这个问题上，通过给各等构拟不同的介音以示区别，或者在一个韵部只有一个主元音问题上做出让步，这两种做法似乎各有利弊。我们暂时部分地采用李方桂的构拟思路（即暂定四个等、重纽均以介音来区别，而主元音音值则或有差异），但不作为定论。

在各韵部主元音的构拟上，也存在一些难以兼顾的问题。最突出的一点是支锡耕脂质至真七部主元音的问题。耕真等相通的材料在秦系材料中较多，显示这七部主元音当拟为一类。王力将这类韵部的主元音均拟为*e，是合于前述思路的，但这样一来整个拟音体系中将缺少主元音*i，有些学者认为这是反常现象。但如果直接将这些韵部的主元音拟为*i，除非像李方桂那样为阴声韵全部构拟塞音韵尾，或者像郑张尚芳那样为脂部拟*-l韵尾，否则支、脂将无以区别。当然，还有另一种办法就是抛弃一个韵部只有一个主元音的预设，但这样恐怕就会招致其他的质疑。

就我们用以研究秦音的材料来说，尚缺少能说明音值层面问题的直接性的材料。就目前来看，我们总体上倾向于王力对各部主元音的拟音，但也不否认其他方案的合理性。

在韵部的划分问题上，本书的主要特色是将王力的职锡铎觉沃屋六部的所谓长入字归入相配的之支鱼幽宵侯六部，同时，将歌脂微三部的所谓长入字分别独立，形成祭至未三个新的韵部。这一处理是折中考虑押韵系联和音系推演两方面因素的结果。就语音的系统性来看，祭至未的独立似乎加剧了语音系统的不平衡性。但这种局部的不平衡往往是语音进一步演变的内在动力之一，在特定历史时期的特定方言中存在某种不对称性是应该允许的。直到《切韵》时期，仍有一些韵（泰祭夬废）只有去声字，与此可以合观。

## 四

目前关于上古音声母的研究成果争议性较多。我们以中古声类为参照系，通过系联同声首字，比较不同中古声母的谐声关联度，以及寻找特殊谐声所存在的一些限制条件来构拟秦音声母系统。

就谐声来看，中古声母大体可分为四类。帮滂并明四母为一组（明母相对独立），精清从心庄初崇生八母为一组（心生二母作为一个整体，并相对独立），端透定泥知彻澄娘章昌常日书神以邪十六母为一组，见溪群疑晓匣云影八母为一组，来母比较特殊。除了组内声母之间相互谐声之外，还存在某些小有规模的特殊谐声现象。我们将这些特殊谐声提取出来进行专题研究。此外，关于有些存在争议的问题，比如影母音值问题，我们也设为专题来讨论。

与《切韵》的声母系统不同，秦音声母系统的主要特点在于有一套清鼻流音，而没有浊擦音（我们一般将相应的几个浊擦音声母均拟为半元音）。根据我们的谐声分析结论，大致《切韵》时代帮滂并明、精清从心、端透定泥、见溪群疑晓影、来这些声母的字在秦音中的情况问题不多；古云母的开合、四个等（三等又分重纽）的配齐有不确定性；而书邪神以四母的构拟问题最为棘手。书邪神以作为语音系统中的不能配齐且不易解释的突出部，就目前可见的材料来说很难得出各方都满意的构拟结论。我们所提出的构拟仅仅是一种初步的尝试，离问题的最终解决恐怕还有较大的距离。

总而言之，通过本书，对于秦音系统的整体面貌能够有一个更深入的了解。尽管秦方言内部可能仍有次方言的区别，但秦方言作为一个有着长期传统、标准音明确，且分布范围相对不算太大的方言，它的次方言的分化程度应当是比较小的。相对于传统的上古音研究成果，我们所得出的秦方言语音系统的时空属性比较明确。如果结合其他方言的研究，并进一步展开多方言的对比研究，我们对于汉语上古音的了解将会更加细致，也更为全面。

## 结　语

　　本书的写作有赖于大宗材料的搜集、整理、分类统计等，有时为了统一体例这样的问题也会耗费相当多的时间，这就造成书稿写作时间实际上十分紧张。正文中提出的一些观点所需要的论据大多需要翻检附录部分，行文可能较为抽象。限于个人眼界、理解水平，恐怕错失一些优秀的研究成果，造成书中对一些具体材料处理上的谬误。以上种种，热切期望学者赐正。

# 主要参考文献

奥德里古尔：《越南语声调的起源》，潘悟云主编：《境外汉语音韵学论文选》，上海教育出版社 2010 年版。

白于蓝：《战国秦汉简帛古书通假字汇纂》，福建人民出版社 2012 年版。

班固：《汉书》，中华书局 1962 年版。

北京大学出土文献研究所：《北大大学藏秦简牍概述》，《文物》2012 年第 6 期。

北京大学出土文献研究所编：《北京大学藏西汉竹书（壹）》，上海古籍出版社 2015 年版。

［美］布龙菲尔德：《语言论》，商务印书馆 1980 年版。

蔡梦麒：《广韵校释》，岳麓书社 2007 年版。

蔡梦麒：《〈说文解字〉字音注释研究》，齐鲁书社 2007 年版。

蔡梦麒、夏能权：《〈王韵〉〈广韵〉反切注音比较研究》，商务印书馆 2014 年版。

陈保亚：《20 世纪中国语言学方法论研究》，商务印书馆 2015 年版。

陈复华、何九盈：《古韵通晓》，中国社会科学出版社 1987 年版。

陈光田：《战国玺印分域研究》，岳麓书社 2009 年版。

陈鸿：《出土秦系文献词语研究》，博士后出站报告，中山大学，2009 年。

陈剑：《甲骨金文考释论集》，线装书局 2007 年版。

陈丽：《出土秦系文献形声字研究》，硕士学位论文，福建师范大学，2011 年。

陈奇猷：《吕氏春秋新校释》，上海古籍出版社 2002 年版。

## 主要参考文献

陈斯鹏:《楚系简帛中字形与音义关系研究》,中国社会科学出版社 2011 年版。

陈松长:《岳麓书院藏秦简(壹—三)文字编》,上海辞书出版社 2017 年版。

陈伟:《里耶秦简牍校释》(第一卷),武汉大学出版社 2012 年版。

陈伟:《秦简牍合集》,武汉大学出版社 2014 年版。

陈伟:《秦简牍合集(释文注释修订本)》,武汉大学出版社 2016 年版。

单晓伟:《秦文字疏证》,博士学位论文,安徽大学,2010 年。

丁邦新:《〈论语〉〈孟子〉及〈诗经〉中并列语成分之间的声调关系》,《中国语言学论文集》,中华书局 2008 年版。

董莲池:《新金文编》,作家出版社 2011 年版。

杜丽荣:《〈商君书〉通假字研究》,《西南民族大学学报》(人文社会科学版) 2009 年第 11 期。

段玉裁:《说文解字注》,凤凰出版社 2015 年版。

段玉裁:《说文解字注》,上海古籍出版社 1988 年版。

范祥雍:《古本竹书纪年辑校订补》,上海古籍出版社 2013 年版。

方勇:《秦简牍文字编》,福建人民出版社 2012 年版。

[瑞典]高本汉:《高本汉诗经注释》,中西书局 2012 年版。

[瑞典]高本汉:《中国音韵学研究》,商务印书馆 1994 年版。

高明、涂白奎:《古文字类编》(增订本),上海古籍出版社 2008 年版。

耿振生:《音韵学研究方法导论》,北京大学出版社 2016 年版。

顾德融、朱顺龙:《春秋史》,上海人民出版社 2003 年版。

顾颉刚、刘起釪:《尚书校释译论》,中华书局 2005 年版。

顾野王:《原本玉篇残卷》,中华书局 1985 年版。

管锡华:《尔雅》,中华书局 2014 年版。

郭锡良:《汉字古音手册》(增订本),商务印书馆 2010 年版。

韩巍:《北大秦简〈鲁久次问数于陈起〉今译、图版和专家笔谈》,《自然科学史研究》2015 年第 2 期。

韩巍:《北大秦简〈算书〉土地面积类算题初识》,《简帛(第八辑)》,上海古籍出版社 2013 年版。

郝懿行:《尔雅义疏》,上海古籍出版社 1983 年版。

何琳仪:《战国古文字典——战国文字声系》,中华书局1998年版。

何琳仪:《战国文字通论(订补)》,江苏教育出版社2003年版。

湖南文物考古研究所:《里耶秦简(壹)》,文物出版社2012年版。

华学诚:《扬雄方言校释汇证》,中华书局2006年版。

华学诚:《周秦汉晋方言研究史》,上海人民出版社2014年版。

黄焯:《经典释文汇校》,中华书局2006年版。

黄淬伯:《唐代关中方言音系》,中华书局2010年版。

黄德宽、陈秉新:《汉语文字学史》(增订本),安徽教育出版社2014年版。

黄德宽主编:《古汉字发展论》,中华书局2014年版。

黄德宽主编:《古文字谱系疏证》,商务印书馆2007年版。

黄公绍、熊忠:《古今韵会举要》,中华书局2000年版。

黄文杰:《秦汉文字的整理与研究》,社会科学文献出版社2015年版。

黄易青、王宁、曹述敬:《传统古音学研究通论》,商务印书馆2016年版。

贾海生:《说文解字音证》,浙江大学出版社2014年版。

[韩]姜允玉:《中山王铜器铭文中的音韵现象初探》,《古汉语研究》2005年第1期。

蒋礼鸿:《商君书锥指》,中华书局1986年版。

黎新第:《形声字读音类化现象探索》,《音韵学研究》(第一辑),中华书局1984年版。

李方桂:《汉藏语论文集》,清华大学出版社2012年版。

李方桂:《上古音研究》,商务印书馆1980年版。

李丰娟:《秦简字词集释》,博士学位论文,西南大学,2011年。

李建强:《来母字及相关声母字的上古音研究》,中国社会科学出版社2015年版。

李开:《汉语古音学史》,上海古籍出版社2015年版。

李零:《北大藏秦简〈酒令〉》,《北京大学学报》(哲学社会科学版)2015年第2期。

李零:《北大藏秦简〈禹九策〉》,《北京大学学报》(哲学社会科学版)2017年第5期。

李零:《北大秦牍〈泰原有死者〉简介》,《文物》2012年第6期。

李零：《隐书》，《简帛（第八辑）》，上海古籍出版社 2013 年版。
李圃主编：《古文字诂林》，上海教育出版社 1999—2004 年版。
李守奎：《楚文字编》，华东师范大学出版社 2003 年版。
李守奎、贾连翔、马楠：《包山楚墓文字全编》，上海古籍出版社 2012 年版。
李守奎、曲冰、孙伟龙：《上海博物馆藏战国楚竹书（一—五）文字编》，作家出版社 2007 年版。
李恕豪：《扬雄方言中的秦晋方言》，《四川师范大学学报》1992 年第 1 期。
李学勤、沈建华、贾连翔编：《清华大学藏战国竹简 1—3 文字编》，中西书局 2014 年版。
李学勤主编：《字源》，天津古籍出版社 2012 年版。
李玉：《秦汉简牍帛书音韵研究》，当代中国出版社 1994 年版。
李宗焜：《甲骨文字编》，中华书局 2012 年版。
李宗焜：《唐写本说文解字辑存》，中西书局 2015 年版。
里耶秦简博物馆：《里耶秦简博物馆藏秦简》，中西书局 2016 年版。
梁静：《出土〈苍颉篇〉研究》，科学出版社 2015 年版。
刘丽：《北大藏秦简〈制衣〉释文注释》，《北京大学学报》（哲学社会科学版）2017 年第 5 期。
刘孝霞：《秦文字整理与研究》，博士学位论文，华东师范大学，2013 年。
刘钰、袁仲一：《秦文字通假集释》，陕西人民教育出版社 1999 年版。
刘钊：《古文字构形学》（修订版），福建人民出版社 2011 年版。
刘钊、洪扬、张新俊：《新甲骨文编》（增订本），福建人民出版社 2014 年版。
陆志韦：《古音说略》，《陆志韦语言学著作集（一）》，中华书局 1985 年版。
吕不韦：《元刊吕氏春秋校订》，凤凰出版社 2016 年版。
吕浩：《篆隶万象名义校释》，学林出版社 2007 年版。
罗常培：《经典释文音切考》，中华书局 2012 年版。
罗常培：《唐五代西北方音》，商务印书馆 2012 年版。
罗常培、周祖谟：《汉魏晋南北朝韵部演变研究》（第一分册），中华书局 2007 年版。
潘悟云：《汉语历史音韵学》，上海教育出版社 2000 年版。

潘悟云：《喉音考》，《民族语文》1997年第5期。

庞光华：《上古音及相关问题综合研究——以复辅音声母为中心》，暨南大学出版社2015年版。

清华大学出土文献研究与保护中心：《清华大学藏战国竹简（贰）》，中西书局2011年版。

裘锡圭：《文字学概要》（修订本），商务印书馆2013年版。

任继昉：《释名汇校》，齐鲁书社2006年版。

容庚：《金文编》（第四版），中华书局2005年版。

邵荣芬：《切韵研究》（校订本），中华书局2008年版。

沈兼士：《广韵声系》，中华书局1985年版。

施谢捷：《吴越文字汇编》，江苏教育出版社1998年版。

史党社：《秦关北望——秦与"戎狄"文化的关系研究》，博士学位论文，复旦大学，2009年。

司马迁：《史记》（修订本），中华书局2014年版。

孙刚：《齐文字编》，福建人民出版社2010年版。

孙玉文：《上古音论丛》，北京大学出版社2015年版。

汤馀惠：《战国文字编》（修订本），福建人民出版社2015年版。

汤志彪：《三晋文字编》，作家出版社2013年版。

唐作藩：《上古音手册》（增订本），中华书局2013年版。

滕壬生：《楚系简帛文字编》（增订本），湖北教育出版社2008年版。

田天：《北大藏秦简〈祠祝之道〉初探》，《北京大学学报》（哲学社会科学版）2015年第2期。

田天：《北大藏秦简〈医方杂抄〉初识》，《北京大学学报》（哲学社会科学版）2017年第5期。

田天：《北大秦简〈祓除〉初识》，《简帛（第八辑）》，上海古籍出版社2013年版。

田炜：《西周金文字词关系研究》，上海古籍出版社2016年版。

汪启明：《先秦两汉齐语研究》（二印本），巴蜀书社1999年版。

王爱民：《燕文字编》，硕士学位论文，吉林大学，2010年。

王波：《郭店楚简形声字定量研究》，博士学位论文，华东师范大学，2007年。

王彩琴:《扬雄方言用字考》,高等教育出版社 2011 年版。

王洪君:《汉语非线性音系学》,北京大学出版社 2008 年版。

王洪君:《历史语言学方法论与汉语方言音韵史个案研究》,商务印书馆 2014 年版。

王辉:《古文字通假字典》,中华书局 2008 年版。

王辉:《秦文字通论》,中华书局 2016 年版。

王辉、程学华:《秦文字集证》(修订版),艺文印书馆 2010 年版。

王辉、王伟:《秦出土文献编年订补》,三秦出版社 2014 年版。

王辉、杨宗兵、彭文、蒋文孝:《秦文字编》,中华书局 2015 年版。

王力:《汉语史稿》,中华书局 1957 年版。

王力:《汉语音韵》,中华书局 1991 年版。

王力:《汉语语音史》,中国社会科学出版社 1985 年版。

王力:《诗经韵读·楚辞韵读》,山东教育出版社 1986 年版。

王力:《王力古汉语字典》,中华书局 2000 年版。

王利器:《颜氏家训集解》(增补本),中华书局 1993 年版。

王明钦:《王家台秦墓竹简概述》,[美]艾兰、邢文:《新出简帛研究》,文物出版社 2014 年版。

王宁:《汉字构形学导论》,商务印书馆 2015 年版。

王学理、梁云:《秦文化》,文物出版社 2001 年版。

王玉哲:《中华远古史》,上海人民出版社 2003 年版。

吴安其:《汉藏语同源词研究》,中央民族大学出版社 2002 年版。

吴焯:《"秦人"考》,《中国社会科学院历史研究所学刊(第二集)》,商务印书馆 2004 年版。

吴则虞:《晏子春秋集释》(增订本),国家图书馆出版社 2011 年版。

谢荣娥:《秦汉时期楚方言区文献的语音研究》,高等教育出版社 2011 年版。

辛德勇:《北京大学藏秦简水路里程简册的性质和拟名问题》,《简帛(第八辑)》,上海古籍出版社 2013 年版。

徐日辉:《早期秦与西戎关系考》,《宁夏社会科学》2005 年第 1 期。

徐通锵:《历史语言学》,商务印书馆 1991 年版。

徐卫民:《秦都城研究》,陕西人民教育出版社 2000 年版。

徐卫民：《秦汉历史地理研究》，三秦出版社2005年版。

徐在国：《上博楚简文字声系（1—8）》，安徽大学出版社2013年版。

许慎：《说文解字》（影印本），中华书局1963年版。

杨博：《北大藏秦简〈田书〉初识》，《北京大学学报》（哲学社会科学版）2017年第5期。

杨建忠：《秦汉楚方言声韵研究》，中华书局2011年版。

杨宽：《西周史》，上海人民出版社2003年版。

杨宽：《战国史》，上海人民出版社2003年版。

杨宽：《战国史料编年辑证》，上海人民出版社2016年版。

叶玉英：《古文字构形与上古音研究》，厦门大学出版社2009年版。

《音韵学方法论讨论集》编辑组：《音韵学方法论讨论集》，商务印书馆2009年版。

余乃永：《新校互注宋本广韵》（定稿本），里仁书局2010年版。

虞万里：《榆枋斋学术论集》，江苏古籍出版社2001年版。

岳麓书院秦简整理小组：《岳麓书院藏秦简（壹）》，上海辞书出版社2010年版。

岳麓书院秦简整理小组：《岳麓书院藏秦简（贰）》，上海辞书出版社2011年版。

岳麓书院秦简整理小组：《岳麓书院藏秦简（叁）》，上海辞书出版社2013年版。

岳麓书院秦简整理小组：《岳麓书院藏秦简（肆）》，上海辞书出版社2015年版。

张传官：《急就篇校理》，中华书局2017年版。

张金光：《秦制研究》，上海古籍出版社2004年版。

张琨：《汉语音韵史论文集》，台湾联经出版事业公司1982年版。

张双棣：《吕氏春秋词典》（修订本），商务印书馆2009年版。

张双棣：《吕氏春秋词汇研究》（修订本），商务印书馆2010年版。

张显成：《楚简帛逐字索引》，四川大学出版社2013年版。

张显成：《秦简逐字索引》（增订本），四川大学出版社2014年版。

张振谦：《齐鲁文字编》，学苑出版社2014年版。

赵彤：《战国楚方言音系》，中国戏剧出版社 2006 年版。

赵振铎：《集韵校本》，上海辞书出版社 2013 年版。

赵振铎：《集韵研究》，语文出版社 2006 年版。

郑张尚芳：《上古音系》（第二版），上海教育出版社 2013 年版。

郑张尚芳：《郑张尚芳语言学论文集》，中华书局 2012 年版。

周波：《战国各系文字间的用字差异现象研究》，线装书局 2012 年版。

周飞：《苍颉篇综合研究》，博士学位论文，清华大学，2017 年。

周振鹤、李晓杰：《中国行政区划通史（总论、先秦卷）》，复旦大学出版社 2009 年版。

周振鹤、李晓杰、张莉：《中国行政区划通史（秦汉卷）》，复旦大学出版社 2016 年版。

周祖谟：《唐五代韵书集存》，中华书局 1983 年版。

周祖谟：《问学集》，中华书局 1966 年版。

朱凤瀚：《北大藏秦简〈从政之经〉述要》，《文物》2012 年第 6 期。

朱凤瀚：《北大藏秦简〈公子从军〉再探》，《北京大学学报》（哲学社会科学版）2017 年第 5 期。

朱凤瀚：《北大藏秦简〈教女〉初识》，《北京大学学报》（哲学社会科学版）2015 年第 2 期。

朱骏声：《说文通训定声》，中华书局 1984 年版。

朱晓农：《音法演化——发声活动》，商务印书馆 2012 年版。

# 附录1  周秦文献之双音节异调并列语（抽样）

说明：

（1）西周关陇诗篇包括《诗经》的《周颂》《大雅》《小雅》《豳风》中的诗篇。并列语后括注篇名。有些并列语出现多次，我们只括注一个出处。只出现在韵脚位置者标注"●押韵"字样。相关并列语的判定均依丁邦新《〈论语〉〈孟子〉及〈诗经〉中并列语成分之间的声调关系》一文附录，本表只是做了归类处理。

（2）睡虎地秦简法律文献包括《秦律十八种》《效律》《秦律杂抄》《法律答问》《封诊式》五种。并列语后括注数字为陈伟主编的《秦简牍合集释文注释修订本（壹）》一书之页码。有些并列语出现多次，我们只括注一个出处。相关并列语为笔者所判定。

（3）本表所谓"异调"、所谓"平上去入"等均据《切韵》音系而言，不代表我们对秦方言中相关字的声调的意见。

（4）去声字比较特殊。我们加上了特殊标记。后带"△"者为王力归入阴声韵部者，后带"▲"者为王力归入入声韵部者。

（5）我们整理出"去—去型"双音节并列语中由两类不同的去声字（参上条）所构成者，附于本表之末。"△""▲"符号的顺序与去声字的类型顺序相应。

## （1）西周关陇诗篇中的双音节异调并列语

### （1.1）平—上型（27个）

奔走（周颂—清庙）　　　　　　　　豺虎（小雅—巷伯）●押韵

## 附录1　周秦文献之双音节异调并列语（抽样）　◆◇◆

场圃（豳风—七月）●押韵　　笙鼓（小雅—宾之初筵）●押韵
单厚（小雅—天保）　　　　　师旅（大雅—常武）●押韵
鲂鳢（小雅—鱼丽）●押韵　　孙子（大雅—文王）●押韵
纲纪（大雅—棫朴）　　　　　荼蓼（周颂—良耜）●押韵
鳏寡（小雅—鸿雁）●押韵　　文武（小雅—六月）
圭瓒（大雅—江汉）　　　　　箫管（周颂—有瞽）
寒暑（小雅—小明）●押韵　　杨柳（小雅—采薇）
萑苇（豳风—七月）　　　　　禋祀（大雅—云汉）
饥馑（小雅—雨无正）　　　　悠远（小雅—渐渐之石）
疆土（大雅—江汉）●押韵　　旟旐（小雅—出车）
秬秠（大雅—生民）●押韵　　臧否（大雅—抑）●押韵
穈芑（大雅—生民）●押韵　　榛楛（大雅—旱麓）
旐旟（小雅—出车）

**（1.2）上—平型（8个）**

保明（周颂—访落）　　　　　土疆（大雅—崧高）●押韵
典刑（大雅—荡）●押韵　　　往来（小雅—巧言）
斧斨（豳风—七月）●押韵　　爪牙（小雅—祈父）●押韵
杞桋（小雅—四月）●押韵　　鳟鲂（豳风—九罭）●押韵

**（2.1）平—去型（13个）**

哀恫（大雅—桑柔）△　　　　劳瘁（小雅—蓼莪）▲●押韵
笾豆（豳风—伐柯）△　　　　迷乱（大雅—抑）△
恭敬（小雅—小弁）△　　　　柔惠（大雅—崧高）▲
禾稼（豳风—七月）△●押韵　笙磬（小雅—鼓钟）△
弘大（大雅—民劳）▲●押韵　徒御（小雅—车攻）△
荒湛（大雅—抑）△　　　　　姻亚（小雅—节南山）▲
江汉（小雅—四月）△

**（2.2）去—平型（8个）**

肺肠（大雅—桑柔）▲●押韵　叫号（小雅—北山）△●押韵
话言（大雅—抑）▲　　　　　静嘉（大雅—既醉）△●押韵
会同（小雅—车攻）▲　　　　旆旌（小雅—车攻）△●押韵

啸歌（小雅—白华）▲　　　　　　　应田（周颂—有瞽）△

**（3.1）平—入型（32个）**

宾客（小雅—吉日）　　　　　　　金玉（小雅—白驹）

残贼（小雅—四月）　　　　　　　麻麦（大雅—生民）

蚕织（大雅—瞻卬）●押韵　　　　蟊贼（大雅—瞻卬）

臣仆（小雅—正月）●押韵　　　　脾臄（大雅—行苇）

川泽（大雅—韩奕）　　　　　　　钱镈（周颂—臣工）

颠覆（大雅—抑）　　　　　　　　琴瑟（小雅—甫田）

敦琢（周颂—有客）　　　　　　　惸独（小雅—正月）●押韵

多益（小雅—天保）　　　　　　　松柏（小雅—天保）

燔炙（大雅—凫鹥）　　　　　　　荼毒（大雅—桑柔）●押韵

圭璧（大雅—云汉）　　　　　　　宣哲（周颂—雝）

和乐（小雅—鹿鸣）　　　　　　　殽核（小雅—宾之初筵）

喉舌（大雅—烝民）●押韵　　　　麀鹿（小雅—吉日）

皇驳（豳风—东山）　　　　　　　忧恤（大雅—桑柔）

回遹（小雅—小旻）　　　　　　　原隰（小雅—常棣）

稼穑（大雅—桑柔）　　　　　　　枝叶（大雅—荡）

疆场（小雅—信南山）　　　　　　追琢（大雅—棫朴）

**（3.2）入—平型（7个）**

苾芬（小雅—楚茨）　　　　　　　硕肤（豳风—狼跋）●押韵

孑遗（大雅—云汉）●押韵　　　　隰原（大雅—公刘）●押韵

蕨薇（小雅—四月）●押韵　　　　血膋（小雅—信南山）●押韵

漆沮（小雅—吉日）

**（4.1）上—去型（5个）**

酋厉（大雅—民劳）▲●押韵　　　小大（小雅—楚茨）▲

死丧（小雅—常棣）△　　　　　　杼柚（小雅—大东）▲

殄瘁（大雅—瞻卬）▲●押韵

**（4.2）去—上型（2个）**

恶怒（小雅—节南山）▲　　　　　笑语（小雅—楚茨）△

## 附录1 周秦文献之双音节异调并列语（抽样）

### (5.1) 上—入型（12个）
祉福（周颂—烈文） 斩伐（小雅—雨无正）
允塞（大雅—常武）●押韵 墙屋（小雅—十月之交）
本实（大雅—荡） 虺蜴（小雅—正月）●押韵
岂乐（小雅—鱼藻） 杞棘（小雅—湛露）●押韵
反复（小雅—小明） 戬谷（小雅—天保）●押韵
忖度（小雅—巧言）●押韵 陨蘀（豳风—七月）●押韵

### (5.2) 入—上型（7个）
鞞琫（小雅—瞻彼洛矣） 息偃（小雅—北山）
绋纚（小雅—采菽） 乐岂（小雅—鱼藻）●押韵
烈假（大雅—思齐） 卒瘅（大雅—板）●押韵
洽比（小雅—正月）

### (6.1) 去—入型（5个）
卉木（小雅—出车）△ 正直（小雅—小明）△
寇虐（大雅—民劳）△ 忮忒（大雅—瞻卬）△●押韵
芮鞫（大雅—公刘）▲

### (6.2) 入—去型（3个）
卜筮（小雅—杕杜）▲ 铚艾（周颂—臣工）▲
陟降（大雅—文王）△

### （2）睡虎地秦简法律文献中的双音节异调并列语

### (1.1) 平—上型（9个）
刍稾（44） 殳梃（216 投梃）
风雨（40） 鞅韅（251）
官长（91） 肢指（214 支指）
禾黍（62） 疵瘠（216）
拳指（216）

### (1.2) 上—平型（8个）
比黎（148） 短长（98）
稻麻（65） 韭葱（131）

马牛（46） 死亡（90）

少多（40） 掩埋（286）

**(2.1) 平—去型（13 个）**

符券（237）△ 贫寡（92）△

官吏（69）△ 蒲蔺（111）△

禾稼（61）△ 钱布（85）△

骄悍（279 桥悍）△ 田畼（40）△

金布（85）△ 徭成（155 繇成）△

櫽枝（112）▲ 衣器（247）▲

缙绣（104）▲

**(2.2) 去—平型（3 个）**

畜生（90）▲ 县都（91）△

记书（237 久书）△

**(3.1) 平—入型（14 个）**

程籍（141） 衡轭（251 衡厄）

笞掠（265 治谅） 家室（269）

都邑（61） 皮革（149）

藩盖（110 蕃盖） 阡陌（206 千佰）

棺椁（42 绾享） 髡发（278）

禾麦（65） 衣食（90）

禾粟（128） 鱼鳖（42）

**(3.2) 入—平型（1 个）**

甲兵（101）

**(4.1) 上—去型（8 个）**

葆缮（94）△ 士吏（155）△

补缮（94）△ 小大（98）▲

广袤（285）△ 远近（86）△

美恶（84）▲ 左右（201）△

**(4.2) 去—上型（1 个）**

畜产（224）▲

## 附录1　周秦文献之双音节异调并列语（抽样）　◆◇◆

**（5.1）上—入型（6个）**

枸檭（112）　　　　　　　　　　黍苔（65）

广狭（98 广亦）　　　　　　　　韦革（94）

矢弱（288）　　　　　　　　　　饮食（188）

**（5.2）入—上型（2个）**

卜史（256）　　　　　　　　　　诈伪（171 酢伪）

**（6.1）去—入型（1个）**

荐盖（46）△

**（6.2）入—去型（2个）**

盖鬻（93）▲　　　　　　　　　脊项（212）▲

### 附：去—去型

**（1.1）去—次入型（2个）**

奠瘗（大雅—云汉）△▲　　　　效计（91）△▲

**（1.2）次入—去型（3个）**

祚胤（大雅—既醉）▲△　　　　计校（153）▲△

食衣（141）▲△

# 附录2  秦韵谱

说明：

（1）关于本表排列顺序。阴声韵按照侯、鱼、歌、支、脂、微、之、幽、宵之序排列，次入韵、入声韵、阳声韵分别接于相承的阴声韵后。缉、侵、盍、谈附后。

（2）原与侯、鱼、支、之、幽、宵等部相承的次入韵已并入阴声韵，同时去声字与入声字关联较多，所以韵谱将这些韵部与相承的入声韵并列。与歌、脂、微等相承的次入韵未与阴声韵合流，又与入声韵关联较多，所以韵谱将歌、脂、微单列，而将与之相承的次入韵、入声韵并列。

（3）其他合韵附于全表之末。排序原则与第（1）条一致。各类合韵按排在前面的韵部排序，只收录一次。如侯鱼合韵按侯部排序。

（4）为检索方便本表编制索引：

1. 侯部、屋部 139  
2. 东部 140  
3. 鱼部、铎部 140  
4. 阳部 142  
5. 歌部 145  
6. 祭部、月部 145  
7. 元部 146  
8. 支部、锡部 146  
9. 耕部 146  
10. 脂部 148  
11. 至部、质部 148  
12. 真部 149  
13. 微部 149  
14. 物部 149  
15. 文部 150  
16. 之部、职部 150

17. 蒸部 153
18. 幽部、觉部 154
19. 冬部 154
20. 宵部、沃部 154
21. 缉部 155
22. 侵部 155
23. 侯鱼合韵 155
24. 歌支合韵 155
25. 祭至合韵 156
26. 月至未物合韵 156
27. 支脂合韵 156
28. 脂微合韵 156
29. 至未合韵 156
30. 真文合韵 156
31. 职缉合韵 157
32. 蒸侵合韵 157
33. 幽宵合韵 157
34. 冬侵合韵 157

（5）韵字右上加注中古韵母，有等呼之别者标注等呼，无等呼之别者不标等呼。

（6）序号 23～34 合韵部分在后者上标"▲"以示区别，每多涉及一部，多出的韵部的字右上"▲"的数量也多加一个，如月至未物合韵，至部字加注"▲"，未部字加注"▲▲"，物部字加注"▲▲▲"。

（7）有些字多次入韵，均不与中古同声调的字押韵，而只与中古另一声调的字押韵。我们认为这些字的声调与中古不同，而应和与之押韵的字相同。相关韵例韵谱不视为异调通押。

（8）疑似韵例在相关位置出注说明。

（9）"〖〗"内为文献出处。其中《诗经》部分另加序号，该序号与王力《诗经韵读》一书序号相同。

（10）凡收入《秦简牍合集》者只标小标题、简号，不标出土地。其他："北秦"指北京大学藏秦简。"病方"指马王堆帛书《五十二病方》。《苍颉篇》前标明出土地以示区别。青铜器标《殷周金文集成》器号。

（11）"【】"内的"次"字表示次入韵。"次入"表示次入韵与入声韵合韵。

## 1. 侯部、屋部

【上声】

〖为吏之道（合集壹 304 页简 21$^{贰}$～23$^{贰}$）〗取$^{虞}$偻$^{虞}$府$^{虞}$

【入声】

〖128 秦风—小戎〗续[烛]毂[屋一]彝[脂](又虞去。此据《集韵》又音)玉[烛]屋[屋一]曲[烛]

〖石鼓文—避车〗樸（僕[觉]）遗[屋一]蜀[烛]

〖北秦—禹九策（简15）〗曲[烛]哭[屋一]

## 2. 东部

【平声】①

〖秦公钟（集成262）〗锺[锺]雔[锺]公[东一]

〖石鼓文—避车〗工[东一]同[东一]

〖北秦—禹九策（简47）〗共[锺]攻[东一]庸[锺]

〖北秦—禹九策（简50）〗空[东一]龙[锺]桐（通[东一]）

〖北秦—杂祝方（M-001）〗逢[锺]从[锺]

【去声】

〖北秦—公子从军（简4）〗用[锺]種[锺]

## 3. 鱼部、铎部

【平声】

〖135 秦风—权舆〗乎[模]渠[鱼]馀[鱼]舆[鱼]

〖北大—苍颉篇（简24～31）〗葭[麻二]荼[模]藘（苏）瓜[麻二合]馀[鱼]铺[模]辜[模]居[鱼]乌[模]
　　　蒩[鱼]狐[模]鱼[鱼]罝[麻三]纡[鱼]胆[鱼]䩉[鱼]孤[模]

〖北大—苍颉篇（简32～38〗酤[模]酺[模]捈[模]酸[鱼]竽[虞]扶[虞]杅[虞]华[麻二合]楂[麻二]疏[鱼]膚[虞]
　　　疽[鱼]誉[鱼](又去) 椁[鱼]䖏[鱼](又去)

〖阜阳—苍颉篇（C010～12、14、21）〗图[模]屠[模]虞[虞]絮[鱼](据《集韵》) 爐[模]於[鱼]杅[虞]②

〖北秦—隐书（简3～9）〗如[鱼]疏（梳[鱼]）

〖北秦—教女（简29）〗居[鱼]巫[模]爐[模]

〖北秦—禹九策（简4）〗夫[虞]爐[模]涂[模]馀[鱼]

---

① 放马滩简《贞在黄钟》："贞在夹锺，之北之东，□□之南，皋陶出令，是以为凶。"其中锺、东、凶三字可能相互押韵。存此备考。

② 因原简多数残断，除前两字外，其他韵脚字的识别、排序可能有疑误。这部分当为赵高《爰历篇》的内容。

〖北秦—禹九策（简36）〗华^麻二合 图^模

〖病方（简444）〗车^麻三 舆^鱼 猪^鱼 家^麻二

【上声】

〖131 秦风—黄鸟〗楚^鱼 虎^模 虎^模 御^鱼

〖琅琊刻石〗土^模 户^模 夏^麻二（大夏之夏） 者^麻三 马^麻二 宇^虞

〖碣石刻石〗阻^鱼 抚^虞 序^鱼 所^鱼 矩^鱼（又虞。此据《集韵》）

〖北秦—祓除（简4—124）〗黍^鱼① 与^鱼

〖北秦—禹九策（简9）〗雨^虞 姐（祖^鱼）

〖北秦—公子从军（简23）〗羽^虞 所^鱼

〖北秦—禹九策（简6）〗舍^麻三 禹^虞

〖北秦—禹九策（简34）〗雨^虞 父^虞 苦^模

〖周家台—已齲方之三（合集叁233页简332、333）〗辅^虞 齲^虞 雨^虞

〖贞在黄钟（合集肆163页简268、265）〗处^鱼 栩^鱼 野^麻三（又鱼） 下^麻二

〖自天降令（合集肆154页简336）〗父^虞 语^鱼 所^鱼 野^麻三（又鱼）

〖病方（简204）〗吾（语^鱼） 所^虞

〖为吏之道（合集壹321页简17^伍、18^伍）〗栔^麻三 寡^麻二合 女^鱼②

〖为吏之道（合集壹321页简19^伍）〗吕^鱼 父^虞 户^模 宇^虞

〖为吏之道（合集壹322页简23^伍）〗閭（旅^鱼）父^虞

【去声】

〖为吏之道（合集壹312页简6^肆、7^肆）〗步^模 惧^虞

〖日书乙种梦（合集贰517页简195^壹）〗布^模 絮^鱼

〖日书甲种梦（合集贰408页简13^背、14^背壹）〗布^模 絮^鱼

【次次】

〖为吏之道（合集壹313页简34^肆、35^肆）〗诈^麻二 固^模

〖为吏之道（合集壹317页简2^伍）〗固^模 耤^麻三（又昔） 恶^模（憎恶之恶）

【去次】

〖周家台—先农（合集叁238页简348、349）〗露^模 胙^模 舍^麻三

---

① 原字形从米，疏声。
② 女字下有"非邦之故也"一句。按，故字不入韵。

## 【入声】

〖北秦—隐书（简2—4）〗尺$^{昔}$白$^{陌二}$骆（略）$^{药}$索$^{陌二（又麦）}$客$^{陌二}$博$^{铎}$

〖贞在黄钟（合集肆164页简279）〗射$^{昔（无射之射）}$略$^{药}$

〖贞在黄钟（合集肆163页简270、271）〗泽$^{陌二}$恶$^{铎（美恶之恶）}$宅$^{陌二}$若$^{药}$

〖127 秦风—驷驖〗硕$^{昔}$获$^{麦合}$

〖133 秦风—无衣〗泽$^{陌二}$戟$^{陌三}$作$^{铎}$

## 【上去】

〖北秦—从政之经（简9~026、9~011）〗马$^{麻二上}$御$^{鱼去}$父$^{虞上}$马$^{麻二上}$御$^{鱼去}$下$^{麻二上}$舍$^{麻三上}$

## 【平入】①

## 【入次】

〖石鼓文—田车〗写（卸$^{麻三去}$）②射$^{麻三去}$庶$^{鱼去}$兔$^{模去}$夜$^{麻三去}$各$^{铎}$射$^{麻三去}$趞$^{药（又锡）}$乐$^{铎}$

### 4. 阳部

## 【平声】

〖秦公钟（集成263）〗彊$^{阳}$方$^{阳合}$

〖秦公簋（集成4315）〗彊$^{阳}$庆$^{庚三}$方$^{阳合}$

〖石鼓文—零雨〗汤$^{阳}$行$^{庚二}$阳$^{阳}$□方$^{阳合}$

〖秦驷玉版〗亡$^{阳合}$光$^{唐合}$方$^{阳合}$

〖自天降令（合集肆154页简254、294）〗行$^{庚二}$望$^{阳合（又去）}$羊$^{阳}$兄$^{庚三合}$亡$^{阳合}$丧$^{唐}$唐$^{唐}$霜$^{阳}$

〖贞在黄钟（合集肆162页简260）〗明$^{庚三}$阳$^{阳}$长$^{阳}$尚（=常$^{阳}$③）

〖为吏之道（合集壹300页简24$_{壹}$、25$_{壹}$）〗方$^{阳合}$章$^{阳}$

〖为吏之道（合集壹312页简48$_{叁}$、49$_{叁}$）〗盟$^{庚三}$当（常$^{阳}$）光$^{唐合}$①

---

① 周家台简《病心者》（合集叁234页简335）"皋！敢告泰山，泰山高也，人居之，□□之孟也，人席之："。应该是押韵的。居可能读为踞而与席为韵。姑存此备考。

② 原文"宫车其写"，《说文》："卸，舍车解马也。……读若汝南人写书之写。"郭沫若反对解作卸，认为当皆作流泻之泻（《石鼓文研究》，科学出版社1982年版，第77页）。可备一说。

③ 原文"贞在黄锺：天下清明，以视陶阳。啻乃譙之，分其短长。比于宫声，以为音尚"。按，尚通常，指法度、标准、准绳一类意思。《诗经·商颂·殷武》："曰商是常。"《离骚》："余独好修以为常。"

〖为吏之道（合集壹317页简15⁵）〗方^{阳合}长^{阳}阳^{阳}

〖日书甲种马禖（合集贰474页简157^{背}～160^{背}）〗央^{阳}羊^{阳}行^{庚二}乡（香^{阳}）明^{庚三}衡^{庚二}刚^{唐}[张^{阳}]虻（萌^{耕}）囊^{阳}行^{庚二}忘^{阳合}

〖病方（简381）〗兵^{庚三}亡^{阳合}装^{阳}

〖病方（简382）〗兵^{庚三}伤^{阳}王^{阳合}

〖北秦—禹九策（简3）〗光^{唐合}黄^{唐合}旁（方^{阳合}）当^{唐}

〖北秦—禹九策（简5）〗兄^{庚三合}詇（殃^{阳}）

〖北秦—禹九策（简8、9）〗行^{庚二}霜^{庚二}②

〖北秦—禹九策（简19）〗羊^{阳}兄^{庚三合}

〖北秦—禹九策（简27）〗阳^{阳}常^{唐}（裳^{阳}）臧^{唐}

〖北秦—禹九策（简33）〗明^{庚三}行^{庚二}阳^{阳}

〖北秦—教女（简34、33、32、27、13)〗方^{阳合}刚^{唐}良^{阳}昌（猖）明^{庚三}光^{唐合}明^{庚三}堂^{唐}当^{唐}阳^{阳}（扬^{阳}）肠^{唐}詇（殃^{阳}）亡^{阳合}刚^{唐}当^{唐}长^{阳}堂^{唐}黄^{唐合}长^{阳}皇（惶^{唐合}）伤^{阳}羹^{庚二}谤^{唐}（又去。此据《集韵》）阳^{阳}亡^{阳合}光^{唐合}肠^{唐}梁^{阳}常^{唐}良^{阳}肠^{阳}兄^{庚三合}长^{阳}

〖126 秦风—车邻〗桑^{阳}杨^{阳}簧^{唐合}亡^{阳合}

〖129 秦风—蒹葭〗苍^{唐}霜^{阳}方^{阳合}长^{阳}央^{阳}

〖130 秦风—终南〗堂^{唐}裳^{阳}将^{阳}亡^{阳合}

〖131 秦风—黄鸟〗桑^{唐}行^{庚二}行^{庚二}防^{阳合}

〖133 秦风—无衣〗裳^{阳}兵^{庚三}行^{庚二}

〖134 秦风—渭阳〗阳^{阳}黄^{唐合}

〖峄山刻石〗王^{阳合}方^{阳合}疆^{阳}朗^{庚三}方^{阳合}长^{阳}

〖琅琊刻石〗方^{阳合}行^{庚二}良^{阳}荒^{唐合}庄^{阳}常^{唐}

〖琅琊刻石〗王^{阳合}朗^{庚三}方^{阳合}长^{阳}行^{庚二}

〖东观刻石〗方^{阳}朗^{庚三}疆^{阳}王^{阳合}兵^{庚三}

〖会稽刻石〗长^{阳}方^{阳}庄^{阳}朗^{庚三}章^{阳}常^{唐}疆^{阳}兵^{庚三}方^{阳合}殃^{阳}亡^{阳合}疆^{阳}

---

① 原文"处如资，言如盟，出则敬，毋施当，昭如有光。"当字或读为常。今从之。
② 原文"二人皆行，逢天风霜。"霜字，李零读为霜。存疑。

〖北大—苍颉篇（简 46~52）〗光^(唐合) 襄^阳 酂^阳 庆^(庚三) 庄^阳 臧^唐 商^阳 章^阳 赐^阳 黄^(唐合) 殇^阳 狂^(阳合) 伤^阳 盲^(庚二) 详^阳 场^阳 谅^阳①

〖北大—苍颉篇（简 53~58）〗疆^阳 薅^阳 郎^唐 房^(阳合) 梁^阳 堂^唐 仓^(唐合) 狼^唐 庐^(庚三) 鸯^阳 防^(阳合) 漳^阳 方^(阳合)

〖北大—苍颉篇（简 59~62）〗霜^阳 纲^唐 阳^阳 亢^(庚二) 坑^(庚二) 羌^阳 镶^阳 粮^阳 京^(庚三) 荒^(唐合)

〖北大—苍颉篇（简 63~65）〗箱^阳 杨^阳 桑^唐 蒋^阳 英^(庚三) 汤^唐 □

〖居延—苍颉篇〗兄^(庚三合) 丧^唐

〖水泉子—苍颉篇〗黄（簧^(唐合)）行^(庚二) 囊^唐 兄^(庚三合) 丧^唐 椋^阳②

〖秦公镈（集成 270）〗煌^(唐合) 喜^阳 疆^阳 庆^(庚三) 方^(阳合)

〖为吏之道（合集壹 306 页简 36^贰、37^贰）〗赏（偿）长^阳

〖北秦—禹九策（简 40、41、42）〗恙（祥^阳）良^阳 羊^阳 享^阳 庆^(庚三) 皇^(唐合) 亡^(阳合)

【上声】

〖北秦—杂祝方（M-006、M-005）〗壤^阳 项^阳

〖为吏之道（简 28^肆、29^肆）〗行^(庚二) 望^(阳合)

【去声】

〖为吏之道（合集壹 317 页简 5^伍、6^伍）〗柄^(庚三) 量^阳 忘^(阳合)③ 上^阳

【平去】

〖秦公钟（合集 262）〗上^(阳去（君上之上）) 方^(阳合平)

〖景公残磬一〗商^(阳平) 煌^(唐合平) 羕^(阳去)

【上去】

〖为吏之道（合集壹 304 页简 7^贰~12^贰）〗上^(阳去) 谤^(唐去（又平）) 当^(唐去) 行^(庚二去) 让^(阳去) 赏^(阳上)④

---

① 《说文》大徐音、《广韵》仅有去声，《集韵》又音平声："谅，信也。"《苍颉篇》"寇贼盗杀，捕狱问谅"之"谅"当即用此义。

② 原简不连贯。

③ 忘字平、去两读。周秦韵文中六次入韵，五次与平声字押韵。去声读法可能是战国末期新产生的。我们均不作异调通押处理。

④ 相关文段也见于岳麓简《为吏治官及黔首》，唯彼处谤作旁，赏作当，是用了通假字。

## 5. 歌部

**【平声】**

〖132 秦风—晨风〗何$^{歌}$多$^{歌}$

〖为吏之道（合集壹 317 页简 11$^{伍}$、12$^{伍}$）〗畸$^{支}$移$^{支}$①

〖痛（合集叁 235 页简 339）〗沱$^{歌}$波$^{歌}$

〖北秦—公子从军（简 8）〗和$^{歌}$多$^{歌}$

〖北秦—公子从军（简 14）〗罗$^{歌}$何$^{歌}$

〖北秦—禹九策（简 4、5）〗奇$^{支}$沱$^{歌}$可（何$^{歌}$）莪（峨$^{歌}$）

〖北秦—禹九策（简 25~26）〗沱$^{歌}$可（何$^{歌}$）②

**【上声】**

〖北秦—禹九策（简 12）〗阇$^{支}$阅（夥$^{歌}$）左$^{歌}$

〖北秦—禹九策（简 18）〗我$^{歌}$③瑣$^{歌}$奇（踦$^{支}$）可$^{歌}$

**【去声】**

〖为吏之道（合集壹 317 页简 11$^{伍}$、12$^{伍}$）〗义$^{支}$议$^{支}$

## 6. 祭部、月部

**【次次】**

〖北秦—禹九策（简 11）〗葛（蔼$^{祭，又曷}$）贝$^{祭}$大$^{祭}$忕$^{祭}$

**【入声】**

〖为吏之道（合集壹 300 页简 5$^{壹}$~11$^{壹}$）〗察$^{黠}$罚$^{月合}$刖$^{月合}$（又辖合）夬（决$^{屑合}$）

〖为吏之道（合集壹 323 页简 34$^{伍}$）〗发$^{月合}$薛$^{薛合}$

〖北秦—禹九策（简 25）〗月$^{月合}$彻$^{薛}$岁$^{薛合}$

**【次入】**

〖为吏之道（合集壹 304 页简 14$^{贰}$~18$^{贰}$）〗迣$^{祭}$大$^{祭}$割$^{曷}$害$^{祭}$贝$^{祭}$

---

① 原文"申之义，以毁畸。欲令之具下勿议，下恒行巧而威故移"。义、畸、议、移有通押的可能性。不过也可能畸、移通押，而义、议为另一韵组或不入韵。今按两个韵组处理。

② 原文"水之决=，穿井得王沱，亓乐若可"。决字非韵。

③ 原文"心大（挞）如鼓，孰敢当吾。武士瑣=，大步奇=（踦踦）。前甚恐，后而徐可"。吾字应为我字之讹。《孟子·梁惠王下》"彼恶敢当我哉"，用法与此同。

## 7. 元部

【平声】

〖127 秦风—驷驖〗园$^{元合}$闲$^{山}$

〖石鼓文—汧殹〗趣（姍$^{先①}$）鲜$^{仙}$鯾$^{②}$

〖石鼓文—田车〗安$^{寒}$篤$^{③}$简（闲$^{山④}$）䧹$^{元合}$驙$^{元（又仙）}$遳$^{元合}$

〖病方（简308）〗延$^{仙}$言$^{元}$

〖玉门花海—苍颉篇〗宽$^{桓}$骞$^{仙}$连$^{仙}$謇$^{桓}$山$^{山}$难$^{寒⑤}$

【上声】

〖从政之经（简9～26）〗转$^{仙合}$卷$^{仙合}$

【去声】

〖北秦—酒令（M-026a）〗汉$^{寒}$半$^{桓}$旦$^{寒}$

## 8. 支部、锡部

【平声】

〖北大—苍颉篇（简41）〗媞$^{支合}$讗$^{齐合}$赵$^{齐}$

【去声】

〖北大—苍颉篇（简40）〗恚$^{支合}$解$^{佳（据《集韵》）⑥}$

【平上】

〖北大—苍颉篇（简42、43）〗柴$^{佳平}$䴪$^{齐合平}$鮭$^{麻二合上}$畦$^{齐合平}$庳$^{支上（又平）}$

## 9. 耕部

【平声】

〖景公残磬一〗灵$^{青}$平$^{庚三}$

---

① 读为姍，系据张政烺说（《猎碣考释初稿》，北京大学潜社《史学论丛》，1934年）。

② 此字形字书所无，音不详。罗振玉释绵，可备一说。

③《宋本玉篇·马部》："篤，音姥，马行儿。"音姥则失韵，疑此音有误。郭沫若释馬，合于押韵要求而字形、字义未安。仍待考。

④ 原文"四介既简"，简又可作闲。《秦风·驷驖》："游于北园，四马既闲。"

⑤ 原文"程顾樛平，梁贤尹宽"前尚有"焦党陶圣，陈谷巍婴"一句。婴与宽当分属两个韵组。然据北大汉简《苍颉篇》来看，并没有一章之内中途换韵的例子。待考。

⑥ 原文"簒晶帻解"，解似乎用分解、解散一义。

〖石鼓文—吾水〗瀞（清）平$^{庚三}$窭$^{青}$

〖自天降令（合集肆 153 页简 351）〗荧$^{青合}$荧$^{青合}$城$^{清}$成$^{清}$

〖为吏之道（简 37$^{肆}$~41$^{肆}$）〗宁$^{青}$成$^{清}$宁$^{青}$经$^{清}$

〖北秦—禹九策（简 6、7）〗平$^{庚三}$清$^{清}$婴$^{清}$

〖琅琊刻石〗平$^{庚三}$成$^{清}$经$^{清}$

〖会稽刻石〗清$^{清}$名$^{清}$情$^{清}$贞$^{清}$诚$^{清}$程$^{清}$清$^{清}$经$^{清}$令$^{清}$平$^{庚三}$倾$^{清合}$铭$^{清}$

〖秦骃玉版〗陉$^{青}$正$^{清}$情$^{清}$刑$^{青}$精$^{清}$

〖北大—苍颉篇（简 68~73）〗鸣$^{庚三}$惊$^{庚三}$茎$^{耕}$冥$^{耕}$耕$^{耕}$靖（婧$^{清,又去①}$）荧$^{清合}$□绊$^{耕}$朾$^{耕}$荧$^{青合}$婞$^{耕（又青）}$醒$^{清}$扃$^{青合}$

【上声】

〖北秦—禹九策（简 37）〗井$^{清}$幸$^{耕}$

【去声】

〖自天降令（合集肆简 152 页简 285）〗令$^{清}$正$^{清}$

〖北秦—教女（简 22）〗令$^{清}$命$^{庚三}$

【平上】

〖北大—苍颉篇（简 67）〗督$^{青合平}$请$^{清上②}$

【平去】

〖自天降令（合集肆 153 页简 244、332）〗嬴$^{清平}$贞$^{清平}$敬$^{庚三去}$圣$^{清去}$灵$^{青平}$

【上去】

〖北秦—教女（简 17、35）〗正$^{清去}$定$^{青去}$令$^{清去}$姓（姓$^{清去}$）聼（聼$^{青去}$）正$^{清去}$清（静$^{清上}$）敬$^{庚三去}$幸$^{耕上}$圣$^{清去}$敬$^{庚三去}$定$^{青去}$廷$^{青去}$姓$^{清去③}$令$^{清去}$命$^{庚三去}$屏$^{清上}$

〖为吏之道（合集壹 317 页简 13$^{伍}$~14$^{伍}$）〗令$^{清去}$政$^{清去}$请$^{清去（又上）④}$姓$^{清去}$请（靖$^{清上⑤}$）

---

① 《苍颉篇》"眇靖"，即张衡《思玄赋》之"妙婧"。《说文》谓婧"读若菁"，为平声字。

② 原文"……觲嫇婍督。魁巨圜舻，与濒庚请"。因文意不明，而两字都是多音多义字，暂无法确定其声调。我们暂据《说文》大徐音为其注出中古韵。另有一句疑似以酽为韵，可能与此二字属同一韵组，待考。

③ "不顾子姓"，朱凤瀚读为"不顾子甥"。按，子姓乃子孙后辈之谓。

④ "毋发可异史烦请"之请，作请谒解，此义《集韵》有上、去两读。

⑤ "百榣贰乃难请"之请，读为靖，作治理解。此用方勇说。

〖北秦—禹九策（简18、19）〗清（静$^{清上}$）定$^{青去}$命$^{庚三去}$

## 10. 脂部

【平声】

〖北大—苍颉篇（简44~45）〗耆$^{脂}$稽$^{齐}$氏$^{齐}$

【上声】

〖为吏之道（合集壹305页简29$^{贰}$~32$^{贰}$）〗指$^{脂}$比$^{脂}$死$^{脂}$

〖为吏之道（合集壹323页简25$^{伍}$）〗弟$^{齐}$视$^{脂}$

〖病方（简380）〗矢$^{脂}$疕$^{脂（又支）}$矢$^{脂}$

【平去】

〖石鼓文—避车〗越$^{脂平}$①次$^{脂去}$

## 11. 至部、质部

【次次】

〖为吏之道（合集壹304页简25$^{贰}$~27$^{贰}$）〗至$^{脂}$利$^{脂}$

〖为吏之道（合集壹312页简30$^{肆}$~31$^{肆}$）〗利$^{脂}$致$^{脂}$

【入声】

〖126秦风—车邻〗漆$^{质}$栗$^{质}$瑟$^{质}$耋$^{屑}$

〖131秦风—黄鸟〗穴$^{屑合}$栗$^{质}$

〖为吏之道（合集壹312页简32$^{肆}$~33$^{肆}$）〗疾$^{质}$日$^{质}$

〖病心者（合集叁234页简337）〗疾$^{质}$戠$^{质}$

〖北秦—禹九策（简4~419）〗吉$^{质}$壹$^{质}$七$^{质}$颉$^{屑}$栗$^{质}$

〖北秦—禹九策（简17）〗枲$^{质}$实$^{质}$室$^{质}$

〖北秦—禹九策（简34、35）〗颉$^{屑}$吉$^{质}$②

【次入】

〖北秦—禹九策（简20）〗畀（鼻$^{脂去}$）室（秩$^{质}$）

---

① 王辉等《秦文字编》此字释越，于韵不合。此从何琳仪《战国古文字典》所释。

② 原文"一占曰：头之夫=，首之颉=，目之窨=，来行者不吉"。李零以窨字入韵。按，窨当非韵。

## 12. 真部

【平声】

〖126 秦风—车邻〗邻$^{真}$颠$^{真}$令$^{先}$青$^{青}$

〖131 秦风—黄鸟〗天$^{先}$人$^{真}$身$^{真}$

〖石鼓文—吾水〗申$^{真}$薪$^{真}$迪（陈$^{真}$）

〖自天降令（合集肆 154 页简 357）〗田$^{先}$辰$^{真}$申$^{真}$人$^{真}$

〖贞在黄钟（合集肆 163 页简 272）〗宾$^{真}$新$^{真}$[民]①申$^{真}$

〖贞在黄钟（合集肆 164 页简 279、311）〗申$^{真}$人$^{真}$

〖为吏之道（合集壹 317 页简 4$^{伍}$）〗人$^{真}$身$^{真}$真$^{真}$亲$^{真}$

〖北秦—禹九策（简 9）〗神（忡$^{真}$②）人$^{真}$

【平上】

〖石鼓文—汧殹〗沔$^{仙上}$渊$^{先合}$

## 13. 微部

【平声】

〖为吏之道（合集壹 306 页简 33$^{贰}$～35$^{贰}$）〗归$^{微合}$遗$^{脂合}$追$^{脂合}$

〖为吏之道（合集壹 316 页简 48$^{肆}$～50$^{肆}$）〗追$^{脂合}$遗$^{脂合}$归$^{微合}$

〖为吏之道（合集壹 323 页简 29$^{伍}$～30$^{伍}$）〗幾（機$^{微}$）追$^{脂合}$

【去声】

〖北秦—公子从军（简 8）〗魂$^{脂合}$壞$^{皆合}$

## 14. 物部

【入声】

〖自天降令（合集肆 152 页简 285）〗律$^{术}$出$^{术}$

---

① 民字的位置，简文作"黔首"，故而失韵。我们认为简文文字应该是依据秦改称民为黔首之令改动过而形成的。

② 李零读为颠。

## 15. 文部

【平声】

〖自天降令（合集肆 153 页简 252）〗贫$^{真}$云$^{文}$论$^{魂（又去）}$门$^{文}$

〖128 秦风—小戎〗群$^{文}$錞$^{谆}$①

## 16. 之部、职部

【平声】

〖石鼓文—遴车〗食$^{哈}$时$^{之}$

〖为吏之道（合集壹 309 页简 45$^{叁}$、46$^{叁}$）〗材$^{哈}$私$^{之}$

〖128 秦风—小戎〗期$^{之}$之$^{之}$

〖130 秦风—终南〗梅$^{灰}$裘$^{尤}$哉$^{哈}$

〖北秦—医方（简 4-028）〗时$^{之}$期$^{之}$之$^{之}$②

〖北秦—酒令（W-013）〗梧（杯$^{灰平}$）栂（梅$^{灰平}$）③

【上声】

〖病方（简 96）〗在$^{哈}$止$^{之}$④

〖129 秦风—蒹葭〗采$^{哈}$已$^{之}$涘$^{之}$右$^{尤}$沚$^{之}$

〖为吏之道（合集壹 312 页简 51$^{叁}$、1$^{肆}$、3$^{肆}$）〗喜$^{之上}$起$^{之上}$⑤

〖已齲方一（合集叁 232 页简 326、327）〗子$^{之}$齿$^{之}$已$^{之}$母$^{侯}$

〖已齲方二（合集叁 233 页简 330）〗止（址$^{之}$）已$^{之}$子$^{之}$

〖北秦—禹九策（简 20）〗在$^{哈}$喜$^{之}$

〖北秦—杂祝方（M-007）〗右$^{尤}$子$^{之}$某$^{侯}$子$^{之}$有$^{尤}$

---

① 原文"俴驷孔群，厹矛鋈錞。蒙伐有苑，虎韔镂膺。交韔二弓，竹闭绲滕。言念君子，载寝载兴。厌厌良人，秩秩德音"。王力定群、錞、苑为韵。按，苑非韵。

② 原文"祝心疾，唾之，曰：'歜，某又某母，为某不以时，令某心甬毋期，令某唾之。'"按，母非韵。

③ 原文"不日可增日可思，检检被发，中夜自来。吾欲为怒乌不耐，乌不耐，良久良久，请人一杯。黄黄鸟邪，醉吾冬栂"。李零定思、来、耐、久、杯、栂为韵。按，久非韵，今将其余析为"思、来、耐""梧、栂"两个韵组。

④ 原文"贲吙！伏食！父居北比，母居南止。同产三夫，为人不德。已！不已，青敷之"。原整理者认为食、在、止、德可以押韵。按，秦人韵文中未见确凿可信的上、入押韵的韵例，或许理解为食、德为韵，在、止为韵亦通。今暂作此处理。

⑤ 后有"惠以聚之，宽以治之，有严不治，与民有期"等句。治也可能与喜、起押韵。

〖北大—苍颉篇（简12）〗等$^{哈}$悝$^{之（又灰平）}$鄙$^{脂}$有$^{尤}$枲$^{之}$

〖北秦—禹九策（简26）〗耳狸（=鲤①）喜

〖峄山刻石〗理$^{之}$始$^{之}$止$^{之}$起$^{之}$久$^{尤}$纪$^{之}$

〖琅琊刻石〗始$^{之}$纪$^{之}$子$^{之}$理$^{之}$士$^{之}$海$^{哈}$

〖琅琊刻石〗里$^{之}$否$^{尤（或脂）}$止$^{之}$纪$^{之}$

〖之罘刻石〗起$^{之}$海$^{哈}$始$^{之}$纪$^{之}$理$^{之}$

【去声】

〖秦公钟（合集264、265）〗子$^{之}$祀$^{之}$士$^{之}$右$^{尤}$②

〖景公残磬一〗喜$^{之（酒食义，据《集韵》）}$嗣$^{之}$

〖134秦风—渭阳〗思$^{之}$佩$^{灰}$

〖日书乙种祠（合集贰509页简146）〗事$^{之}$司$^{之}$③

〖为吏之道（合集壹317页简9$^{伍}$）〗能$^{哈}$吏$^{之}$治$^{之}$悔$^{灰（又上）}$

【次次】

〖先农（合集叁238页简351）〗富$^{尤}$代$^{哈}$④

〖苍颉篇（首章缀合）〗嗣$^{之}$戒$^{皆}$置$^{之}$治$^{之}$异$^{之}$喜（=憙$^{之}$⑤）塞（寒$^{哈，又德}$）

【去次】

〖先农（合集叁238页简350）〗异$^{之}$事$^{之}$

〖贞在黄钟（合集肆163页简274）〗来$^{哈}$财$^{哈（又平，此据《集韵》又音）}$

〖泰山刻石〗治$^{之}$诲$^{灰}$志$^{之}$事$^{之}$嗣$^{之}$戒$^{皆}$

〖琅琊刻石〗事$^{之}$富$^{尤}$志$^{之}$字$^{之}$载$^{哈}$意$^{之}$

---

① 原文"一占曰：鼎有黄耳，鷪偃与狸。有人将来，莫不欢喜，吉"。李零读偃为雁，狸则如字读，定耳、狸、来、喜为韵。按，偃、狸当读为鲤、鲤。来字非韵。

② 原文"公及王姬曰：余小子，余夙夕虔敬朕祀，目受多福。克朙又心，盩龢胤士，咸畜左右"。福字似乎也入韵。不过钟文多为套语，在押韵与遵循既有格式之间寻求平衡，很可能就出现韵文散文相间的情形。由于上声字、入声字一般不押韵，我们认为不将福字视为韵字可能较为合适一些。

③ 原文"其祝曰：'毋王事，唯福是司。勉歓食，多投福'。"司字《说文》大徐音、《广韵》均作平声。《集韵·志韵》："司，主也。"今据以定为去声字。

④ 原文"即名富者名，曰：'某不能胜其富，农夫使某走来代之。'"之为虚字，多不入韵。今以富、代为韵。

⑤ 原文"初虽劳苦，卒必有喜"。喜，英国藏削柿本或作意，居延新简本作意。按，"有喜"，见于《易·无妄》"无妄之疾，勿药有喜"、《吕氏春秋·有始览·务本》"易曰：'复自道，何其咎，吉'，以言本无异则动卒有喜"、《急就篇》"勉力务之必有喜"等。知当以作喜为是。喜读为憙。意则为讹字。

〖北大—苍颉篇（简8～11）〗厕^之异^之织^之（名词）裁^咍（又平）字^之右^尤耐^咍试^之柩^尤①笥^之栽^之

〖北秦—酒令（W-013）〗思^之又平来^咍②耐^咍

【入声】

〖秦公钟（合集265）〗德^德或^德合服^屋三

〖秦公簋（合集4315）〗德^德敕^职

〖131秦风—黄鸟〗棘^职息^职息^职特^德

〖自天降令（合集肆154页简328）〗得^德克^德

〖贞在黄钟（合集肆163页简275）〗则^德德^德则^德啬^职德^德或^德合

〖日书甲种梦（合集贰408页简13^背）〗食^职幅^福（福^屋三）

〖日书乙种梦（合集贰517页简195^壹）〗食^职富^福（福^屋二）

〖为吏之道（合集壹312页简16^肆～19^肆）〗息^职牧^屋三贼^德

〖北秦—禹九策（简9）〗色^职国^德合

〖北秦—禹九策（简32）〗械（国^德合）色^职

〖隐书（简3-7～3-8）〗色^职贼^德

〖北秦—祓除（简4-124）〗稷^职翼^职

〖泰山刻石〗饬^职服^屋三极^职德^德式^职革^德

〖琅琊刻石〗极^职福^屋三殖^职革^德贼^职式^职

〖之罘刻石〗德^德服^屋三极^职则^德意^职（又之去）式^职

〖碣石刻石〗息^职服^屋三域^职合

〖日书乙种祠（合集壹509页简146）〗食^职福^屋三

〖病方（简443）〗匿^职北^德得^德③

〖病方（简96）〗食^职德^德

【平上】

〖为吏之道（合集壹312页简8^肆～13^肆）〗諰^佳平鄙^脂上苢^之上时^之平④

---

① 阜阳汉简《苍颉篇》作医，音同。

② 来字在周诗中九次入韵，只有一次与平声字押韵（也比较可疑），我们根据它绝大多数与去声字、入声字押韵，而尤其与去声字押韵最多的情况，把来字视作去声字。

③ 原文"溃者！魅父魅母毋匿！符实□北，皆巫妇，求若固得"。母字、妇字皆非韵。

④ 原文"疾而毋諰，简而毋鄙。当务而治，不有可苢。劳有成既，事有几时"。治非韵。

〘北秦—教女（简 31、30、29）〙已$^{之上}$子$^{之上}$起$^{之上}$里$^{之上}$枲$^{之上}$口忌$^{（又去）}$久$^{尤上}$
晦$^{灰上}$①喜$^{之上}$里$^{之上}$之$^{之平}$母$^{侯上}$

【平去】

〘东观刻石〙怠$^{之去（又平、上，又哈去）}$②旗$^{之平}$疑$^{之平}$尤$^{尤平}$治$^{之去}$罘$^{尤平}$

【平入】③

【上去】④

【上入】⑤

【去入】

〘石鼓文—避车〙寺（待$^{哈去}$⑥）特$^{德}$趩$^{职}$

〘秦公镈（集成270）〙德$^{德}$福$^{屋三}$敕$^{职}$事$^{之去}$⑦

〘北大—苍颉篇（简1~7）〙贷$^{哈去}$口⑧志$^{之去}$识$^{职}$得$^{德}$北（背$^{灰去}$）忌$^{之去}$欸$^{之去}$久（灸$^{尤去}$）
戴$^{哈去}$旧$^{尤去}$思$^{之去}$亟$^{之去（又职）}$炽$^{之去}$饵$^{之去}$该（刻$^{德}$⑨）载$^{哈去}$服$^{屋三}$昧$^{哈去}$

## 17. 蒸部

【平声】

〘贞在黄钟（合集肆164页简281）〙兢$^{蒸}$增$^{登}$瞪$^{登}$胜$^{蒸}$

〘为吏之道（合集壹312页简20$^{肆}$~22$^{肆}$）〙徵$^{蒸}$兴$^{蒸}$乘$^{蒸}$

---

① 晦字有上、去两读，上声一读见《左传》僖十五年《释文》注音。在《大雅》中与式字押韵，应该还是去声字。而在《教女》中此字当已转入上声。

② 《说文》大徐音、《广韵》仅作去声、上声。《集韵》又音平声。

③ 秦公钟（集成262）铭文"目受大福，屯鲁多厘"，或以福、厘为韵。按，二字非韵。

④ 马心（合集叁237页简345~346）："马心：禹步三，乡马祝曰：'高山高丝，某心天，某为我已之，并企侍之。'"或以已、侍二字为韵。

⑤ 《北大秦简·鲁久次问数于陈起》"一日之役必先智食数，一日之行必先智里数，一日之田必先智畆数，此皆数之始殹"，或以食、里、畆、始为韵。按，该文无韵。

⑥ 原文"㥉㥉角弓，弓兹目寺"。或谓寺通持。按，此说于韵不合。周秦韵文中还未见有确切可据的平、入声能够押韵的例子。

⑦ 原文"余虽小子，穆＝帅秉剸德，睿尃剸井，虔敬朕祀，目受多福。协龢万民，唬夙夕，剌＝趩＝，万生是敕。咸畜百辟胤士，趩＝文武，鍨静不廷，柔燮百邦，于秦执事"。今以德、福、敕、事为韵，子、祀、士非韵。

⑧ 北大汉简《苍颉篇》韵字从志字起，前据首章缀合本补。

⑨ 原文"颠颙重该"。朱凤瀚读该为陔。按，此字英藏未刊3558作刻。

## 18. 幽部、觉部

【平声】

〖133 秦风—无衣〗袍^豪 矛^尤 仇^尤

〖128 秦风—小戎〗收^尤 辀^尤①

〖石鼓文—避车〗斿^尤 求^尤

〖秦骃玉版〗周^尤 忧^尤 瘳^尤 休^尤 鳌^尤

〖北秦—禹九策（简16）〗流^尤 忧^尤 囚^尤

【上声】

〖127 秦风—驷驖〗阜^尤 手^尤 狩^尤

〖128 秦风—小戎〗阜^尤 手^尤

〖135 秦风—权舆〗簋^脂合 饱^肴

〖石鼓文—避车〗好^豪 騝（阜^尤②）

〖日书甲种出邦门（合集贰459页简111^背）〗咎^尤 道^豪

〖北大藏秦简杂祝方（M-004）〗丑^尤 道^豪 歾^尤

## 19. 冬部

【平声】

〖北秦—禹九策（简46）〗终^东三 中^东三 躬^东三 窮^东三

## 20. 宵部、沃部

【平声】

〖127 秦风—驷驖〗镳^宵 骄^宵

〖为吏之道（合集壹304页简19^贰、20^贰）〗敖^豪 黾^宵

〖为吏之道（合集壹312页简24^肆～27^肆）〗教^骄^宵 昭^宵

〖为吏之道（合集壹323页简27^伍）〗敩^肴 豪^豪

【入声】

---

① 原文"小戎俴收，五楘梁辀。游环胁驱，阴靷鋈续。文茵畅毂，驾我骐馵。言念君子，温其如玉。在其板屋，乱我心曲"。王力以收、辀、驱为韵，按，驱非韵。

② 原文"吾马既騝"，我们同意潘迪读"騝"为"阜"之说。"騝"字与《小雅》之《车攻》《吉日》，《秦风》之《小戎》的"四牡孔阜"，及《秦风》之《驷驖》的"驷驖孔阜"同义。

〖132 秦风—晨风〗栎^锡 驳^觉 乐^铎
【平去】①

## 21. 缉部

【入声】
〖128 秦风—小戎〗合^合 軜^合 邑^缉
〖为吏之道（合集壹 317 页简 8^伍）〗急^缉 级^缉 立^缉 急^缉

## 22. 侵部

【平声】
〖132 秦风—晨风〗风^东三 林^侵 钦^侵
〖北秦—酒令（Z-002）〗蚕^覃 湛^覃（或侵） 湛^覃（或侵） 湛^覃（或侵） 林^侵
〖日书乙种（合集肆 163 页简 262）〗心^侵 音^侵 心^侵
〖病方（简 83）〗寻^侵 心^侵
〖病方（简 84）〗寻^侵 心^侵

## 23. 侯鱼合韵

【上声】
〖北秦—隐书（隐语2）〗柜^鱼▲ 后^侯 所^鱼▲
【平上】
〖北秦—教女（简 25、26、28）〗举^鱼上▲ 逋^模平 处^鱼上▲ 鼠^鱼上▲ 屠（睹^模上②）▲ 语^鱼上 贾^模上▲ 马^麻二上▲ 所^鱼上▲ 后^上 语^鱼上▲

## 24. 歌支合韵

【去声】
〖琅琊刻石〗帝^齐▲ 地^脂 懈^佳▲ 辟（避^支▲） 易^支▲ 画^佳合▲

---

① 《禹九策》之八："一占曰：忧心之卲=，弇口为其芙。"李零以卲通切，与芙（笑）为韵。
② 原文"居处次善，从事毋屠"。朱凤瀚读为著，当显著解。按，读为著与其他字声调不合，文义也仍然比较晦涩。我们怀疑此句应理解为居住环境脏乱，而做事如常，对此熟视无睹。今将屠字读为睹。

## 25. 祭至合韵

【次次】

〖北秦—教女（简23、22）〗浍（濊$^{泰合}$）外$^{泰合}$外$^{泰合}$大$^{泰}$譮$^{①}$（匄）$^{泰}$计$^{齐}$▲会$^{泰合}$

## 26. 月至未物合韵

【次入】

〖北秦—教女（简21、16$^{②}$、23）〗计$^{齐去}$▲卒$^{没}$▲▲▲醉$^{脂合去}$▲▲气$^{微去}$▲▲察$^{黠}$弃$^{脂去}$▲

## 27. 支脂合韵

【上声】

〖北大—苍颉篇（简39）〗壐$^{支}$▲槩（棨$^{齐}$）

## 28. 脂微合韵

【平声】

〖129 秦风—蒹葭〗萋$^{齐}$晞$^{微}$▲湄$^{脂}$跻$^{齐}$坻$^{脂}$

〖133 秦风—无衣〗衣$^{微}$▲师$^{脂}$

【上声】

〖病方（简443、444）〗膿（體$^{齐}$）指$^{脂}$水$^{脂合}$▲鬼$^{微合}$▲

## 29. 至未合韵

【去声】

〖132 秦风—晨风〗棣$^{齐}$檖$^{脂合}$▲醉$^{脂合}$▲

## 30. 真文合韵

【平声】

〖为吏之道（合集一 300 页简 3$^{贰}$、4$^{贰}$、5$^{贰}$）〗贫$^{真}$▲身$^{真}$存$^{魂}$▲

---

① 字书未见。
② 残简，若干字残缺。

## 31. 职缉合韵

【入声】

〖先农（合集三 238 页简 349）〗邑$^{缉}$▲食$^{职}$

## 32. 蒸侵合韵

【平声】

〖128 秦风—小戎〗膺$^{蒸}$縢$^{登}$兴$^{蒸}$音$^{侵}$▲

## 33. 幽宵合韵

【平声】

〖北大—苍颉篇（简 14、15）〗包$^{看}$裒$^{萧}$▲謷$^{豪}$▲□

〖北大—苍颉篇（简 16~23）〗苞$^{看}$擾（扰）$^{宵}$①袍$^{豪}$□勠$^{尤（又去，又屋）}$筹$^{豪}$谪$^{豪}$櫜$^{豪}$膠$^{看}$鯂（鳅$^{尤}$）羔$^{豪}$▲求$^{尤}$炮$^{看}$聊$^{萧}$謷$^{豪}$

〖北秦—酒令（M-026）〗谯（憔$^{宵}$▲）斿（游$^{尤}$）

【平上】②

## 34. 冬侵合韵

【平声】

〖128 秦风—小戎〗中$^{东三}$骖$^{覃}$▲

---

① 《说文》大徐音、《广韵》等仅作上声，《释文》徐邈、刘宗昌音饶。

② 北大秦简《隐书》有"……於山，而游於都。两人俱行，给类……"一处残简。李零读都为渚，并认为末所缺二字为"双眸"。渚、眸二字为韵。按，此说可疑，姑存此备考。

# 附录3　周韵谱

说明：
（1）本表编制原则同秦韵谱。
（2）本表索引：

1. 侯部、屋部 159
2. 东部 161
3. 鱼部、铎部 162
4. 阳部 168
5. 歌部 172
6. 祭部、月部 174
7. 元部 175
8. 支部、锡部 177
9. 耕部 178
10. 脂部 180
11. 至部、质部 182
12. 真部 183
13. 微部 185
14. 未部、物部 186
15. 文部 187
16. 之部、职部 187
17. 蒸部 194

18. 幽部、觉部 195
19. 冬部 198
20. 宵部、沃部 199
21. 缉部 200
22. 侵部 201
23. 盍部 202
24. 谈部 202
25. 侯东合韵 202
26. 侯幽合韵 202
27. 屋锡合韵 203
28. 鱼幽合韵 203
29. 鱼宵合韵 203
30. 阳谈合韵 203
31. 祭月质合韵 204
32. 祭未合韵 204
33. 月质合韵 204
34. 元真合韵 204

附录3 周韵谱

35. 元文合韵 204
36. 脂微合韵 205
37. 至未合韵 206
38. 至物合韵 206
39. 真文合韵 206
40. 之幽合韵 207
41. 职觉合韵 207
42. 职缉合韵 207
43. 蒸冬合韵 208
44. 蒸侵合韵 208
45. 幽宵合韵 208
46. 冬侵合韵 208

## 1. 侯部、屋部

【平声】

〖163 小雅—皇皇者华〗驹[虞]濡[虞]驱[虞]诹[虞]

〖230 小雅—绵蛮〗隅[虞]趋[虞]

〖254 大雅—板〗渝[虞]驱[虞]

〖256 大雅—板〗隅[虞]愚[虞]

【上声】

〖172 小雅—南山有台〗枸[侯]栩[虞]耇[侯]後[侯]

〖192 小雅—正月〗愈[虞](又平)後[侯]口[侯]口[侯]愈[虞]侮[虞]

〖197 小雅—小弁〗笱[侯]後[侯]

〖198 小雅—巧言〗口[侯]厚[侯]

〖223 小雅—角弓〗後[侯]取[侯]

〖237 大雅—绵〗後[侯]侮[虞]

〖241 大雅—皇矣〗附[虞]侮[虞]

〖246 大雅—行苇〗主[虞]醹[虞]斗[侯]耇[侯]

〖252 大雅—卷阿〗厚[侯]主[虞]

〖282 周颂—雝〗后[侯]後[侯]

【去声】

〖164 小雅—常棣〗豆[侯]饫[鱼]具[虞]孺[虞]

〖237 大雅—绵〗附[虞]奏[侯]

〖246 大雅—行苇〗句(殻[侯])鍭[侯]

〖256 大雅—板〗漏[侯]觏[侯]

· 159 ·

【入声】

〖154 豳风—七月〗屋⁻ 穀⁻

〖165 小雅—伐木〗谷⁻ 木⁻

〖166 小雅—天保〗穀⁻ 禄⁻ 足^烛

〖184 小雅—鹤鸣〗穀⁻ 玉^烛

〖186 小雅—白驹〗谷⁻ 束^烛 玉^烛

〖187 小雅—黄鸟〗穀⁻ 粟^烛 穀⁻ 族⁻

〖192 小雅—正月〗禄⁻ 仆⁻ 禄⁻ 屋⁻

〖192 小雅—正月〗屋⁻ 穀⁻ 禄⁻ 椓^觉 独⁻

〖196 小雅—小宛〗木⁻ 谷⁻

〖196 小雅—小宛〗粟^烛 狱^烛 卜⁻ 穀⁻

〖204 小雅—四月〗浊^觉 穀⁻

〖210 小雅—信南山〗霂⁻ 渥^觉 足^烛 穀⁻

〖226 小雅—采绿〗绿^烛 匊^烛 局^烛 沐⁻

〖229 小雅—白华〗束^烛 独^烛

〖247 大雅—既醉〗禄⁻ 仆⁻

〖257 大雅—桑柔〗鹿⁻ 穀⁻ 谷⁻

〖291 周颂—良耜〗角^觉 续^烛

【平去】

〖190 小雅—无羊〗糇^侯平 具^虞去

【上去】

〖198 小雅—巧言〗树^虞去 数^虞上

〖246 大雅—行苇〗树^虞去 侮^虞上（又去）①

【上次】

〖223 小雅—角弓〗裕^虞去 愈^虞上（又平）

【去入】

〖209 小雅—楚茨〗奏^侯去 禄⁻

---

① 原文"敦弓既句，既挟四鍭。四鍭如树，序宾以不侮"。王力定句、鍭、树、侮为韵。今析为两个韵组。

〖223 小雅—角弓〗木^屋一 附^虞去 属^烛

〖257 大雅—桑柔〗谷^屋一 穀^屋一 垢（冓^侯去）①

## 2. 东部

**【平声】**

〖154 豳风—七月〗同^东一 功^东一

〖154 豳风—七月〗同^东一 功^东一 狨^东一（又锺） 公^东一

〖156 豳风—东山〗东^东一 蒙^东一

〖173 小雅—蓼萧〗雍^锺 同^东一

〖177 小雅—六月〗颙 公^东一

〖179 小雅—车攻〗攻^东一 同^东一 庞^江 东^东一

〖180 小雅—吉日〗同^东一 从^锺

〖185 小雅—祈父〗聪^东一 饔^锺

〖191 小雅—节南山〗诵^锺 讻^锺 邦^江

〖191 小雅—节南山〗佣^锺 讻^锺

〖198 小雅—巧言〗共^锺 邛^锺

〖203 小雅—大东〗东^东一 空^东一

〖206 小雅—无将大车〗雍^锺 重^锺

〖213 小雅—瞻彼洛矣〗同^东一 邦^江

〖220 小雅—宾之初筵〗同^东一 功^东一

〖222 小雅—采菽〗蓬^东一 邦^江 同^东一 从^锺

〖240 大雅—思齐〗公^东一 恫^东一 邦^江②

〖241 大雅—皇矣〗冲^锺 墉^锺

〖241 大雅—皇矣〗恭^锺 邦^江 共^锺

〖242 大雅—灵台〗枞^锺 镛^锺 锺^锺 廱^锺

〖242 大雅—灵台〗锺^锺 廱^锺 逢^东一 公^东一

〖244 大雅—文王有声〗功^东一 豐^东三

---

① 原文"维彼不顺，征以中垢"。垢字诸韵书仅有上声一读，《释文》亦注上声音。不过此"中垢"应即《鄘风·墙有茨》"中冓之言，不可道也"之"中冓"，"中冓"之冓应读去声。今将此韵组归入去声。

② 原文"惠于宗公，神罔时怨，神罔时恫。刑于寡妻，至于兄弟，以御于家邦"。疑此诗无韵。

〖244 大雅—文王有声〗雝^钟 东^东一

〖259 大雅—崧高〗邦^江 功^东一

〖259 大雅—崧高〗邦^江 庸^钟

〖263 大雅—常武〗同^东一 功^东一

〖265 大雅—召旻〗讧^东一 共^钟 邦^江

〖276 周颂—臣工〗工^东一 公^东一

〖278 周颂—振鹭〗雝^钟 容^钟

〖282 周颂—雝〗雝^钟 公^东一

【上声】

〖245 大雅—生民〗幪^东一 唪^东一

【平去】

〖195 小雅—小旻〗从^钟平 用^钟去 邛^钟平

## 3. 鱼部、铎部

【平声】

〖154 豳风—七月〗瓜^麻二合 壶^模 苴^鱼 樗^鱼 夫^虞

〖155 豳风—鸱鸮〗据^鱼 荼^模 租^模 瘏^模 家^麻二

〖160 豳风—狼跋〗胡^模 瑕^麻二①

〖163 小雅—皇皇者华〗华^麻二合 夫^虞

〖164 小雅—常棣〗家^麻二 帑^模 图^模 乎^模

〖167 小雅—采薇〗华^麻二合 车^麻三

〖167 小雅—采薇〗家^麻二 居^鱼②

〖168 小雅—出车〗华^麻二合 涂^模 居^鱼 书^鱼

〖185 小雅—祈父〗牙^麻二 居^鱼

〖188 小雅—我行其野〗樗^鱼 居^鱼 家^麻二

〖190 小雅—无羊〗鱼^鱼 旟^鱼

---

① 原文"狼疐其尾,载跋其胡。公孙硕肤,德音不瑕"。王力定胡、肤、瑕为韵。按,肤非韵。

② 原文"采薇采薇,薇亦作止。曰归曰归,岁亦莫止。靡室靡家,猃狁之故。不遑启居,猃狁之故"。王力定家、故、居、故为韵。按,今以两处故字与作、莫押韵。家、居二字押韵就位置看,这两字同韵部可能只是偶合。

〖193 小雅—十月之交〗徒^模 夫^虞①

〖194 小雅—雨无正〗都^模 家^麻二

〖194 小雅—雨无正〗图^模 辜^模 铺^模

〖198 小雅—巧言〗幠^模 辜^模

〖198 小雅—巧言〗且^鱼（据《释文》徐邈音） 辜^模 幠^模

〖199 小雅—何人斯〗舍^麻三 车^麻二 盱^虞

〖210 小雅—信南山〗庐^鱼 瓜^麻二合②

〖221 小雅—鱼藻〗蒲^模 居^鱼

〖225 小雅—都人士〗狳^鱼 旟^鱼 盱^虞

〖234 小雅—何草不黄〗狐^模 车^麻三

〖237 大雅—绵〗徒^模 家^麻二

〖261 大雅—韩奕〗屠^模 壶^模 鱼^鱼 蒲^模 车^麻三 胥^鱼③

〖262 大雅—江汉〗车^麻二 旟^鱼 舒^鱼 铺^模

〖281 周颂—潜〗沮^鱼 鱼^鱼

【上声】

〖154 豳风—七月〗股^模 羽^虞 野^麻三 宇^虞 户^模 下^麻二 鼠^鱼 户^模 处^鱼

〖155 豳风—鸱鸮〗雨^虞 土^模 户^模 予^鱼

〖156 豳风—东山〗野^麻三 下^麻二

〖156 豳风—东山〗宇^虞 户^模

〖156 豳风—东山〗羽^虞 马^麻二

〖159 豳风—九罭〗渚^鱼 所^鱼 处^鱼

〖162 小雅—四牡〗马^麻二 盬^模 处^鱼

〖162 小雅—四牡〗下^麻二 栩^虞 盬^模 父^虞

〖165 小雅—伐木〗许^鱼 藇^鱼 羜^鱼 父^虞 顾^模

---

① 原文"皇父卿士，番维司徒。家伯维宰，仲允膳夫。棸子内史，蹶维趣马。楀维师氏，艳妻煽方处"。王力定徒、夫、马、处为韵。今析为"徒、夫""马、处"两个韵段。

② 原文"中田有庐，疆埸有瓜。是剥是菹，献之皇祖。曾孙寿考，受天之祜"。王力定庐、瓜、菹、祖、祜为韵。按，菹非韵。今析为"庐、瓜""祖、祜"两个韵段。

③ 原文"韩侯出祖，出宿于屠。显父饯之，清酒百壶。其肴维何，炰鳖鲜鱼。其蔌维何，维笋及蒲。其赠维何，乘马路车。笾豆有且，侯氏燕胥"。王力定祖、屠、壶、鱼、蒲、车、且、胥为韵。按，祖、且非韵。

〖165 小雅—伐木〗湑<sup>鱼</sup>酤<sup>模</sup>鼓<sup>模</sup>舞<sup>模</sup>暇<sup>麻二</sup>①湑<sup>鱼</sup>

〖167 小雅—采薇〗盬<sup>模</sup>处<sup>鱼</sup>

〖169 小雅—杕杜〗杜<sup>模</sup>盬<sup>模</sup>

〖173 小雅—蓼萧〗湑<sup>鱼</sup>写<sup>麻三</sup>语<sup>鱼</sup>处<sup>鱼</sup>

〖178 小雅—采芑〗鼓<sup>模</sup>旅<sup>鱼</sup>

〖180 小雅—吉日〗午<sup>模</sup>马<sup>麻二</sup>麌<sup>虞</sup>所<sup>鱼</sup>

〖181 小雅—鸿雁〗羽<sup>虞</sup>野<sup>麻三</sup>寡<sup>麻二合</sup>

〖184 小雅—鹤鸣〗野<sup>麻三</sup>渚<sup>鱼</sup>

〖187 小雅—黄鸟〗栩<sup>虞</sup>黍<sup>鱼</sup>处<sup>鱼</sup>父<sup>虞</sup>

〖189 小雅—斯干〗祖<sup>模</sup>堵<sup>模</sup>户<sup>模</sup>处<sup>鱼</sup>语<sup>鱼</sup>

〖192 小雅—正月〗雨<sup>虞</sup>辅<sup>虞</sup>予<sup>鱼</sup>

〖193 小雅—十月之交〗马<sup>麻二</sup>处<sup>鱼</sup>

〖195 小雅—小旻〗土<sup>模</sup>沮<sup>鱼（又平）</sup>

〖196 小雅—小宛〗扈<sup>模</sup>寡<sup>麻二合</sup>

〖198 小雅—巧言〗怒<sup>模</sup>沮<sup>鱼（又平）</sup>

〖200 小雅—巷伯〗者<sup>麻三</sup>虎<sup>模</sup>②

〖201 小雅—谷风〗雨<sup>虞</sup>女<sup>鱼</sup>予<sup>鱼</sup>

〖204 小雅—四月〗夏<sup>麻二</sup>暑<sup>鱼</sup>予<sup>鱼</sup>

〖205 小雅—北山〗下<sup>麻二</sup>土<sup>模</sup>

〖207 小雅—小明〗处<sup>鱼</sup>与<sup>鱼</sup>女<sup>鱼</sup>

〖207 小雅—小明〗土<sup>模</sup>野<sup>麻三</sup>暑<sup>鱼</sup>苦<sup>模</sup>雨<sup>虞</sup>罟<sup>模</sup>

〖210 小雅—信南山〗祖<sup>模</sup>祜<sup>模</sup>

〖211 小雅—甫田〗鼓<sup>模</sup>祖<sup>模</sup>雨<sup>虞</sup>黍<sup>鱼</sup>③女<sup>鱼</sup>

〖214 小雅—裳裳者华〗湑<sup>鱼</sup>写<sup>麻三</sup>写<sup>麻三</sup>处<sup>鱼</sup>

〖215 小雅—桑扈〗扈<sup>模</sup>羽<sup>虞</sup>祜<sup>模</sup>④

---

① 诸韵书仅作去声，但此字《诗经》入韵凡三处（《伐木》《小明》《何草不黄》，均《小雅》诗），均与上声字押韵，疑此字于周秦方言为上声字。

② 原文"彼谮人者，谁适与谋。取彼谮人，投畀豺虎"。王力以者、谋、虎为韵。按，谋非韵。

③ 原文"琴瑟击鼓，以御田祖，以祈甘雨，以介我稷黍，以穀我士女"。王力定黍字不入韵。今补。

④ 原文"交交桑扈，有莺其羽。君子乐胥，受天之祜"。王力定扈、羽、胥、祜为韵。按，胥非韵。

〖218 小雅—车舝〗女$^{鱼}$舞$^{虞}$

〖218 小雅—车舝〗湑$^{鱼}$写$^{麻三}$

〖220 小雅—宾之初筵〗楚$^{鱼}$旅$^{鱼}$

〖220 小雅—宾之初筵〗舞$^{虞}$鼓$^{模}$祖$^{模}$

〖220 小雅—宾之初筵〗语$^{鱼}$羖$^{模}$

〖222 小雅—采菽〗股$^{模}$下$^{麻二}$纾$^{鱼}$予$^{鱼}$

〖222 小雅—采菽〗筥$^{鱼}$予$^{鱼}$予$^{鱼}$马$^{麻二}$予$^{鱼}$黼$^{虞}$

〖226 小雅—采绿〗鱮$^{鱼}$者$^{麻三}$

〖227 小雅—黍苗〗旅$^{鱼}$处$^{鱼}$①

〖234 小雅—何草不黄〗虎$^{模}$野$^{麻三}$暇$^{麻二}$②

〖235 大雅—文王〗嘏$^{虞}$祖$^{模}$

〖236 大雅—大明〗旅$^{鱼}$野$^{麻三}$女$^{鱼}$

〖237 大雅—绵〗父$^{虞}$马$^{麻二}$浒$^{模}$下$^{麻二}$女$^{鱼}$宇$^{虞}$

〖241 大雅—皇矣〗怒$^{模}$旅$^{鱼}$旅$^{鱼}$祜$^{模}$下$^{麻二}$

〖243 大雅—下武〗许$^{鱼}$武$^{虞}$祜$^{模}$

〖248 大雅—凫鹥〗渚$^{鱼}$处$^{鱼}$湑$^{鱼}$脯$^{虞}$下$^{麻二}$

〖250 大雅—公刘〗野$^{麻三}$处$^{鱼}$旅$^{鱼}$语$^{鱼}$

〖257 大雅—桑柔〗宇$^{虞}$怒$^{模}$处$^{鱼}$圉$^{鱼}$

〖258 大雅—云汉〗沮$^{鱼}$所$^{鱼}$顾$^{模}$助$^{③}$祖$^{模}$予$^{鱼}$

〖259 大雅—崧高〗马$^{麻二}$土$^{模}$

〖260 大雅—烝民〗举$^{鱼}$助$^{鱼}$補$^{模}$④

〖260 大雅—烝民〗茹$^{鱼}$⑤吐$^{模}$甫$^{虞}$茹$^{鱼}$吐$^{模}$寡$^{麻二合}$御$^{鱼}$

〖260 大雅—烝民〗下$^{麻二}$甫$^{虞}$

〖261 大雅—韩奕〗居$^{鱼}$誉$^{鱼(又去)}$①

---

① 原文"我徒我御，我师我旅。我行既集，盖云归处"。王力定御、旅、处为韵。按，御非韵。

② 原文"匪兕匪虎，率彼旷野。哀我征夫，朝夕不暇"。王力定虎、野、夫、暇为韵。按，夫非韵。

③ 诸韵书仅作去声，但此字《诗经》入韵凡两处（《云汉》《烝民》，均《大雅》诗），均与上声字押韵，疑此字于周秦方言为上声字。

④ 原文"人亦有言，德輶如毛，民鲜克举之。我仪图之，维仲山甫举之，爱莫助之。衮职有阙，维仲山甫補之"。王力定举、图、举、助、補为韵。按，图、举（第二处）似非韵。

⑤ 《说文》大徐音、《广韵》等仅作平声，《集韵》有上声。

〖261 大雅—韩奕〗土⁽ᵐᵒ⁾吁⁽ᵞᵘ⁾甫⁽ᵐᵒ⁾嘑⁽ᵞᵘ⁾虎⁽ᵐᵒ⁾

〖262 大雅—江汉〗浒⁽ᵐᵒ⁾虎⁽ᵐᵒ⁾土⁽ᵐᵒ⁾

〖263 大雅—常武〗父⁽ᵞᵘ⁾旅⁽ʸᵘ⁾浦⁽ᵐᵒ⁾土⁽ᵐᵒ⁾处⁽ʸᵘ⁾绪⁽ʸᵘ⁾

〖263 大雅—常武〗武⁽ʸᵘ⁾怒⁽ᵐᵒ⁾虎⁽ᵐᵒ⁾厉⁽ᵐᵒ⁾浦⁽ᵐᵒ⁾所⁽ʸᵘ⁾

〖263 大雅—常武〗祖⁽ʸᵘ⁾父⁽ᵞᵘ⁾②

〖279 周颂—丰年〗黍⁽ʸᵘ⁾秭⁽ʸᵘ⁾③

〖280 周颂—有瞽〗瞽⁽ᵐᵒ⁾虡⁽ᵞᵘ⁾羽⁽ᵞᵘ⁾鼓⁽ᵐᵒ⁾圉⁽ʸᵘ⁾举⁽ʸᵘ⁾

〖283 周颂—载见〗祜⁽ᵐᵒ⁾嘏⁽ᵐᵃ²⁾

〖284 周颂—有客〗马⁽ᵐᵃ²⁾旅⁽ʸᵘ⁾马⁽ᵐᵃ²⁾

〖291 周颂—良耜〗女⁽ʸᵘ⁾筥⁽ʸᵘ⁾黍⁽ʸᵘ⁾

【去声】

〖154 豳风—七月〗圃⁽ᵐᵒ⁾⁽又上⁾稼⁽ᵐᵃ²⁾

〖246 大雅—行苇〗御⁽ʸᵘ⁾斝⁽ᵐᵃ²⁾④

〖254 大雅—板〗怒⁽ᵐᵒ⁾豫⁽ʸᵘ⁾

【去次】

〖166 小雅—天保〗固⁽ᵐᵒ⁾除⁽ᵐᵒ⁾庶⁽ʸᵘ⁾

〖177 小雅—六月〗茹⁽ʸᵘ⁾获（护⁽ᵐᵒ⁾）

〖207 小雅—小明〗除⁽ʸᵘ⁾莫⁽ᵐᵒ⁾庶⁽ʸᵘ⁾暇⁽ᵐᵃ²⁾顾⁽ᵐᵒ⁾怒⁽ᵐᵒ⁾

〖218 小雅—车舝〗誉⁽ʸᵘ去⁾⁽又平⁾射⁽昔⁾⁽又麻三去⁾

〖241 大雅—皇矣〗椐⁽ʸᵘ⁾柘⁽ᵐᵃ⁾路⁽ᵐᵒ⁾固⁽ᵐᵒ⁾

〖256 大雅—板〗度⁽ᵐᵒ⁾虞⁽ʸᵘ⁾⑤

---

① 原文"孔乐韩土，川泽吁吁。鲂鱮甫甫，麀鹿噳噳。有熊有罴，有猫有虎。庆既令居，韩姞燕誉"。王力定土、吁、甫、嘑、虎、居、誉为韵。今析为"土、吁、甫、嘑、虎""居、誉"两个韵段。誉字在周秦韵文中四次入韵，两次与平声字押韵（另一处见于北大汉简《苍颉篇》），两次与去声字为韵，似乎这个字在周秦音中就有平去两读。

② 原文"赫赫明明，王命卿士。南仲大祖，大师皇父。整我六师，以修我戎。既敬既戒，惠此南国"。王力以士与祖、父为韵。按，士非韵。

③ 原文"丰年多黍多秭"。黍、秭可能非韵。

④ 原文"肆筵设席，授几有缉御。或献或酢，洗爵奠斝。醓醢以荐，或燔或炙。嘉肴脾臄，或歌或咢"。王力定席、御、酢、斝、炙、臄、咢为韵。按，其中席、酢、臄可能非韵。今暂析为"席、酢""御、斝""炙、臄、咢"三个韵组。斝《说文》大徐音、《广韵》仅有上声，《释文》云"又音嫁"，去声。

⑤ 《说文》大徐音、《广韵》仅有平声，《集韵》又音去声。

〖258 大雅—云汉〗去^鱼 故^模 莫（暮^模）虞^虞 怒^模

〖278 周颂—振鹭〗恶^模 斁^模（又昔）夜^麻三 誉^鱼（又平）

【入声】

〖154 豳风—七月〗获^铎合 萚^铎

〖163 小雅—皇皇者华〗骆^铎 若^药 度^铎

〖179 小雅—车攻〗奕^昔 舄^昔 绎^昔

〖181 小雅—鸿雁〗泽^陌二 作^铎 宅^陌二

〖184 小雅—鹤鸣〗萚^铎 石^昔 错^铎

〖186 小雅—白驹〗藿^铎合 夕^昔 客^陌二

〖189 小雅—斯干〗阁^铎 橐^铎

〖191 小雅—节南山〗恶^铎 怿^昔

〖198 小雅—巧言〗作^铎 莫^铎 度^铎 获^麦合

〖212 小雅—大田〗硕^昔 若^药

〖214 小雅—裳裳者华〗白^陌二 骆^铎 骆^铎 若^药

〖217 小雅—頍弁〗柏^陌二 弈^昔 怿^昔

〖231 小雅—瓠叶〗炙^昔（又麻去）酢^铎

〖241 大雅—皇矣〗赫^陌二 莫（瘼^铎）获^麦合 度^铎 廓^铎合 宅^陌二

〖246 大雅—行苇〗席^昔 酢^铎

〖246 大雅—行苇〗炙^昔（又麻去）臄^药 咢^铎

〖254 大雅—板〗怿^昔 莫^铎

〖257 大雅—桑柔〗作^铎 获^麦合 赫^陌二

〖259 大雅—崧高〗伯^陌二 宅^陌二

〖259 大雅—崧高〗硕^昔 伯^陌二

〖261 大雅—韩奕〗貊^陌二 伯^陌二 壑^铎 籍^昔

〖290 周颂—载芟〗柞^铎 泽^陌二

【平上】①

【平去】

---

① 《大雅·卷阿》："君子之车，既庶且多。君子之马，既闲且驰。矢诗不多，维以遂歌。"王力定车、马为韵。按，二字非韵。

〖189 小雅—斯干〗除<sup>鱼去</sup>去<sup>鱼去</sup>芋<sup>虞平（又模平）</sup>

〖245 大雅—生民〗去<sup>鱼</sup>呱<sup>模平</sup>

【平次】

〖245 大雅—生民〗訏<sup>虞平</sup>路<sup>模去</sup>

〖255 大雅—荡〗呼<sup>模平</sup>夜<sup>麻三去</sup>

【上入】①

【去入】

〖167 小雅—采薇〗作<sup>铎</sup>莫（暮）<sup>模</sup>故<sup>模</sup>故<sup>模</sup>

〖260 大雅—烝民〗若<sup>药</sup>赋<sup>虞去</sup>

【次入】

〖194 小雅—雨无正〗夜<sup>麻三去</sup>夕<sup>昔</sup>恶<sup>铎</sup>

〖209 小雅—楚茨〗蹲<sup>昔（据《集韵》又音）</sup>硕<sup>昔（又麻去）</sup>炙<sup>铎</sup>莫<sup>铎</sup>庶<sup>鱼去</sup>客<sup>陌二</sup>错<sup>铎</sup>度<sup>模去</sup>获<sup>麦合</sup>格<sup>陌二</sup>酢<sup>铎</sup>

〖256 大雅—板〗格<sup>陌二</sup>度<sup>铎</sup>射<sup>麻三去（又昔）</sup>

## 4. 阳部

【平声】②

〖154 豳风—七月〗黄<sup>唐合</sup>阳<sup>阳</sup>裳<sup>阳</sup>

〖154 豳风—七月〗桑<sup>唐</sup>斨<sup>阳</sup>扬<sup>阳</sup>桑<sup>唐</sup>

〖154 豳风—七月〗霜<sup>阳</sup>场<sup>阳</sup>飨③<sup>阳</sup>羊<sup>阳</sup>堂<sup>唐</sup>觥<sup>庚二合</sup>疆<sup>阳</sup>

〖154 豳风—七月〗阳<sup>阳</sup>庚<sup>庚二</sup>筐<sup>唐合</sup>行<sup>庚二</sup>桑<sup>唐</sup>

〖156 豳风—东山〗场<sup>阳</sup>行<sup>庚二</sup>

---

①《周颂·载芟》："侯主侯伯，侯亚侯旅，侯强侯以。有嗿其馌，思媚其妇。有依其士，有略其耜，俶载南亩。"王力定伯、旅为韵，以、妇、士、耜、亩为韵。按，伯、旅非韵。

②《周颂·我将》："我将我享，维羊维牛，维天其右之。仪式刑文王之典，日靖四方，伊嘏文王，既右飨之。我其夙夜，畏天之威，于时保之。"王力定牛、右为韵，方、飨为韵。按，此诗似无韵。

③《说文》大徐音、《广韵》仅有上声，《集韵》又音平声。飨字周秦诗入韵凡三次，两次与平声字为韵，一次与平声字、去声字为韵，无与上声字押韵者。飨字秦音中当为平声字。飨又作享、亯。享字周秦诗文入韵四次（《禹九策》，《小雅》之《天保》《信南山》，《周颂》之《载见》各一次），亯字秦金文入韵一次（《盠和钟》），均只与平声字押韵。不但如此，两汉关陇巴蜀有韵之文中享、飨[未见享字入韵之例]两字仍然是只与平声字押韵（参见罗常培、周祖谟《汉魏晋南北朝韵部演变研究》中司马迁、扬雄、班固、李尤、马融等）。据此，这几个字本为平声字应该是可以确定的。

## 附录3 周韵谱

〖157 豳风—破斧〗斨[阳]皇[唐合]将[阳]

〖159 豳风—九罭〗鲂[阳合]裳[阳]

〖161 小雅—鹿鸣〗簧[唐合]将[阳]行[庚二]

〖166 小雅—天保〗享[阳]尝[阳]王[阳合]疆[阳]

〖167 小雅—采薇〗刚[唐]阳[阳]

〖168 小雅—出车〗方[阳]彭[庚二]央[阳]方[阳合]襄[阳]

〖169 小雅—杕杜〗阳[阳]伤[阳]遑[唐合]

〖172 小雅—南山有台〗桑[唐]杨[阳]光[唐合]疆[阳]

〖173 小雅—蓼萧〗瀼[阳]光[唐合]爽[阳]忘[阳合]①

〖177 小雅—六月〗方[阳合]阳[阳]章[阳]央[阳]行[庚二]

〖178 小雅—采芑〗乡[阳]央[阳]衡[庚二]玱[唐]皇[唐合]珩[庚二]

〖182 小雅—庭燎〗央[阳]光[唐合]将[阳]

〖183 小雅—沔水〗汤[唐]扬[阳]行[庚二]忘[阳合]

〖187 小雅—黄鸟〗桑[唐]梁[阳]明[庚三]兄[庚三合]

〖189 小雅—斯干〗床[阳]裳[阳]璋[阳]喤[庚二]皇[唐合]王[阳合]

〖189 小雅—斯干〗祥[阳]祥[阳]

〖192 小雅—正月〗霜[阳]伤[阳]将[阳]京[庚三]痒[阳]

〖193 小雅—十月之交〗行[庚二]良[阳]常[阳]臧[唐]

〖198 小雅—巧言〗盟[庚三平]长[阳]（又上）

〖203 小雅—大东〗浆[阳]长[阳]光[唐合]襄[阳]

〖203 小雅—大东〗霜[阳]行[庚二]

〖203 小雅—大东〗襄[阳]章[阳]箱[阳]明[庚三]庚[庚二]行[庚二]

〖203 小雅—大东〗扬[阳]浆[阳]

〖205 小雅—北山〗床[阳]行[庚二]

〖205 小雅—北山〗彭[庚二]傍[唐]将[阳]刚[唐]方[阳合]

〖208 小雅—鼓钟〗将[阳]汤[唐]伤[阳合]忘[阳合]

〖209 小雅—楚茨〗将[阳]庆[庚三]

---

① 原文"蓼彼萧斯，零露瀼瀼。既见君子，为龙为光。其德不爽，寿考不忘"。爽，《集韵》有平声一读。

〖209 小雅—楚茨〗跄^阳 羊^阳 尝^阳 亨^庚二 将^阳 祊^阳合 明^庚三 皇^阳 飨^阳合 庆^庚三 疆^阳

〖210 小雅—信南山〗享^阳 明^庚三 皇^阳 疆^阳

〖211 小雅—甫田〗梁^阳 京^庚三 仓^唐合 箱^阳 梁^阳 庆^庚三 疆^阳

〖211 小雅—甫田〗明^庚三 羊^阳 方^阳 臧^唐 庆^庚三

〖214 小雅—裳裳者华〗黄^唐合 章^阳 章^阳 庆^庚三

〖220 小雅—宾之初筵〗抗^唐 张^阳

〖223 小雅—角弓〗良^阳 方^阳合 亡^阳合①

〖225 小雅—都人士〗黄^唐合 章^阳 望^阳合

〖228 小雅—隰桑〗藏^唐 忘^阳合

〖229 小雅—白华〗梁^阳 良^阳

〖231 小雅—瓠叶〗亨^庚二 尝^阳

〖233 小雅—苕之华〗黄^唐合 伤^阳

〖234 小雅—何草不黄〗黄^唐合 行^庚二 将^阳 方^阳合

〖235 大雅—文王〗常^阳 京^庚三

〖236 大雅—大明〗梁^阳 光^阳合

〖236 大雅—大明〗商^阳 京^庚三 行^庚二 王^阳合

〖236 大雅—大明〗王^阳合 京^庚三 行^庚二 王^阳合 商^阳

〖236 大雅—大明〗洋^阳 煌^唐合 彭^庚二 扬^阳 王^阳合 商^阳 明^庚三

〖237 大雅—绵〗闵^唐② 将^阳 行^庚二

〖238 大雅—棫朴〗王^阳合 璋^阳

〖238 大雅—棫朴〗章^阳 相^阳 王^阳合 方^阳合

〖241 大雅—皇矣〗京^庚三 疆^阳 冈^唐

〖241 大雅—皇矣〗王^阳合 方^阳合 兄^庚三合

〖241 大雅—皇矣〗兄^庚三合 庆^庚三(古音平声) 光^唐合 丧^唐 方^阳

〖241 大雅—皇矣〗阳^阳 将^阳 方^阳合 王^阳合

〖243 大雅—下武〗京^庚三 王^阳合

〖244 大雅—文王有声〗王^阳合 京^庚三

---

① 原文"民之无良,相怨一方。受爵不让,至于己斯亡"。王力定良、方、让、亡为韵。按,让非韵。
② 毛诗作伉,此从韩诗。闵字《说文》大徐音、《广韵》仅有去声,《集韵》又音平声。

〖247 大雅—既醉〗将$^{阳}$明$^{庚三}$

〖249 大雅—假乐〗皇$^{唐合}$王$^{唐合}$忘$^{唐合}$章$^{阳}$

〖249 大雅—假乐〗疆$^{阳}$纲$^{唐}$

〖250 大雅—公刘〗长$^{阳}$冈$^{唐}$阳$^{阳}$

〖250 大雅—公刘〗冈$^{唐}$京$^{庚三}$

〖250 大雅—公刘〗康$^{唐}$疆$^{阳}$仓$^{唐}$粮$^{阳}$囊$^{唐}$光$^{唐合}$张$^{阳}$扬$^{阳}$行$^{庚二}$

〖250 大雅—公刘〗粮$^{阳}$阳$^{阳}$荒$^{唐合}$

〖252 大雅—卷阿〗长$^{阳}$康$^{唐}$常$^{阳}$

〖252 大雅—卷阿〗冈$^{唐}$阳$^{阳}$

〖252 大雅—卷阿〗卬$^{唐}$璋$^{阳}$望$^{阳合}$纲$^{唐}$

〖253 大雅—民劳〗康$^{唐}$方$^{阳合}$良$^{阳}$明$^{庚三}$王$^{阳合}$

〖254 大雅—板〗明$^{庚三}$王$^{阳合}$

〖255 大雅—荡〗明$^{庚三}$卿$^{庚三}$

〖255 大雅—荡〗螗$^{唐}$羹$^{庚二}$丧$^{唐}$行$^{庚二}$方$^{阳}$

〖256 大雅—板〗亡$^{阳合}$章$^{阳}$兵$^{庚三}$方$^{阳合}$①

〖257 大雅—桑柔〗王$^{阳合}$痒$^{阳}$荒$^{唐合}$苍$^{唐}$

〖259 大雅—崧高〗粮$^{阳}$行$^{庚二}$

〖260 大雅—烝民〗将$^{阳}$明$^{庚三}$

〖260 大雅—烝民〗彭$^{庚二}$锵$^{阳}$方$^{阳合}$

〖261 大雅—韩奕〗彭$^{庚二}$锵$^{阳}$光$^{唐合}$

〖261 大雅—韩奕〗张$^{阳}$王$^{阳合}$章$^{阳}$衡$^{庚二}$钖$^{阳}$

〖262 大雅—江汉〗汤$^{唐}$洸$^{唐合}$方$^{阳合}$王$^{阳合}$

〖264 大雅—瞻卬〗祥$^{阳}$亡$^{阳合}$

〖265 大雅—召旻〗丧$^{唐}$亡$^{阳合}$荒$^{唐合}$

〖270 周颂—天作〗荒$^{唐合}$康$^{唐}$行$^{庚二}$

〖274 周颂—执竞〗王$^{阳合}$康$^{唐}$皇$^{唐合}$康$^{唐}$方$^{阳合}$明$^{庚三}$喤$^{庚二合}$将$^{阳}$穰$^{阳}$

〖283 周颂—载见〗王$^{阳合}$章$^{阳}$阳$^{阳}$央$^{阳}$鸧$^{唐}$光$^{唐合}$享$^{阳}$

---

① 原文"肆皇天弗尚,如彼泉流,无沦胥以亡。凤兴夜寐,洒埽庭内,维民之章。修尔车马,弓矢戎兵。用戒戎作,用遏蛮方"。王力定尚、亡为韵,寐、内为韵,章、兵、方为韵。按,尚、寐、内非韵。该章仅一韵组。

〖286 周颂—闵予小子〗王$^{阳合}$忘$^{阳合}$

〖288 周颂—敬之〗将$^{阳}$明$^{庚三}$行$^{庚二}$

〖290 周颂—载芟〗香$^{阳}$光$^{阳合}$

【上声】

〖205 小雅—北山〗仰$^{阳}$掌$^{阳}$

【平上】①

〖217 小雅—頍弁〗上$^{阳上}$怲$^{庚上(又去)}$臧$^{唐平}$

〖236 大雅—大明〗上$^{阳上}$王$^{阳合平}$方$^{阳合平}$

【平去】

〖175 小雅—彤弓〗藏$^{唐平}$贶$^{阳合去}$飨$^{阳平（据《集韵》及其他韵例定）}$

〖193 小雅—十月之交〗向$^{阳去}$藏$^{唐去}$王$^{阳合平}$向$^{阳去}$

【上去】

〖218 小雅—车舝〗仰$^{阳上}$行$^{庚二去}$

〖257 大雅—桑柔〗将（=奖$^{阳上}$②）往$^{阳合上}$竞$^{庚三去}$梗$^{庚二上}$

## 5. 歌部

【平声】

〖156 豳风—东山〗褵$^{支}$仪$^{支}$嘉$^{麻}$何$^{歌}$

〖157 豳风—破斧〗锜$^{支}$吪$^{戈}$嘉$^{麻}$

〖170 小雅—鱼丽〗多$^{歌}$嘉$^{麻}$

〖170 小雅—鱼丽〗鲨$^{麻}$多$^{歌}$

〖174 小雅—湛露〗椅$^{支}$离$^{支}$仪$^{支}$

〖176 小雅—菁菁者莪〗莪$^{歌}$阿$^{歌}$仪$^{支}$

〖189 小雅—斯干〗何$^{歌}$罴$^{支}$蛇$^{麻}$

〖189 小雅—斯干〗罴$^{支}$蛇$^{麻}$

〖189 小雅—斯干〗仪$^{支}$议$^{支}$罹$^{支}$①

---

① 《大雅·瞻卬》："天之降罔，维其优矣。人之云亡，心之忧矣。天之降罔，维其几矣。人之云亡，心之悲矣。"王力定罔、亡、罔、亡为韵。按，四字非韵。

② 原文"国步蔑资，天不我将"。将，郑训为养。按，似当读为奖，训为助。《大雅·云汉》："群公先正，则不我助。"可参照。

〖190 小雅—无羊〗阿<sup>歌</sup>池<sup>支</sup>讹<sup>戈一</sup>

〖191 小雅—节南山〗猗<sup>支</sup>何<sup>歌</sup>瘥<sup>歌（又麻）</sup>多<sup>歌</sup>嘉<sup>麻</sup>嗟<sup>麻</sup>

〖195 小雅—小旻〗河<sup>歌</sup>他<sup>歌</sup>

〖197 小雅—小弁〗瘣<sup>支</sup>何<sup>歌</sup>何<sup>歌</sup>

〖198 小雅—巧言〗何<sup>歌</sup>多<sup>歌</sup>何<sup>歌</sup>

〖205 小雅—北山〗议<sup>支（又去）②</sup>为<sup>支合</sup>

〖215 小雅—桑扈〗难（傩）<sup>歌</sup>那<sup>歌</sup>③

〖216 小雅—鸳鸯〗罗<sup>歌</sup>宜<sup>支</sup>

〖217 小雅—頍弁〗何<sup>歌</sup>嘉<sup>麻</sup>他<sup>麻</sup>

〖220 小雅—宾之初筵〗俄<sup>歌</sup>傞<sup>歌</sup>

〖220 小雅—宾之初筵〗嘉<sup>麻</sup>仪<sup>支</sup>

〖228 小雅—隰桑〗阿<sup>歌</sup>难<sup>歌（据《释文》音）</sup>何<sup>歌</sup>

〖230 小雅—绵蛮〗阿<sup>歌</sup>何<sup>歌</sup>

〖232 小雅—渐渐之石〗波<sup>戈一</sup>沱<sup>歌</sup>他<sup>麻</sup>

〖238 大雅—棫朴〗峨<sup>歌</sup>宜<sup>支</sup>

〖241 大雅—皇矣〗阿<sup>歌</sup>沱<sup>歌</sup>

〖247 大雅—既醉〗何<sup>歌</sup>嘉<sup>麻</sup>仪<sup>支</sup>

〖248 大雅—凫鹥〗沙<sup>麻</sup>宜<sup>支</sup>多<sup>歌</sup>嘉<sup>麻</sup>为<sup>支合</sup>

〖252 大雅—卷阿〗阿<sup>歌</sup>歌<sup>歌</sup>

〖252 大雅—卷阿〗多<sup>歌</sup>驼<sup>歌</sup>多<sup>歌</sup>歌<sup>歌</sup>

〖256 大雅—板〗嘉<sup>麻</sup>仪<sup>支</sup>

〖256 大雅—板〗仪<sup>支</sup>嘉<sup>麻</sup>磨<sup>戈一</sup>为<sup>支合</sup>

〖261 大雅—韩奕〗皮<sup>支</sup>罴<sup>支</sup>

【上声】

---

① 原文"乃生女子，载寝之地，载衣之裼，载弄之瓦。无非无仪，唯酒食是议，无父母诒罹"。王力定地、瓦、仪、议、罹为韵。按，今析为"地、瓦""仪、议、罹"两个韵组。

② 议字周秦韵文入韵两次，另一处也与平声字为韵。司马迁《史记自序》同。疑秦音中议本为平声字。

③ 原文"之屏之翰，百辟为宪。不戢不难，受福不那"。王力定翰、宪、难、那为韵。今析为"翰、宪""难、那"两个韵组。"不戢不难，受福不那"一句解说纷纭。按，难，《颜氏家训·书证》引作"傩"。《说文》："傩，行有节也。"（原作行人节，今据段本。段氏盖据《集韵》等所引校改）此句大概是说行为收敛有度，则多受福祉。

〖197 小雅—小弁〗掎^支扡^支佗（拕^支,《广韵》作平声）①

〖199 小雅—何人斯〗祸^戈一我^歌可^歌

【去声】

〖179 小雅—车攻〗驾^麻猗^支破^戈一②

〖243 大雅—下武〗贺^歌佐^歌

【平上】

〖214 小雅—裳裳者华〗左之^歌上宜之^支平

【上去】

〖189 小雅—斯干〗地^齐去（又脂）瓦^麻二合上

【平上去】③

## 6. 祭部、月部

【次次】

〖182 小雅—庭燎〗艾^泰哕^泰合④

〖195 小雅—小旻〗艾^泰败^夬

〖224 小雅—菀柳〗愒^齐去（又祭）瘵^皆迈^夬

〖225 小雅—都人士〗厉^祭虿^夬迈^夬

〖229 小雅—白华〗外^泰合迈^夬

〖241 大雅—皇矣〗翳^齐（又屑）栵^祭（又薛）

〖253 大雅—民劳〗愒^齐去（又祭）泄^祭（又薛。据《释文》音）厉^祭败^夬大^泰

〖254 大雅—板〗蹶^祭合泄^祭（二字均据《释文》音）

〖264 大雅—瞻卬〗惠^齐合厉^祭瘵^皆届^皆⑤

---

① 原文"予之佗矣"，郑玄解作加。《释文》音"吐贺反"。按，《名义》"拕，与纸反，加、离"。今据郑氏释义以佗为拕之假借字，不取《释文》音。

② 原文"四黄既驾，两骖不猗。不失其驰，舍矢如破"。王力定驾、猗、驰、破为韵。按，驰非韵。猗字《说文》大徐音、《广韵》均非去声字，《集韵》有去声一读，云："猗，相附着也。《诗》：'两骖不猗。'"今据《集韵》。

③《大雅·桑柔》："民之未戾，职盗为寇。凉曰不可，覆背善詈。虽曰匪予，既作尔歌。"王力定可、詈、歌为韵。按，疑詈当作诇，与寇为韵。而末句当无韵。

④ 原文"夜如何其，夜未艾。庭燎晰晰，君子至止，鸾声哕哕"。王力定晰字入韵，并注月部拟音。按，晰为锡部字，应非韵。

⑤ 原文"瞻卬昊天，则不我惠。孔填不宁，降此大厉。邦靡有定，士民其瘵。蟊贼蟊疾，靡有夷届"。王力定惠、厉、瘵、疾、届为韵。按，疾非韵。

【入声】

〖154 豳风—七月〗發$^{月}$烈$^{薛}$褐$^{曷}$岁$^{薛}$（据《集韵》）

〖167 小雅—采薇〗烈$^{薛}$渴$^{曷}$

〖203 小雅—大东〗舌$^{薛}$揭$^{月}$（又薛）

〖218 小雅—车舝〗舝$^{辖}$逝$^{(又祭，此据《集韵》)}$渴$^{曷}$括$^{末}$

〖225 小雅—都人士〗撮$^{末}$髮$^{月}$说（悦$^{薛}$）

〖245 大雅—生民〗载$^{末(又泰合)}$烈$^{薛}$岁$^{薛}$（据《集韵》）

〖256 大雅—板〗舌$^{薛}$逝$^{薛(又祭，此据《集韵》)}$

〖260 大雅—烝民〗舌$^{薛}$外$^{泰}$发$^{月}$

〖264 大雅—瞻卬〗夺$^{末}$说（悦$^{薛}$）

〖290 周颂—载芟〗活$^{末}$达$^{曷}$杰$^{薛}$

【次入】

〖202 小雅—蓼莪〗烈$^{薛}$發$^{月}$害$^{泰}$

〖204 小雅—四月〗烈$^{薛}$發$^{月}$害$^{泰}$

〖216 小雅—鸳鸯〗秣$^{末}$艾$^{泰}$（又废）

〖237 大雅—绵〗拔$^{黠}$兑$^{泰合}$駾$^{泰合}$喙$^{废}$

〖241 大雅—皇矣〗拔$^{黠}$兑$^{泰合}$

〖245 大雅—生民〗月$^{月}$达$^{曷}$害$^{泰}$

〖255 大雅—荡〗揭$^{月}$害$^{泰}$拨$^{末}$世$^{祭}$

〖265 大雅—召旻〗竭$^{月(又薛)}$竭$^{月(又薛)}$害$^{泰}$

## 7. 元部

【平声】

〖164 小雅—常棣〗原$^{元合}$难$^{寒}$叹$^{寒}$①

〖177 小雅—六月〗安$^{寒}$轩$^{元}$闲$^{山}$原$^{元合}$宪$^{元}$

〖184 小雅—鹤鸣〗园$^{元合}$檀$^{寒}$

〖189 小雅—斯干〗干$^{寒}$山$^{山}$

〖197 小雅—小弁〗山$^{山}$泉$^{仙合}$言$^{元}$垣$^{元合}$

---

① 叹字周秦时只与平声字为韵，周秦音中当为平声字。

〖200 小雅—巷伯〗幡$^{元合}$言$^{元}$迁$^{仙}$

〖203 小雅—大东〗泉$^{仙合}$叹$^{寒}$

〖215 小雅—桑扈〗翰$^{寒}$宪$^{元}$

〖219 小雅—青蝇〗樊$^{元合}$言$^{元}$

〖241 大雅—皇矣〗闲$^{山}$言$^{元}$连$^{仙}$安$^{寒}$

〖244 大雅—文王有声〗垣$^{元合}$翰$^{寒}$

〖250 大雅—公刘〗泉$^{仙合}$单$^{寒}$原$^{元合}$

〖250 大雅—公刘〗泉$^{仙合}$元$^{元合}$

〖250 大雅—公刘〗原$^{元合}$繁$^{元合}$宣$^{仙合}$叹$^{寒}$巘$^{元①}$原$^{元合}$

〖253 大雅—民劳〗安$^{寒}$残$^{寒②}$

〖254 大雅—板〗藩$^{元合}$垣$^{元合}$翰$^{寒③}$

〖254 大雅—板〗难$^{寒}$宪$^{元④}$

〖256 大雅—板〗颜$^{删}$愆$^{仙}$

〖259 大雅—崧高〗翰$^{寒}$蕃$^{元合}$宣$^{仙合}$

〖259 大雅—崧高〗嘽$^{寒}$翰$^{寒}$宪$^{元⑤}$

〖261 大雅—韩奕〗完$^{桓}$蛮$^{山}$

〖262 大雅—江汉〗宣$^{仙合}$翰$^{寒}$

【上声】

〖158 豳风—伐柯〗远$^{元合}$践$^{仙}$

〖169 小雅—杕杜〗嘽$^{仙}$痯$^{桓}$远$^{元合}$

〖223 小雅—角弓〗反$^{元合}$远$^{元合}$

---

① 巘，《释文》作𪩘，云："𪩘，本又作巘，鱼辇反，又音言，又音鱼偃反，又音彦。"秦音巘字或为平声字。

② 原文"民亦劳止，汔可小安。惠此中国，国无有残。无纵诡随，以谨缱绻。式遏寇虐，无俾正反。王欲玉女，是用大谏"。王力定安、残、绻、反、谏为韵。今析为"安、残""绻、反、谏"两个韵组。

③《释文》引徐邈，音寒。

④《说文》大徐音、《广韵》等仅有去声，《释文》又音轩。按，宪周秦韵文除与翰押韵外，只与平声字押韵，而作藩屏、辅翼解的翰字在周秦音中也很可能是平声字。因此我们将翰、宪两字相关韵组都归入平声。

⑤ 原文"申伯番番，既入于谢，徒御啴啴。周邦咸喜，戎有良翰。不显申伯，王之元舅，文武是宪"。王力定番字入韵。据古注此处番读戈韵，当非韵。

〖223 小雅—角弓〗远$^{元合}$然$^{仙}$

〖253 大雅—民劳〗绻$^{元合}$反$^{元合}$谏$^{删}$①

〖254 大雅—板〗板$^{删}$瘅$^{寒（据《释文》音）}$然$^{仙}$②远$^{元合}$管$^{桓}$亶$^{寒}$远$^{元合}$谏$^{删}$

〖274 周颂—执竞〗简$^{山}$反$^{元合}$反$^{元合}$

【去声】

〖171 小雅—南有嘉鱼〗汕$^{删}$衍$^{寒}$

〖217 小雅—頍弁〗霰$^{先}$见$^{先}$宴$^{先}$

〖241 大雅—皇矣〗援$^{先合（又平）}$羡$^{仙}$岸$^{寒}$

〖250 大雅—公刘〗馆$^{桓}$乱$^{桓}$锻$^{桓}$

〖254 大雅—板〗旦$^{寒}$衍（羡$^{仙}$③）

〖263 大雅—常武〗啴$^{寒}$翰$^{寒}$汉$^{寒}$④

【平上】⑤⑥

〖165 小雅—伐木〗阪$^{删上（又元合上）}$衍$^{仙上}$践$^{仙上}$远$^{元合上}$愆$^{仙平}$

〖220 小雅—宾之初筵〗反$^{删上（又元去）}$幡$^{元合平}$迁$^{仙平}$仙$^{仙平}$⑦

【平去】

〖231 小雅—瓠叶〗燔$^{元合平}$献$^{元开去}$

## 8. 支部、锡部

【平声】

〖197 小雅—小弁〗伎$^{支}$雌$^{支}$枝$^{支}$知$^{支}$

〖197 小雅—小弁〗斯$^{支}$提$^{支}$

---

① 谏字《说文》大徐音、《广韵》等皆去声字，周秦韵文中谏字另有一处入韵，与上声字押韵（《大雅·板》），疑周秦音中此字读上声。

② 然字周秦韵文两处入韵，均只与上声字押韵。周秦音中当为上声字。

③《释文》作羡，为本字。

④ "王旅啴啴"之啴，《集韵·换韵》："啴啴，喜乐盛也。"又，此条中翰字与飞义近，与其他作藩屏、辅翼解者应读平声不同。

⑤《大雅·抑》："天方艰难，曰丧厥国。取譬不远，昊天不忒。回遹其德，俾民大棘。"王力定难、远为韵。

⑥《小雅·白华》："白华菅兮，白茅束兮。之子之远，俾我独兮。"王力定菅、远为韵。

⑦ 原文"宾之初筵，温温其恭。其未醉止，威仪反反。曰既醉止，威仪幡幡。舍其坐迁，屡舞仙仙"。王力定筵、反、幡、迁、仙为韵。按，筵非韵。

〖199 小雅—何人斯〗篪^支 知^支 斯^支

〖199 小雅—何人斯〗易（施^支）① 知^支 祇^支

〖229 小雅—白华〗卑^支 疷^支

〖254 大雅—板〗篪^支 圭^齐合 携^齐合

【入声】

〖154 豳风—七月〗鵙（䴗^锡合）绩^锡

〖241 大雅—皇矣〗辟^昔 剔^锡

〖244 大雅—文王有声〗绩^锡 辟^昔

〖261 大雅—韩奕〗甓^锡 厄^麦

〖264 大雅—瞻卬〗刺^昔（又支去）狄^锡

【去入】

〖261 大雅—韩奕〗解（懈^佳去）易^昔 辟^昔

【次入】

〖235 大雅—文王〗帝^齐去 易^昔（变易）

〖254 大雅—板〗益^昔 易^支去（难易）辟（僻^锡，又昔）辟^昔

〖255 大雅—荡〗帝^齐去 辟^昔 帝^齐去 辟（僻^锡，又昔）

## 9. 耕部

【平声】

〖161 小雅—鹿鸣〗鸣^庚三 苹^庚三 笙^庚二

〖164 小雅—常棣〗平^庚三 宁^青 生^庚二

〖165 小雅—伐木〗丁^青 嘤^耕

〖165 小雅—伐木〗鸣^庚三 声^清 声^清 生^庚二 听^青 平^庚三

〖167 小雅—采薇〗定^青（又去）聘^清（又去）

〖177 小雅—六月〗成^清 征^清

〖179 小雅—车攻〗鸣^庚三 旌^清 惊^庚三 盈^清

〖179 小雅—车攻〗征^清 声^清 成^清

---

① 原文"尔还而入，我心易也"。易，韩诗作施。《集韵·支韵》："弛，改易也，或作施。"同一意义又可读上声。不过改易、变易之易音在昔韵，在《大雅》中也与去、入声字押韵。我们认为，一字一义而有多音的可能性也是可能存在的，故暂将这个韵例作为平声韵例。

〖189 小雅—斯干〗庭^青 楹^清 正^清 冥^青 宁^青

〖191 小雅—节南山〗定^青（又去） 生^庚二 宁^青 酲^清 成①

〖191 小雅—节南山〗平^庚三 宁^青 正^清

〖195 小雅—小旻〗程^清 经^青 听^青 争^耕 成^清

〖196 小雅—小宛〗令（=鸰^青）② 鸣^庚三 征^清 生^庚二

〖206 小雅—无将大车〗冥^青 颎^青合③

〖227 小雅—黍苗〗平^庚三 清^清 成^清 宁^青

〖227 小雅—黍苗〗营^清合 成^清

〖233 小雅—苕之华〗青^青 生^庚二

〖235 大雅—文王〗生^庚二 桢^清 宁^青

〖237 大雅—绵〗成^清 生^庚二

〖242 大雅—灵台〗营^清合 成^清

〖244 大雅—文王有声〗声^清 声^清 宁^青 成^清

〖244 大雅—文王有声〗正^清 成^清

〖245 大雅—生民〗灵^青 宁^青

〖248 大雅—凫鹥〗泾^青 宁^青 清^清 馨^青 成^清

〖252 大雅—卷阿〗鸣^庚三 生^庚二

〖254 大雅—板〗宁^青 城^清④

〖255 大雅—荡〗刑^青 听^青 倾^清合

〖256 大雅—板〗盈^清 成^清

〖258 大雅—云汉〗牲^庚二 听^青

〖258 大雅—云汉〗星^青 赢^清 成^清 正^清 宁^青

〖259 大雅—崧高〗营^清合 城^清 成^清

〖262 大雅—江汉〗平^庚三 定^青（又去） 争^耕 宁^青

〖263 大雅—常武〗平^庚三 庭^青

---

① 原文"不吊昊天，乱靡有定。式月斯生，俾民不宁。忧心如酲，谁秉国成。不自为政，卒劳百姓"。王力定定、生、宁、酲、成、政、姓为韵。今析为"定、生、宁、酲、成""政、姓"两个韵组。
② 王力此字归真部。
③ 此字《说文》大徐音、《广韵》仅读上声，《释文》引沈重读平声。《集韵》只读平声。
④ 原文"价人维藩，大师维垣。大邦维屏，大宗维翰。怀德维宁，宗子维城"。王力定屏、宁、城为韵。按，屏非韵。

〖263 大雅—常武〗霆^青(又上) 惊^庚三

〖264 大雅—瞻印〗成^清 倾^清合

〖268 周颂—维清〗成^清 祯^清

〖280 周颂—有瞽〗庭^青 声^清 鸣^庚三 听^青 成^清

〖290 周颂—载芟〗馨^青 宁^青

〖291 周颂—良耜〗盈^清 宁^青

【上声】

〖191 小雅—节南山〗领^清① 骋^清

〖215 小雅—桑扈〗领^清 屏^清

【去声】

〖191 小雅—节南山〗政^清 姓^清

【平上】②

〖241 大雅—皇矣〗屏^清上平 庚三平

【平去】③

〖286 周颂—闵予小子〗庭^青平 敬^庚三去

## 10. 脂部

【平声】

〖154 豳风—七月〗迟^脂 祁^脂

〖167 小雅—采薇〗迟^脂 饥^脂

〖177 小雅—六月〗栖^齐 骙^脂合

〖198 小雅—巧言〗糜^脂 阶^皆

〖201 小雅—谷风〗嵬^灰 萎^支合④

---

① 王力领归真部。按，周秦韵文领字两次入韵，只与耕部字押韵，周秦音中领应归耕部。
② 原文"作之屏之，其菑其翳。修之平之，其灌其栵。启之辟之，其柽其椐。攘之剔之，其檿其柘"。王力定屏、平为韵。从下文辟、剔亦有韵来看，这是有道理的，不过也不能排除二字非韵的可能性。
③《大雅·抑》："其在于今，兴迷乱于政。颠覆厥德，荒湛于酒。女虽湛乐从，弗念厥绍。罔敷求先王，克共明刑。"王力定政、刑为韵。按，此章无韵。
④《小雅·谷风》："习习谷风，维山崔嵬。无草不死，无木不萎。忘我大德，思我小怨。"王力以嵬、萎、怨为韵。按，怨非韵。

〖208 小雅—鼓钟〗喈^皆 湝^皆

〖213 小雅—瞻彼洛矣〗茨^脂 师^脂

〖252 大雅—卷阿〗萋^齐 喈^皆

〖254 大雅—板〗懠^齐 毗^脂 迷^齐 尸^脂 屎^脂（据《集韵》） 葵^脂合 资^脂 师^脂

〖264 大雅—瞻卬〗鸱^脂 阶^皆

【上声】

〖169 小雅—杕杜〗偕^皆 遡^支①

〖170 小雅—鱼丽〗鳢^齐 旨^脂

〖170 小雅—鱼丽〗旨^脂 偕^皆②

〖180 小雅—吉日〗矢^脂 兕^脂 醴^齐

〖203 小雅—大东〗匕^脂 砥^脂（又平，又支上） 矢^脂 履^脂 视^脂 涕^齐

〖220 小雅—宾之初筵〗旨^脂 偕^皆

〖239 大雅—旱麓〗济^齐 弟^齐

〖279 周颂—丰年〗秭^脂 醴^齐 妣^脂 礼^齐③

〖290 周颂—载芟〗济^齐 秭^脂 醴^齐 妣^脂 礼^齐

【去声】

〖212 小雅—大田〗穉^脂 穧^齐

【平去】④

【上去】⑤

---

① 爾声字周人韵文中只与脂、微部字押韵。不过在北大简《苍颉篇》中，壐已与桼押韵。桼字归支部还是脂部是有争议的，但就《苍颉篇》用例看，脂部韵段皆平声，支部韵段为上声，似乎这两个字确实是支部韵段的。这样看来，秦方言中爾声字从脂部变入支部，应该就发生在二《雅》及《苍颉篇》所处时代之间，或许是秦方言区以外方言影响所致。在二《雅》中，爾声字仍以归脂部为宜。

② 偕字《说文》大徐音、《广韵》等仅作平声。然周秦韵文中偕字入韵三次，均与上声字为韵。今归入上声。

③ 原诗"丰年多黍多稌，亦有高廪，万亿及秭。为酒为醴，烝畀祖妣，以洽百礼。降福孔皆"。王力定秭、醴、妣、礼、皆为韵。按，皆字非韵。

④《大雅·思齐》："惠于宗公，神罔时怨，神罔时恫。刑于寡妻，至于兄弟，以御于家邦。"王力定妻、弟为韵。按，二字非韵。

⑤《小雅·宾之初筵》："钥舞，笙鼓。乐既和奏，烝衎烈祖，以洽百礼。百礼既至，有壬有林。锡尔纯嘏，子孙其湛。其湛曰乐，各奏尔能。"王力以礼、至为韵。

## 11. 至部、质部

【次次】

〖212 小雅—大田〗穗^(脂合)利^脂

〖222 小雅—采菽〗浽^脂嘒^(齐合)驷^脂届^皆

【入声】

〖156 豳风—东山〗实^质室^质

〖169 小雅—杕杜〗实^质日^质

〖194 小雅—雨无正〗血^(屑合)疾^质室^质

〖213 小雅—瞻彼洛矣〗珌^质室^质

〖220 小雅—宾之初筵〗抑^职怭^质秩^质

〖225 小雅—都人士〗实^质吉^质结^屑

〖237 大雅—绵〗飚^屑漆^质穴^(屑合)室^质

〖244 大雅—文王有声〗淢^(职合)①匹^质

〖245 大雅—生民〗栗^质室^质

〖249 大雅—假乐〗抑^职②秩^质匹^质

〖250 大雅—公刘〗密^质即^质（《广韵》音在职韵，此据《集韵》又音）

〖256 大雅—板〗疾^质戾^屑（又齐）

〖291 周颂—良耜〗挃^质栗^质栉^质室^质

【次入】

〖156 豳风—东山〗垤^屑室^质窒^质（又屑）至^(脂去)

〖169 小雅—杕杜〗至^(脂去)恤^术

〖191 小雅—节南山〗惠^(齐合)戾^屑（又齐）届^皆阕^(屑合)

〖202 小雅—蓼莪〗恤^术至^(脂去)

---

① 毛诗作淢，王力据韩诗改作淢。淢字声首血在质部，依例上古当为质部字，其中古读音的演变情况当与抑、即二字平行。参下条。

② 抑字《大雅》《小雅》入韵各一次，都是与质部字押韵。即字《广韵》只收入职韵，但《大雅》中唯一入韵的例子也是与质部字押韵。这两个字中古读入职韵的演变路径应该是平行的。

## 12. 真部

【平声】[1]

〖156 豳风—东山〗薪$^{真}$年$^{先}$

〖163 小雅—皇皇者华〗骃$^{真}$均$^{谆}$询$^{谆}$

〖178 小雅—采芑〗天$^{先}$千$^{先}$

〖178 小雅—采芑〗田$^{先}$千$^{先}$

〖178 小雅—采芑〗渊$^{先合}$真$^{真}$

〖184 小雅—鹤鸣〗天$^{先}$渊$^{先合}$

〖190 小雅—无羊〗年$^{先}$溱$^{臻}$

〖193 小雅—十月之交〗天$^{先}$人$^{真}$

〖196 小雅—小宛〗天$^{先}$人$^{真}$人$^{真}$

〖199 小雅—何人斯〗陈$^{真}$身$^{真}$人$^{真}$天$^{先}$

〖200 小雅—巷伯〗天$^{先}$天$^{先}$人$^{真}$人$^{真}$

〖203 小雅—大东〗薪$^{真}$人$^{真}$薪$^{真}$人$^{真}$

〖204 小雅—四月〗天$^{先}$渊$^{先合}$

〖205 小雅—北山〗滨$^{真}$臣$^{真}$均$^{谆}$贤$^{先}$

〖210 小雅—信南山〗宾$^{真}$年$^{先}$

〖211 小雅—甫田〗田$^{先}$千$^{先}$陈$^{真}$人$^{真}$年$^{先}$

〖219 小雅—青蝇〗榛$^{臻}$人$^{真}$

〖224 小雅—菀柳〗天$^{先}$臻$^{臻}$矜$^{真}$

〖229 小雅—白华〗田$^{先}$人$^{真}$

〖229 小雅—白华〗薪$^{真}$人$^{真}$

〖234 小雅—何草不黄〗玄$^{先合}$矜$^{真}$[2]民$^{真}$

〖235 大雅—文王〗身$^{真}$天$^{先}$[3]

〖235 大雅—文王〗天$^{先}$新$^{真}$

---

① 《大雅·大明》："有命自天，命此文王。于周于京，缵女维莘，长子维行。笃生武王，保右命尔，燮伐大商。"王力定天、莘为韵。

② 矜字《广韵》只收于蒸韵，当为讹音。矜怜义《集韵》仅有稃韵一读。

③ 原文"命之不易，无遏尔躬。宣昭义问，有虞殷自天"。王力定躬、天为韵。按，《诗经》身、天为韵习见，如《小雅·雨无正》"凡百君子，各敬尔身。胡不相畏，不畏于天"，《小雅·何人斯》"彼何人斯，胡逝我陈。我闻其声，不见其身。不愧于人，不畏于天"。原文躬字当为身字之讹。

〖238 大雅—棫朴〗天^先 人^真

〖239 大雅—旱麓〗天^先 渊^先合 人^真

〖246 大雅—行苇〗坚^先 钧^谆 均^谆 贤^先

〖249 大雅—假乐〗人^真 天^先 命^庚①申^真

〖252 大雅—卷阿〗天^先 人^真 命^庚 人^真

〖257 大雅—桑柔〗旬^谆 民^真 填^先 矜^真

〖258 大雅—云汉〗天^先 人^真 臻^臻

〖259 大雅—崧高〗天^先 神^真 申^真

〖259 大雅—崧高〗田^先 人^真

〖260 大雅—烝民〗身^真 人^真

〖264 大雅—瞻卬〗天^先 人^真

〖264 大雅—瞻卬〗田^先 人^真

〖264 大雅—瞻卬〗先^先 天^先

〖275 周颂—思文〗天^先 民^真

〖282 周颂—雝〗人^真 天^先

【上声】

〖209 小雅—楚茨〗尽^真 引^真

【去声】

〖193 小雅—十月之交〗电^先 令^清（又青，又各有平声）

〖261 大雅—韩奕〗甸^先 命^庚三 命^庚三 命^庚三

【平上】

〖268 周颂—维清〗典^先上 禋^真平

【平去】

〖206 小雅—无将大车〗尘^真平 疧^真去②

---

① 命字《大雅》四次入韵，只与真部字押韵，令字只见于《小雅》，与真部、耕部字押韵各一次。而令声的领字《小雅》两次入韵，只与耕部字押韵；到秦始皇刻石的时代，令字一次入韵，与耕部字押韵。我们认为命、令两个字的读音是《小雅》时代从真部变入耕部的，因此这两字与真部字押韵我们都没有按合韵处理。

② 疧原作疻，又作疷。按，作疻于义难通，而作疷押韵未安。疑二字当均由疧形讹而来。

## 13. 微部

【平声】

〖154 豳风—七月〗悲[脂]归[微合]

〖156 豳风—东山〗飞[微合]归[微合]

〖156 豳风—东山〗归[微合]悲[脂]衣[微]枚[灰]

〖159 豳风—九罭〗衣[微]归[微合]悲[脂]

〖164 小雅—常棣〗威[微合]怀[皆合]

〖167 小雅—采薇〗悲[脂]哀[咍]

〖167 小雅—采薇〗薇[微合]归[微合]

〖167 小雅—采薇〗依[微合]霏[微]

〖171 小雅—南有嘉鱼〗累[脂合]绥[脂合]

〖174 小雅—湛露〗晞[微]归[微]

〖178 小雅—采芑〗畾[灰]威[微合]①

〖182 小雅—庭燎〗辉[微合]旂[微]②

〖193 小雅—十月之交〗微[微合]微[微合]哀[咍]

〖201 小雅—谷风〗颓[怀][皆合]遗[脂合]

〖208 小雅—鼓钟〗悲[脂]回[灰]

〖216 小雅—鸳鸯〗摧[灰]绥[脂合]

〖222 小雅—采菽〗芹（䓆[微]）旂[微]③

〖239 大雅—旱麓〗枚[灰]回[灰]④

〖251 大雅—泂酌〗罍[灰]归[微合]

〖258 大雅—云汉〗推[灰]雷[灰]遗[脂合]遗[脂合]畏[微合]摧[灰]

〖263 大雅—常武〗回[灰]归[微合]

〖264 大雅—瞻卬〗幾[微]悲[脂]

【上声】

---

① 原文"戎车啴啴，啴啴焞焞，如霆如雷。显允方叔，征伐玁狁，蛮荆来威"。王力定焞、雷、威为韵。按，焞非韵。

② 原文"夜如何其，夜乡晨，庭燎有辉。君子至止，言观其旂"。王力定晨、辉、旂三字为文部韵。按，《释文》云"辉音晖""旂音祈"。今改定晨字不入韵，而辉、旂为微部韵。

③ 二字王力均注文部音，非。

④ 原文"莫莫葛藟，施于条枚。岂弟君子，求福不回"。王力定藟字入韵。

〖154 豳风—七月〗火^戈合 苇^微合

〖221 小雅—鱼藻〗尾^微合 岂^微

【去声】

〖254 大雅—板〗坏^皆 畏^微合

【平上】

〖154 豳风—七月〗火^戈合上 衣^微平

【平去】

〖156 豳风—东山〗畏^也微合去 怀^也皆合平

## 14. 未部、物部

【次次】

〖194 小雅—雨无正〗退^脂合 遂^脂合 瘁^脂合 谇^灰(又脂合) 退^灰①

〖202 小雅—蓼莪〗蔚^微合 瘁^脂合

〖236 大雅—大明〗妹^灰 渭^微合

〖247 大雅—既醉〗匮^脂合 类^脂合

〖249 大雅—假乐〗位^脂合 墍^微(又脂)

〖251 大雅—泂酌〗溉^微(又哈) 墍^微(又脂)

〖255 大雅—荡〗类^脂合 怼^脂合 对^灰 内^灰

〖256 大雅—板〗寐^脂 内^灰

〖257 大雅—桑柔〗隧^脂合 类^脂合 对^灰 醉^脂合 悖^灰(又没,此据《释文》音)

〖264 大雅—瞻卬〗类^脂合 瘁^脂合

【入声】

〖202 小雅—蓼莪〗律^术 弗^物 卒^术

〖228 小雅—隰桑〗爱^哈 谓^微合

〖232 小雅—渐渐之石〗卒^术 没^没 出^术(又脂合)

【次入】

〖194 小雅—雨无正〗出^术(又脂合) 瘁^脂合去

---

① 原文"戎成不退,饥成不遂。曾我暬御,憯憯日瘁。凡百君子,莫肯用谇。听言则答,谮言则退"。王力定退、遂、瘁、谇、答、退为韵。按,答非韵。

## 15. 文部

【平声】①

〖190 小雅—无羊〗群^文 犉^谆

〖197 小雅—小弁〗先^先 墐^真②

〖199 小雅—何人斯〗艰^山 门^魂 云^文

〖210 小雅—信南山〗云^文 雰^文

〖248 大雅—凫鹥〗亹^文 熏^文 欣^欣 芬^文 艰^山

〖258 大雅—云汉〗川^仙合 焚^文 熏^文 闻^文 遯^魂（又去）③

〖261 大雅—韩奕〗云^文 门^魂

【上声】

〖197 小雅—小弁〗忍^真 陨^真合

【去声】

〖237 大雅—绵〗愠^文 问^文

〖256 大雅—板〗训^文 顺^谆

【平上】

〖155 豳风—鸱鸮〗勤^欣平 闵^真上

## 16. 之部、职部

【平声】

〖154 豳风—七月〗狸^之 裘^尤

〖163 小雅—皇皇者华〗骐^之 丝^之 谋^尤

〖172 小雅—南山有臺〗臺^咍 莱^咍 基^之 期^之

〖186 小雅—白驹〗思^之 期^之 思^之

〖200 小雅—巷伯〗箕^之 谋^尤

〖200 小雅—巷伯〗丘^尤 诗^之 之^之

---

① 《大雅·桑柔》："忧心殷殷，念我土宇。我生不辰，逢天僤怒。自西徂东，靡所定处。多我觏痻，孔棘我圉。"王力从江有诰、朱骏声，改"自西徂东"为"自东徂西"，而定殷、辰、西、痻四字入韵，恐非。

② 原文"相彼投兔，尚或先之。行有死人，尚或墐之。君子秉心，维其忍之。心之忧矣，涕既陨之"。王力定先、墐、忍、陨为韵。今析为"先、墐""忍、陨"两个韵组。

③ 《说文》大徐音、《广韵》皆去声字。《集韵》有平声一读。

〖204 小雅—四月〗梅$^{灰}$尤$^{尤}$

〖220 小雅—宾之初筵〗儆$^{之}$郵$^{尤}$

〖227 小雅—黍苗〗牛$^{尤}$哉$^{咍}$

〖237 大雅—绵〗饴$^{之}$谋$^{尤}$龟$^{尤(又脂)}$时$^{之}$兹$^{之}$①

〖251 大雅—泂酌〗兹$^{之}$饎$^{之}$②

〖288 周颂—敬之〗之$^{之}$之$^{之}$思$^{之}$哉$^{咍}$兹$^{之}$③

【上声】

〖154 豳风—七月〗耜$^{之}$趾$^{之}$子$^{之}$畮$^{侯}$喜$^{之}$④

〖162 小雅—四牡〗止$^{之}$杞$^{之}$母$^{侯}$

〖169 小雅—杕杜〗杞$^{之}$母$^{侯}$

〖170 小雅—鱼丽〗鲤$^{之}$有$^{尤}$

〖172 小雅—南山有台〗杞$^{之}$李$^{之}$母$^{侯}$已$^{之}$

〖175 小雅—彤弓〗载$^{之}$喜$^{之}$右$^{尤}$

〖176 小雅—菁菁者莪〗沚$^{之}$喜$^{之}$

〖177 小雅—六月〗里$^{之}$子$^{之}$

〖177 小雅—六月〗喜$^{之}$祉$^{之}$久$^{尤}$友$^{尤}$鲤$^{之}$矣$^{之}$友$^{尤}$

〖178 小雅—采芑〗芑$^{之}$亩$^{侯}$⑤

〖180 小雅—吉日〗有$^{尤}$俟$^{之}$友$^{尤}$右$^{尤}$子$^{之}$

〖183 小雅—沔水〗海$^{咍}$止$^{之}$友$^{尤}$母$^{侯}$

〖185 小雅—祈父〗士$^{之}$止$^{之}$

〖191 小雅—节南山〗仕$^{之}$子$^{之}$已$^{之}$殆$^{咍}$仕$^{之}$

---

① 原文"周原膴膴，堇荼如饴。爰始爰谋，爰契我龟。曰止曰时，筑室于兹"。王力以膴字入韵。按，膴非韵。

② 原文"泂酌彼行潦，挹彼注兹，可以餴饎。岂弟君子，民之父母"。王力定兹、饎、子、母为韵。今析为"兹、饎""子、母"两个韵组。

③ 原文"敬之，敬之，天维显思，命不易哉。无曰高高在上，陟降厥士，日监在兹。维予小子，不聪敬止。日就月将，学有缉熙于光明。佛时仔肩，示我显德行"。王力定之、之、思、哉、士、兹、子、止为韵。按，今析为"之、之、思、哉、兹""子、止"两个韵组。士非韵。

④ 毛传如字，郑笺读为饎。此从毛。

⑤《大雅·荡》："薄言采芑，于彼新田，于此灾亩。方叔莅止，其车三千，师干之试。方叔率止，乘其四骐，四骐翼翼。路车有奭，簟茀鱼服，钩膺鞗革。"王力定芑、亩、止、止、骐为韵。按，止、止、骐非韵。

〖193 小雅—十月之交〗里$^之$瘒$^灰$（又去，此据《集韵又音》）

〖193 小雅—十月之交〗士$^之$宰$^咍$史$^之$

〖194 小雅—雨无正〗仕$^之$殆$^咍$使$^之$子$^之$使$^之$友$^尤$

〖195 小雅—小旻〗止$^之$否$^尤$（又脂）①

〖196 小雅—小宛〗采$^咍$负$^尤$似$^之$

〖197 小雅—小弁〗梓$^之$止$^之$母$^侯$里$^之$在$^咍$

〖198 小雅—巧言〗祉$^之$已$^之$

〖202 小雅—蓼莪〗耻$^之$久$^尤$恃$^之$

〖204 小雅—四月〗纪$^之$仕$^之$有$^尤$

〖205 小雅—北山〗杞$^之$子$^之$事②$^之$母$^侯$

〖209 小雅—楚茨〗祀$^之$侑$^尤$

〖209 小雅—楚茨〗止$^之$起$^之$

〖210 小雅—信南山〗理$^之$亩$^侯$

〖211 小雅—甫田〗亩$^侯$籽$^之$蒘$^之$止$^之$士$^之$

〖211 小雅—甫田〗止$^之$子$^之$亩$^侯$喜$^之$右$^尤$否$^尤$亩$^侯$有$^尤$敏$^真$③

〖212 小雅—大田〗耜$^之$亩$^侯$

〖212 小雅—大田〗止$^之$子$^之$亩$^侯$喜$^之$

〖213 小雅—瞻彼洛矣〗矣$^之$止$^之$

〖214 小雅—裳裳者华〗右$^尤$有$^尤$有$^尤$似$^之$

〖218 小雅—车舝〗友$^尤$喜$^之$

〖220 小雅—宾之初筵〗否$^尤$史$^之$耻$^之$怠$^咍$

〖235 大雅—文王〗已$^之$子$^之$

〖235 大雅—文王〗止$^之$子$^之$

〖236 大雅—大明〗涘$^之$止$^之$子$^之$

〖237 大雅—绵〗止$^之$右$^尤$理$^之$畞$^侯$事$^之$

---

① 原文"国虽靡止，或圣或否。民虽靡膴，或哲或谋，或肃或艾。如彼泉流，无沦胥以败"。王力定止、否、膴、谋为韵。按，膴、谋非韵。

② 原文"偕偕士子，朝夕从事"。事字《说文》大徐音、《广韵》仅作去声。《集韵·止韵》："事，从所务也。"今据以定为上声字。

③ 敏字读入真韵，来自汝颍一带方言。《释名》："敏，闵也。进叙无否滞之言也，故汝颍言敏曰闵。"

〖240 大雅—思齐〗母^侯 妇^尤

〖241 大雅—皇矣〗悔^灰 祉^之 子^之

〖244 大雅—文王有声〗芑^之 仕^之 子^之

〖245 大雅—生民〗秠^脂(又尤，又脂平) 芑^之 秠^脂(又尤，又脂平) 畝^侯 芑^之 负^尤 祀^之

〖245 大雅—生民〗祀^之 子^之

〖245 大雅—生民〗祀^之 子^之 敏^真 止^之

〖247 大雅—既醉〗士^之 士^之 子^之

〖249 大雅—假乐〗纪^之 友^尤 士^之 子^之

〖250 大雅—公刘〗理^之 有^尤

〖251 大雅—泂酌〗子^之 母^侯

〖252 大雅—卷阿〗止^之 士^之 使^之 子^之

〖256 大雅—板〗李^之 子^之

〖256 大雅—板〗友^尤 子^之

〖256 大雅—板〗子^之 否^尤 事^之 耳^之 子^之

〖256 大雅—板〗子^之 止^之 悔^灰

〖257 大雅—桑柔〗里^之 喜^之 忌^之(又去)①

〖258 大雅—云汉〗纪^之 宰^咍 右^尤 止^之 里^之

〖261 大雅—韩奕〗子^之 止^之 里^之

〖262 大雅—江汉〗理^之 海^咍

〖262 大雅—江汉〗子^之 似^之 祉^之

〖262 大雅—江汉〗子^之 已^之

〖281 周颂—潜〗鲔^脂合 鲤^之

〖282 周颂—雝〗祀^之 子^之

〖282 周颂—雝〗祉^之 母^侯

〖288 周颂—敬之〗子^之 止^之

〖290 周颂—载芟〗以^之 妇^尤 士^之 耜^之 亩^侯

〖291 周颂—良耜〗耜^之 亩^侯

【去声】

---

① 《集韵·止韵》："忌，戒也。"此义亦有去声一音。

〖264 大雅—瞻卬〗 诲$^{灰}$寺$^{之}$

【去次】

〖167 小雅—采薇〗 疚$^{尤}$来$^{咍}$

〖169 小雅—杕杜〗 来$^{咍}$疚$^{尤}$

〖171 小雅—南有嘉鱼〗 来$^{咍}$又$^{尤}$

〖203 小雅—大东〗 来$^{咍}$疚$^{尤}$

〖212 小雅—大田〗 戒$^{皆}$事$^{之}$

〖264 大雅—瞻卬〗 富$^{尤}$忌$^{之}$

【入声】

〖158 豳风—伐柯〗 克$^{德}$得$^{德}$

〖166 小雅—天保〗 福$^{屋三}$食$^{职}$德$^{德}$

〖174 小雅—湛露〗 棘$^{职}$德$^{德}$

〖177 小雅—六月〗 翼$^{职}$服$^{屋三}$服$^{屋三}$国$^{德合}$

〖177 小雅—六月〗 则$^{德}$职$^{职}$

〖178 小雅—采芑〗 试$^{职（又之去，此据《集韵》）}$翼$^{职}$革$^{德}$

〖189 小雅—斯干〗 翼$^{职}$棘$^{职}$革$^{德}$

〖192 小雅—正月〗 特$^{德}$克$^{德}$则$^{德}$得$^{德}$力$^{职}$

〖194 小雅—雨无正〗 德$^{德}$国$^{德合}$

〖199 小雅—何人斯〗 蜮$^{德合（又职合）}$得$^{德}$极$^{职}$侧$^{职}$

〖200 小雅—巷伯〗 食$^{职}$北$^{德}$

〖202 小雅—蓼莪〗 德$^{德}$极$^{职}$

〖205 小雅—北山〗 息$^{职}$国$^{德合}$

〖207 小雅—小明〗 息$^{职}$直$^{职}$福$^{屋三}$

〖209 小雅—楚茨〗 棘$^{职}$稷$^{职}$翼$^{职}$亿$^{职}$食$^{职}$福$^{屋三}$

〖209 小雅—楚茨〗 食$^{职}$福$^{屋三}$式$^{职}$稷$^{职}$敕（敕$^{职}$）极$^{职}$极$^{职}$

〖210 小雅—信南山〗 翼$^{职}$彧$^{屋三}$穑$^{职}$食$^{职}$

〖212 小雅—大田〗 黑$^{德}$稷$^{职}$福$^{屋三}$

〖216 小雅—鸳鸯〗 翼$^{职}$福$^{屋三}$

〖219 小雅—青蝇〗 棘$^{职}$极$^{职}$国$^{德合}$

〖220 小雅—宾之初筵〗 福$^{屋三}$德$^{德}$

〖224 小雅—菀柳〗息^职 昵^职 極^职

〖229 小雅—白华〗翼^职 德^德

〖230 小雅—绵蛮〗侧^职 極^职

〖235 大雅—文王〗德^德 福^屋三

〖235 大雅—文王〗億^职 服^屋三

〖235 大雅—文王〗翼^职 国^德合

〖236 大雅—大明〗翼^职 福^屋三 国^德合

〖241 大雅—皇矣〗德^德 色^职 革^德 则^德

〖243 大雅—下武〗德^德 服^屋三

〖243 大雅—下武〗式^职 则^德

〖244 大雅—文王有声〗北^德 服^屋三

〖245 大雅—生民〗匐^屋三(又德) 嶷^职 食^职

〖247 大雅—既醉〗德^德 福^屋三

〖249 大雅—假乐〗福^屋三 億^职

〖252 大雅—卷阿〗翼^职 德^德 翼^职 则^德

〖253 大雅—民劳〗息^职 国^德合 極^职 愒^德 德^德

〖255 大雅—荡〗国^德合 德^德 德^德 侧^职

〖255 大雅—荡〗克^德 服^屋三 德^德 力^职

〖256 大雅—板〗国^德合 忒^德 德^德 棘^职

〖257 大雅—桑柔〗穑^职 食^职

〖257 大雅—桑柔〗贼^德 国^德合 力^职

〖259 大雅—崧高〗德^德 直^职 国^德合

〖260 大雅—烝民〗德^德 则^职 色^职 翼^职 式^职 力^职

〖260 大雅—烝民〗则^德 德^德

〖262 大雅—江汉〗德^德 国^德合

〖262 大雅—江汉〗棘^职 極^职

〖263 大雅—常武〗翼^职 克^德 国^德合

〖275 周颂—思文〗稷^职 極^职

附录3 周韵谱

【平上】①②

〖170 小雅—鱼丽〗有^(尤上)时^(之平)

〖193 小雅—十月之交〗时^(之平)谋^(尤平)莱^(哈平)矣^(之上)

〖235 大雅—文王〗时^(之平)右^(尤上)

〖245 大雅—生民〗时^(之平)祀^(之上)悔^(灰上)

〖247 大雅—既醉〗时^(之平)子^(之上)

〖295 周颂—赉〗止^(之上)之^(之平)思^(之平)思^(之平)

【平去】

〖220 小雅—宾之初筵〗能^(哈去)又^(尤去)时^(之平)

〖255 大雅—荡〗时^(之平)旧^(尤去)

【平次】

〖217 小雅—頍弁〗期^(之平)时^(之平)来^(哈去)

〖265 大雅—召旻〗富^(尤去)时^(之平)疚^(尤去)兹^(之平)

【平上去】③

【上入】④⑤

【去入】

〖203 小雅—大东〗载^(哈去)息^(职)

〖220 小雅—宾之初筵〗识^(职)又^(尤去)

〖230 小雅—绵蛮〗食^(职)诲^(灰去)载^(哈去)

〖237 大雅—绵〗直^(职)载^(哈去)翼^(职)

〖245 大雅—生民〗字^(之去)翼^(职)

〖255 大雅—荡〗式^(职)晦^(灰去)①

---

① 《大雅·泂酌》："泂酌彼行潦，挹彼注兹，可以濯罍。岂弟君子，民之攸归。""泂酌彼行潦，挹彼注兹，可以濯溉。岂弟君子，民之攸塈。"王力定兹、子为韵。按，二字非韵。

② 《周颂·我将》："我将我享，维羊维牛，维天其右之。仪式刑文王之典，日靖四方，伊嘏文王，既右飨之。我其夙夜，畏天之威，于时保之。"王力定牛、右为韵。按，此诗无韵。

③ 《大雅·召旻》："昔先王受命，有如召公，日辟国百里，今也日蹙国百里。于乎哀哉！维今之人，不尚有旧。"王力定里、哉、旧为韵。按，此诗似无韵。

④ 《大雅·假乐》："假乐君子，显显令德。宜民宜人，受禄于天。保右命之，自天申之。"王力定子、德为韵。按，二字非韵。

⑤ 原文"猗与漆沮，潜有多鱼。有鳣有鲔，鲦鲿鰋鲤。以享以祀，以介景福"。王力定鲔、鲤、祀、福为韵。按，"以享以祀，以介景福"为《诗经》套语，往往出现在章末、篇末，虽貌似合韵，实则无韵。

〖259 大雅—崧高〗事^之去 式^职

【去次入】

〖168 小雅—出车〗牧^屋三 来^咍 载^咍去 棘^职

〖192 小雅—正月〗辐^屋三 载^咍去 意^之去

〖196 小雅—小宛〗克^德 富^尤去 又^尤去

〖239 大雅—旱麓〗载^咍去 备^脂去 福^职②

〖264 大雅—瞻卬〗忒^德 背^灰去 极^职 慝^职 倍^去（又上）③ 识^职 事^之去 织^职

【次入】

〖167 小雅—采薇〗翼^职 服^屋三 戒^皆去 棘^职

〖188 小雅—我行其野〗蓄^屋三 特^德 富^尤去 异^职

〖203 小雅—大东〗来^咍去 服^屋三 裘^屋三（又尤平，此据《集韵》）试^职（又之去，此据《集韵》）④

〖242 大雅—灵台〗虡^职 来^咍去 囿^屋三 伏^屋三

〖246 大雅—行苇〗背^灰去 翼^职 福^屋三

〖257 大雅—桑柔〗极^职 背^灰去 克^德 力^职

〖263 大雅—常武〗戒^皆去 国^德合

〖263 大雅—常武〗塞^德 来^咍去

## 17. 蒸部

【平声】

〖166 小雅—天保〗恒^蒸 升^蒸 崩^登 承^蒸

〖166 小雅—天保〗兴^蒸 陵^蒸 增^蒸

〖176 小雅—菁菁者莪〗陵^蒸 朋^登

〖183 小雅—沔水〗陵^蒸 懲^蒸 兴^蒸

〖189 小雅—斯干〗兴^蒸 梦^东三

〖190 小雅—无羊〗蒸^蒸 雄^东三 兢^蒸 崩^登 肱^登合 升^蒸

---

① 原文"文王曰咨，咨女殷商。天不湎尔以酒，不义从式。既愆尔止，靡明靡晦。式号式呼，俾昼作夜"。王力以式、止、晦为韵。按，止非韵。

② 原文"清酒既载，骍牡既备。以享以祀，以介景福"。王力定载、备、祀、福为韵。按，祀非韵。

③ 原文"如贾三倍"，倍指增加、加倍。《广韵》为上声字，《集韵》为去声字。今据后者。

④ 原文"东人之子，职劳不来。西人之子，粲粲衣服。舟人之子，熊罴是裘。私人之子，百僚是试"。王力分为"来、裘""服、试"两个韵组。不过来字与入声字押韵的情况较多，据此，我们将二者合为一组。

〖192 小雅—正月〗陵^蒸 懲^蒸 梦^东三 雄^东三

〖192 小雅—正月〗蒸^东三 梦^东三 胜^蒸 憎^蒸

〖193 小雅—十月之交〗腾^蒸 崩^登 陵^蒸 懲^蒸

〖195 小雅—小旻〗兢^蒸 冰^蒸

〖196 小雅—小宛〗兢^蒸 冰^蒸

〖226 小雅—采绿〗弓^东三 绳^蒸

〖237 大雅—绵〗陾^蒸（据《说文》大徐音、《集韵》） 薨^登合 登^登 冯^蒸 兴^蒸 胜^蒸

〖245 大雅—生民〗登^登 升^蒸

〖256 大雅—板〗绳^蒸 承^蒸

## 18. 幽部、觉部

【平声】

〖154 豳风—七月〗茅^肴 绹^豪

〖157 豳风—破斧〗銶^尤 遒^尤 休^尤

〖164 小雅—常棣〗裒^尤（又侯，此据《集韵》又音） 求^尤

〖167 小雅—采薇〗柔^尤 忧^尤

〖176 小雅—菁菁者莪〗舟^尤 浮^尤 休^尤

〖191 小雅—节南山〗矛^尤 酬^尤

〖193 小雅—十月之交〗忧^尤 休^尤

〖194 小雅—雨无正〗流^尤 休^尤

〖208 小雅—鼓钟〗鼛^豪 洲^尤 妯^尤 犹^尤

〖215 小雅—桑扈〗觩^幽（《集韵》又尤） 柔 求^尤①

〖223 小雅—角弓〗浮^尤 流^尤 忧^尤

〖228 小雅—隰桑〗幽^幽 胶^肴

〖229 小雅—白华〗茅^肴 犹^尤

〖243 大雅—下武〗求^尤 孚^尤

〖250 大雅—公刘〗曹^豪 劳^豪 匏^肴

---

① 原文"兕觥其觩，旨酒思柔。彼交匪敖，万福来求"。王力定觩、柔、敖、求为韵。按，《周颂·丝衣》："丝衣其紑，载弁俅俅。自堂徂基，自羊徂牛。鼐鼎及鼒，兕觥其觩，旨酒思柔。不吴不敖，胡考之休。"末四句与此句式略同，王力定敖不入韵。据敖字位置看，似非韵。

195

〖252 大雅—卷阿〗游⁺休⁺酋⁺

〖257 大雅—桑柔〗柔⁺刘⁺忧⁺

〖262 大雅—江汉〗浮⁺滔⁺游⁺求⁺

〖263 大雅—常武〗苞⁺流⁺

〖263 大雅—常武〗游⁺骚⁺

〖264 大雅—瞻卬〗收⁺瘳⁺

〖264 大雅—瞻卬〗优⁺忧⁺

【上声】

〖154 豳风—七月〗蚤⁺韭⁺

〖154 豳风—七月〗枣⁺稻⁺酒⁺寿⁺

〖165 小雅—伐木〗埽⁺簋⁽脂合⁾牡⁺舅⁺咎⁺

〖166 小雅—天保〗寿⁺茂⁺

〖170 小雅—鱼丽〗罶⁺酒⁺

〖172 小雅—南山有台〗栲⁺杻⁺寿⁺茂⁺

〖174 小雅—湛露〗草⁺考⁺

〖179 小雅—车攻〗好⁺阜⁺草⁺狩⁺

〖180 小雅—吉日〗戊⁽侯⁾（各书多作去声，今据《集韵》又音）祷⁺好⁺阜⁺阜⁺丑⁺①

〖193 小雅—十月之交〗卯⁺丑⁺

〖195 小雅—小旻〗咎⁺道⁺

〖197 小雅—小弁〗道⁺草⁺捣⁺老⁺首⁺

〖200 小雅—巷伯〗好⁺草⁺

〖200 小雅—巷伯〗受⁺昊⁺

〖205 小雅—北山〗酒⁺咎⁺

〖209 小雅—楚茨〗饱⁺首⁺考⁺

〖210 小雅—信南山〗酒⁺牡⁺考⁺

〖212 小雅—大田〗皂⁺好⁺莠⁺

〖217 小雅—頍弁〗首⁺阜⁺舅⁺

---

① 原文"吉日维戊，既伯既祷。田车既好，四牡孔阜。升彼大阜，从其群醜"。王力定为句句用韵。按，奇数句末诸字也可能非韵。

〖221 小雅—鱼藻〗首$^{尤}$酒$^{尤}$

〖224 小雅—菀柳〗柳$^{尤}$蹈$^{豪}$

〖231 小雅—瓠叶〗首$^{尤}$酒$^{尤}$

〖233 小雅—苕之华〗首$^{尤}$罶$^{尤}$饱$^{肴}$

〖234 小雅—何草不黄〗草$^{豪}$道$^{豪}$

〖245 大雅—生民〗道$^{豪}$草$^{豪}$茂$^{侯}$①

〖257 大雅—桑柔〗宝$^{豪}$好$^{豪}$

〖259 大雅—崧高〗宝$^{豪}$舅$^{尤}$保$^{豪}$

〖260 大雅—烝民〗考$^{豪}$保$^{豪}$

〖261 大雅—韩奕〗道$^{豪}$考$^{豪}$

〖282 周颂—雝〗牡$^{侯}$考$^{豪}$

〖282 周颂—雝〗寿$^{尤}$考$^{豪}$

〖283 周颂—载见〗考$^{豪}$寿$^{尤}$保$^{豪}$

〖289 周颂—小毖〗鸟$^{萧}$蓼$^{萧}$

〖291 周颂—良耜〗朽$^{尤}$茂$^{侯}$②

【去声】

〖175 小雅—彤弓〗櫜$^{豪}$（又平、上，此据《集韵》）好$^{豪}$酬$^{尤}$（又平，此据《集韵》）

〖195 小雅—小旻〗犹（=猷$^{尤}$）就$^{尤}$③

〖197 小雅—小弁〗酬$^{尤}$究$^{尤}$

【去次】

〖255 大雅—荡〗祝$^{尤}$究$^{尤}$

〖256 大雅—板〗雠$^{尤}$（又平，此据郑玄读）报$^{豪}$

【入声】

---

① 原文"诞后稷之穑，有相之道。茀厥丰草，种之黄茂。实方实苞，实种实褎。实发实秀，实坚实好"。王力定道、草、茂、苞、褎、秀、好为韵。按，今析为"道、草、茂"及"苞、褎、秀、好"两个韵段。

②《说文》大徐音、《广韵》等仅作去声，《集韵》有上声。原文"其笠伊纠，其镈斯赵，以薅荼蓼。荼蓼朽止。黍稷茂止"。王力定纠、赵、蓼、朽、茂为韵。今分为"纠、赵、蓼""朽、茂"两个韵段。参幽宵合韵部分。

③ 毛诗作集，韩诗作就，似当以韩诗为正。原文"我龟既厌，不我告犹。谋夫孔多，是用不就。发言盈庭，谁敢执其咎。如匪行迈谋，是用不得于道"。王力以犹、就、咎、道为韵。今分为"犹、就"及"咎、道"两个韵段。

〖154 豳风—七月〗奥^屋三 菽^屋三

〖159 豳风—九罭〗陆^屋三 复^屋三（又尤去）宿^屋三

〖188 小雅—我行其野〗蓫^屋三 宿^屋三 复^屋三（又尤去）

〖202 小雅—蓼莪〗鞠^屋三 畜^屋三 育^屋三 复^屋三 腹^屋三（又尤去）

〖207 小雅—小明〗奥（燠^屋三）蹙^屋三 菽^屋三 戚^锡 宿^屋三 覆^屋三

〖247 大雅—既醉〗俶^屋三 告（诰^沃）

〖257 大雅—桑柔〗迪^锡 复^屋三（又尤去）毒^沃

〖282 周颂—雍〗肃^屋三 穆^屋三

【平上】

〖178 小雅—采芑〗雏^尤平 犹^尤平 醜^尤上

〖189 小雅—斯干〗苞^肴平 茂^侯上 好^豪上 犹^尤平

〖262 大雅—江汉〗首^尤上 休^尤平 考^豪上 寿^尤上

【平去】

〖231 小雅—瓠叶〗炮^肴平 酬^尤去

〖235 大雅—文王〗臭^尤去 孚^虞平

〖244 大雅—文王有声〗犹^尤平① 孝^肴去

〖245 大雅—生民〗苞^肴平 褎^尤去 好^豪去

【平入】②

## 19. 冬部

【平声】

〖168 小雅—出车〗虫^东三 螽^东三 忡^东三 降^冬 戎^东三③

〖173 小雅—蓼萧〗浓^钟三 冲^东三

〖239 大雅—旱麓〗中^东三 降^冬（又江去，此据《集韵》）

〖247 大雅—既醉〗融^东三 终^东三

---

① 原作欲，王力据《乐记》所引改。
② 《周颂·维天之命》："维天之命，於穆不已。於乎不显，文王之德之纯。假以溢我，我其收之。骏惠我文王，曾孙笃之。"王力定收、笃为韵。按，全诗无韵。
③ 原文"喓喓草虫，趯趯阜螽。未见君子，忧心忡忡。既见君子，我心则降。赫赫南仲，薄伐西戎"。王力定仲字入韵。按，仲非韵。

〖248 大雅—凫鹥〗渼^东三 宗^冬 降^冬 崇^东三①

## 20. 宵部、沃部

【平声】

〖161 小雅—鹿鸣〗蒿^宵 昭^宵②

〖168 小雅—出车〗郊^肴 旐^宵③

〖179 小雅—车攻〗苗^宵 嚣^宵 旐^宵 敖^豪

〖181 小雅—鸿雁〗嗷^豪 劳^豪 骄^宵

〖186 小雅—白驹〗苗^宵 朝^宵 遥^宵

〖193 小雅—十月之交〗劳^豪 嚣^宵

〖202 小雅—蓼莪〗蒿^豪 劳^豪

〖205 小雅—北山〗号^豪 劳^豪

〖210 小雅—信南山〗刀^豪 毛^豪 膋^萧

〖218 小雅—车舝〗鷮^宵 教^肴

〖223 小雅—角弓〗瀌^宵 消^宵 骄^宵

〖227 小雅—黍苗〗苗^宵 膏^豪 劳^豪

〖232 小雅—渐渐之石〗高^豪 劳^豪 朝^宵

〖239 大雅—旱麓〗燎^萧（据《集韵》）劳^豪

〖250 大雅—公刘〗瑶^宵 刀^豪

〖254 大雅—板〗寮^萧 嚣^宵

〖290 周颂—载芟〗苗^宵 麃^肴

【上声】

〖221 小雅—鱼藻〗藻^豪 镐^豪

【去声】

〖161 小雅—鹿鸣〗效^肴 敖^豪①

---

① 原文"凫鹥在渼，公尸来燕来宗。既燕于宗，福禄攸降。公尸燕饮，福禄来崇"。王力定为句句押韵。按，于宗之宗、饮非韵。

② 原文"呦呦鹿鸣，食野之蒿。我有嘉宾，德音孔昭。视民不恌，君子是则是效。我有旨酒，嘉宾式燕以敖"。王力定蒿、昭、恌、效、敖为韵。按，恌非韵。余当析为"蒿、昭""效、敖"两个韵组。

③ 原文"我出我车，于彼郊矣。设此旐矣，建彼旄矣"。王力定郊、旐、旄为韵。按，旄字似非韵。

〖223 小雅—角弓〗教$^{肴}$效$^{肴}$

〖254 大雅—板〗笑$^{宵}$荛$^{宵（又平）}$②

【去次】

〖198 小雅—巧言〗盗$^{豪}$暴$^{豪}$

【入声】

〖192 小雅—正月〗乐$^{铎}$照（=灼$^{药}$）虐$^{药}$③

〖220 小雅—宾之初筵〗的$^{锡}$爵$^{药}$

〖228 小雅—隰桑〗沃$^{沃}$乐$^{铎}$

〖242 大雅—灵台〗濯$^{沃（又觉）}$鼍$^{觉（据《集韵》）}$跃$^{药}$

〖254 大雅—板〗虐$^{药}$谑$^{药}$蹻$^{药（又上，此据《集韵》）}$谑$^{药}$熇$^{沃（又铎，又屋）}$藥$^{药}$

〖257 大雅—桑柔〗削$^{药}$爵$^{药}$濯$^{觉}$溺$^{锡}$

〖259 大雅—崧高〗蹶$^{觉}$蹻$^{药（又上）}$濯$^{觉}$

【去入】

〖256 大雅—板〗昭$^{宵去（又平）}$④乐$^{铎}$傲$^{豪去（又上）}$⑤蹶（逑）教$^{肴去}$虐$^{药}$耄$^{豪去}$

〖261 大雅—韩奕〗到$^{豪去}$乐$^{铎入}$

【次入】

〖171 小雅—南有嘉鱼〗罩$^{肴去}$乐$^{铎}$

## 21. 缉部

【入声】

〖163 小雅—皇皇者华〗隰$^{缉}$及$^{缉}$

〖164 小雅—常棣〗合$^{缉}$翕$^{合}$

〖190 小雅—无羊〗湿$^{缉}$湿$^{缉}$

〖236 大雅—大明〗集$^{缉}$合$^{合}$

〖238 大雅—棫朴〗楫$^{缉（又叶）}$及$^{缉}$

---

① 敖，旧注"游也"，此义读平声。按，疑此敖字应与"谑浪笑敖，中心是悼"之敖同义，应读去声。
② 《说文》大徐音、《广韵》等仅作平声，《集韵》有去声。
③ 原文"鱼在于沼，亦匪克乐。潜虽伏矣，亦孔之照。忧心惨惨，念国之为虐"。王力定沼、乐、照、虐为韵。按，沼非韵。照，《释文》音灼。
④ 《说文》大徐音、《广韵》等仅作平声，《集韵》有去声。
⑤ 《说文》大徐音、《广韵》等仅作上声，《篆隶万象名义》音去声。

〖254 大雅—板〗辑$^{缉}$洽$^{洽}$

## 22. 侵部

【平声】

〖161 小雅—鹿鸣〗芩$^{侵}$琴$^{侵}$琴$^{侵}$湛$^{覃}$心$^{侵}$

〖164 小雅—常棣〗琴$^{侵}$湛$^{覃}$

〖186 小雅—白驹〗音$^{侵}$心$^{侵}$

〖198 小雅—巧言〗涵$^{覃}$谗$^{咸}$①

〖199 小雅—何人斯〗风$^{东}$南$^{覃}$心$^{侵}$

〖208 小雅—鼓钟〗钦$^{侵}$琴$^{侵}$南$^{覃}$僭$^{添（又去）}$②

〖218 小雅—车舝〗琴$^{侵}$心$^{侵}$

〖220 小雅—宾之初筵〗壬$^{侵}$林$^{侵}$湛$^{覃}$

〖229 小雅—白华〗煁$^{侵}$心$^{侵}$

〖229 小雅—白华〗林$^{侵}$心$^{侵}$

〖240 大雅—思齐〗音$^{侵}$男$^{覃}$

〖241 大雅—皇矣〗心$^{侵}$音$^{侵}$

〖245 大雅—生民〗歆$^{侵}$今$^{侵}$③

〖252 大雅—卷阿〗南$^{覃}$音$^{侵}$

〖257 大雅—桑柔〗风$^{东}$心$^{侵}$

〖260 大雅—烝民〗风$^{东}$心$^{侵}$

〖264 大雅—瞻卬〗深$^{侵}$今$^{侵}$

【上声】

〖189 小雅—斯干〗簟$^{添}$寝$^{侵}$

〖200 小雅—巷伯〗锦$^{侵}$甚$^{侵（又去）}$

【平去】①

---

① 王力定为谈部韵例。
②《说文》大徐音、《广韵》等仅有去声一读，《集韵》引此诗，作平声。
③ 原文"卬盛于豆，于豆于登，其香始升。上帝居歆，胡臭亶时，后稷肇祀，庶无罪悔，以迄于今"。王力定登、升、歆、今为韵。按，今分析为两个韵例。不过此诗整体上有韵无韵在疑似之间，该韵例或当删。

〖162 小雅—四牡〗骎$^{侵平}$谂（念$^{侵去}$）

## 23. 盍部

【入声】
〖167 小雅—采薇〗业$^{业}$捷$^{叶}$
〖245 大雅—烝民〗业$^{业}$捷$^{叶}$②

## 24. 谈部

【平声】
〖191 小雅—节南山〗岩$^{衔}$瞻$^{盐}$谈$^{谈}$监$^{衔}$③
〖198 小雅—巧言〗甘$^{谈}$餤$^{谈}$
〖226 小雅—采绿〗蓝$^{谈}$襜$^{盐}$詹$^{盐}$

【上声】
〖265 大雅—召旻〗玷$^{添}$贬$^{盐}$④

## 25. 侯东合韵

【上声】
〖264 大雅—瞻卬〗后$^{侯}$巩$^{钟}$▲后$^{侯}$

## 26. 侯幽合韵

【去声】
〖238 大雅—棫朴〗楸$^{尤（又上）}$▲趣$^{虞}$
〖245 大雅—生民〗揄$^{虞}$蹂$^{尤}$▲叟$^{侯}$浮$^{尤}$▲

---

① 《大雅·桑柔》："瞻彼中林，甡甡其鹿。朋友已谮，不胥以谷。人亦有言，进退维谷。"王力定林、潜为韵。按，二字非韵。
② 原文"仲山甫出祖：四牡业业，征夫捷捷，每怀靡及。四牡彭彭，八鸾锵锵。王命仲山甫，城彼东方"。王力定业、捷、及为韵。按，及非韵。
③ 原文"节彼南山，维石岩岩。赫赫师尹，民具尔瞻。忧心如惔，不敢戏谈。国既卒斩，何用不监"。王力定岩、瞻、惔、谈、斩、监为韵。按，惔、斩非韵。
④ 原文"皋皋訿訿，曾不知其玷。兢兢业业，孔填不宁，我位孔贬"。王力定玷、业、贬为韵。按，业非韵。

## 27. 屋锡合韵

【入声】

〖192 小雅—正月〗局^烛 踧^昔▲ 脊^昔▲ 蜴^昔▲

屋觉合韵①

东阳合韵②

东幽合韵③

## 28. 鱼幽合韵

【平声】

〖253 大雅—民劳〗休^尤▲ 逑^尤▲ 恢^鱼④ 忧^尤▲ 休^尤▲

## 29. 鱼宵合韵

【平声】

〖220 小雅—宾之初筵〗号^豪▲ 呶^鱼

铎盍合韵⑤

阳真合韵⑥

## 30. 阳谈合韵

【平声】

〖257 大雅—桑柔〗瞻^谈 相^阳 臧^唐 肠^阳 狂^阳合

---

① 《豳风·东山》: "蜎蜎者蠋, 烝在桑野。敦彼独宿, 亦在车下。"王力定蠋、宿为韵。按, 此二字非韵。

② 《周颂·烈文》: "烈文辟公, 锡兹祉福。惠我无疆, 子孙保之, 无封靡于尔邦, 维王其崇之。念兹戎功, 继序其皇之。无竞维人, 四方其训之。不显维德, 百辟其刑之。于乎, 前王不忘。"王力以公、疆、邦、功、皇为东阳合韵例。按, 王力所定韵脚字的位置缺乏节奏性, 而《周颂》多无韵之篇, 《烈文》很可能无韵。

③ 《小雅·车攻》: "决拾既佽, 弓矢既调。射夫既同, 助我举柴。"王力定调、同为韵。恐非。

④ 王力据方首定为鱼部字, 同声首的呶字亦然 (韵例见宵部)。其他学者从诗韵出发, 呶、恢两字或均归幽部, 或均归宵部, 莫衷一是。从秦文字有饫字来看, 鱼宵侯三部在秦音中确有纠缠, 或许归鱼部较好。

⑤ 《大雅·常武》: "赫赫业业, 有严天子。王舒保作, 匪绍匪游。徐方绎骚, 震惊徐方。如雷如霆, 徐方震惊。"王力定业、作为韵。按, 二字非韵。

⑥ 《小雅·车舝》: "陟彼高冈, 析其柞薪。析其柞薪, 其叶湑兮。鲜我觏尔, 我心写兮。"王力定冈、薪为韵。按, 二句似无韵。

祭元合韵①

## 31. 祭月质合韵

【次入】

〖192 小雅—正月〗结^屑▲▲ 厉^祭 灭^薛合 ▲ 威^薛▲

〖194 小雅—雨无正〗灭^薛▲ 戾^齐去▲▲ 勩^祭

## 32. 祭未合韵

【次次】

〖245 大雅—生民〗旆^泰 穟^脂合▲

〖168 小雅—出车〗旆^泰 瘁^脂合▲

月至质合韵②

## 33. 月质合韵

【入声】

〖193 小雅—十月之交〗彻^薛 逸^质▲

〖220 小雅—宾之初筵〗设^薛 逸^质▲

## 34. 元真合韵

【平声】

〖245 大雅—生民〗民^真▲ 嫄^元合

## 35. 元文合韵

【平声】

〖209 小雅—楚茨〗愆^仙 孙^魂▲③

---

① 王力以《周颂·访落》艾、涣、难三字为韵。按，该诗无韵。
②《大雅·桑柔》："为谋为毖，乱况斯削。告尔忧恤，诲尔序爵。谁能执热，逝不以濯。其何能淑，载胥及溺。"王力定毖、恤、热为韵。按，三字非韵。
③ 原文"我孔熯矣，式礼莫愆。工祝致告，徂赉孝孙"。王力定熯、愆、孙为韵。按，熯非韵。

耕真合韵①

## 36. 脂微合韵

【平声】

〖162 小雅—四牡〗騑<sup>微合</sup>▲迟<sup>脂</sup>归<sup>微合</sup>▲悲<sup>脂</sup>▲

〖167 小雅—采薇〗骙<sup>脂合</sup>依<sup>微</sup>▲腓<sup>微合</sup>▲

〖168 小雅—出车〗迟<sup>脂</sup>萋<sup>齐</sup>喈<sup>皆</sup>祁<sup>脂</sup>归<sup>微合</sup>夷<sup>脂</sup>

〖169 小雅—杕杜〗萋<sup>齐</sup>悲<sup>脂</sup>▲萋<sup>齐</sup>悲<sup>脂</sup>▲归<sup>微合</sup>▲

〖189 小雅—斯干〗飞<sup>微合</sup>—跻<sup>齐</sup>

〖191 小雅—节南山〗师<sup>脂</sup>氏<sup>齐</sup>维<sup>微合</sup>毗<sup>脂</sup>▲迷<sup>脂</sup>师<sup>脂</sup>

〖191 小雅—节南山〗夷<sup>脂</sup>违<sup>微合</sup>▲

〖195 小雅—小旻〗哀<sup>咍</sup>▲违<sup>微合</sup>▲依<sup>微</sup>底<sup>齐（又去）</sup>②

〖204 小雅—四月〗凄<sup>齐</sup>腓<sup>微合</sup>▲归<sup>微合</sup>▲

〖204 小雅—四月〗薇<sup>微合</sup>桋<sup>脂</sup>哀<sup>咍</sup>▲

〖209 小雅—楚茨〗尸<sup>脂</sup>归<sup>微合</sup>▲迟<sup>脂</sup>私<sup>脂</sup>

〖212 小雅—大田〗萋<sup>齐</sup>祈<sup>微合</sup>▲私<sup>脂</sup>③

〖222 小雅—采菽〗维<sup>微合</sup>葵<sup>脂合</sup>膍<sup>脂</sup>④

〖245 大雅—生民〗惟<sup>脂合</sup>▲脂<sup>脂</sup>

〖257 大雅—桑柔〗骙<sup>脂合</sup>夷<sup>脂</sup>黎<sup>齐</sup>哀<sup>咍</sup>

〖257 大雅—桑柔〗维<sup>微合</sup>阶<sup>皆</sup>

〖259 大雅—崧高〗郿<sup>脂</sup>归<sup>微合</sup>▲

〖260 大雅—烝民〗骙<sup>脂合</sup>喈<sup>皆</sup>齐<sup>齐</sup>归<sup>微合</sup>▲

〖284 周颂—有客〗追<sup>脂合</sup>▲绥<sup>脂</sup>威<sup>微合</sup>▲夷<sup>脂</sup>

【上声】

---

① 《周颂·烈文》: "无竞维人, 四方其训之。不显维德, 百辟其刑之。" 王力定人、训、刑为韵。按, 此诗无韵。

② 郑笺: "厎, 至也。" 此义《集韵》有齐韵、霁韵两读。

③ 《小雅·大田》: "有渰萋萋, 兴雨祈祈。雨我公田, 遂及我私。彼有不获稚, 此有不敛穧。" 王力定萋、祈、私、稚、穧为韵。今析为"萋、祈、私""穉、穧"两个韵组。

④ 原文"泛泛杨舟, 绋纚维之。乐只君子, 天子葵之。乐只君子, 福禄膍之。优哉游哉, 亦是戾矣"。王力以维、葵、膍、戾为韵。按, 戾非韵。

〖160 豳风—狼跋〗尾^(微合)几^脂

〖164 小雅—常棣〗韡^(微合)▲弟^齐

〖173 小雅—蓼萧〗泥^(齐（据《释文》音)) 弟^齐 弟^齐 岂^微▲

〖246 大雅—行苇〗苇^(微合)▲履^脂▲体^齐 泥（=苨^齐） 弟^齐 尔^支 几^脂

【平去】

〖250 大雅—公刘〗依^(微平)▲济^(齐去) 几^(脂平) 依^(微平)▲

【上去】

〖212 小雅—大田〗穉^(脂去) 火^(戈一上)▲

脂未合韵①

### 37. 至未合韵

【次次】

〖241 大雅—皇矣〗对^灰▲季^脂

〖257 大雅—桑柔〗僾^咍▲逮^(咍（又齐))

〖197 小雅—小弁〗嘒^(齐合)▲淠^脂 届^皆 寐^脂▲

### 38. 至物合韵

【次入】

〖241 大雅—皇矣〗茀^物▲仡（忔^迄▲） 肆^(脂去) 忽^没▲拂^物▲

质真合韵②

### 39. 真文合韵

【平声】

〖247 大雅—既醉〗壶^魂▲年^先▲胤^真

〖192 小雅—正月〗邻^真 云^文▲殷^欣▲

〖290 周颂—载芟〗耘^文▲畛^(真（又上))

---

①《大雅·皇矣》："维此王季，帝度其心，貊其德音。其德克明，克明克类，克长克君。王此大邦，克顺克比，比于文王。"王力定类、比为韵。按，二字非韵。

②《大雅·召旻》："彼疏斯粺，胡不自替。职兄斯引。"王力以替、引为韵。按，三句似无韵。此诗多有连续的无韵之句，在判断押韵与否时，这一点是需要考虑在内的。

## 40. 之幽合韵

【平声】

〖292 周颂—丝衣〗俅^(尤)▲牛^(尤)献^(幽)▲柔^(尤)▲休^(尤)▲①

【上声】②

【去声】③

【平上】

〖264 大雅—瞻卬〗有^(尤上)▲收^(尤平)

【上去】④⑤

## 41. 职觉合韵

【入声】

〖245 大雅—生民〗夙^(屋三)▲育^(屋三)▲稷^(职)

〖256 大雅—板〗告^(沃)▲则^(德)

〖154 豳风—七月〗穋^(屋三)▲麦^(麦)

〖209 小雅—楚茨〗备^(脂去)戒^(皆去)告（诰）^(沃)▲

## 42. 职缉合韵

【入声】

〖177 小雅—六月〗饬^(职)服^(屋三)炽^(职)急^(缉)▲国^(德合)

〖240 大雅—思齐〗式^(职)入^(缉)▲

---

① 原诗作"丝衣其紑，载弁俅俅。自堂徂基，自羊徂牛。鼐鼎及鼒。兕觥其觩，旨酒思柔。不吴不敖，胡考之休"。王力定紑、俅、基、牛、鼒、觩、柔、休为韵。按，此诗节奏不顺，疑"鼐鼎及鼒"后"兕觥其觩"本为重文。奇数句末的紑、基、鼒很可能不入韵。

② 《周颂·访落》："访予落止，率时昭考。于乎悠哉，朕未有艾。将予就之，继犹判涣。维予小子，未堪家多难。绍庭上下，陟降厥家。休矣皇考，以保明其身。"王力定止、考为韵，艾、涣、难为韵，下、家为韵，末两句无韵。按，王力所定韵例均有疑点。通观此诗，似以视为无韵为妥。

③ 《大雅·思齐》："不闻亦式，不谏亦入。肆成人有德，小子有造。古之人无斁，誉髦斯士。"王力以造、士为韵。按，二字似无韵。

④ 《大雅·召旻》："如彼岁旱，草不溃茂。如彼栖苴，我相此邦，无不溃止。"王力以茂、止为韵。按，二字似非韵。

⑤ 《周颂·闵予小子》："闵予小子，遭家不造。嬛嬛在疚，於乎皇考，永世克孝。"王力以造、疚、考、孝为韵。按，此诗有韵无韵在疑似之间。

## 43. 蒸冬合韵

【平声】

〖265 大雅—召旻〗弘<sup>登合</sup>▲躬<sup>东三</sup>①

〖164 小雅—常棣〗朋<sup>登</sup>▲戎<sup>东三</sup>②

## 44. 蒸侵合韵

【平声】③

〖236 大雅—大明〗林<sup>侵</sup>兴<sup>蒸</sup>▲心<sup>侵</sup>

## 45. 幽宵合韵

【平声】

〖154 豳风—七月〗蒌<sup>宵</sup>▲蜩<sup>萧</sup>

〖155 豳风—鸱鸮〗谯<sup>宵</sup>▲翛<sup>萧</sup>翘<sup>宵（又去）</sup>▲摇<sup>宵（又去）</sup>▲哓<sup>萧</sup>▲

【上声】

〖256 大雅—板〗酒<sup>尤</sup>绍<sup>宵</sup>▲

〖291 周颂—良耜〗纠<sup>幽</sup>赵<sup>宵</sup>▲蓼<sup>萧</sup>

【平上】

〖192 小雅—正月〗酒<sup>尤上</sup>殽<sup>肴平</sup>▲

【上去】④

## 46. 冬侵合韵

【平声】⑤

〖154 豳风—七月〗冲<sup>东三</sup>阴<sup>侵</sup>▲

---

① 原文"不云自频，泉之竭矣。不云自中，溥斯害矣。职兄斯弘，不灾我躬"。王力定中与弘、躬为韵。按，中非韵。

② 原文"兄弟阋于墙，外御其务。每有良朋，烝也无戎"。王力定务、戎为韵。按，此章似以定朋、戎为韵，前两句无韵较妥。

③《大雅·生民》："诞置之隘巷，牛羊腓字之。诞置之平林，会伐平林。诞置之寒冰，鸟覆翼之。鸟乃去矣，后稷呱矣。"王力定林、林、冰为韵。按，三字非韵。

④《大雅·思齐》："雍雍在宫，肃肃在庙。不显亦临，无射亦保。"王力定庙、保为韵。按，此诗似无韵。

⑤《大雅·思齐》："雍雍在宫，肃肃在庙。不显亦临，无射亦保。"王力定宫、临为韵。按，此诗似无韵。

〖255 大雅—荡〗谌^侵▲终^东三

〖258 大雅—云汉〗虫^东三 宫^东三 宗^冬 临^侵▲ 躬^东三

【平上】①

---

① 王力《诗经韵读》有三个韵例：《大雅·凫鹥》之"湑宗宗降饮崇",《大雅·公刘》之"饮宗",《大雅·云汉》之"甚虫宫宗临躬"。按，这几个疑似韵例中侵部饮、甚二字和冬部字声调都不相同，二字也并不处在一般入韵字的位置，似以不定为韵脚较为妥善。

# 附录4 秦系出土文献中的通假材料

说明：
（1）本表主要收录通假字与被通假字声首不同者。少数同声首的字字音差异过大，也适当收录。
（2）本表比较通假字与被通假字中古声母的类别，并据发音部位大致分类。上古韵母的研究相对深入，故我们未制作比较中古韵母的通假字表。
（3）本表主要据王辉主编《秦文字编》搜集而成。此外又据王辉《古文字通假字典》、白于蓝《战国秦汉简帛古书通假字汇纂》等所辑补入一些辞例。北大汉简《苍颉篇》、北大秦简等上述三书未收录的材料的释读，原则上取原整理者意见。
（4）通假字的考订难以避免会出现一些有争议的情况，有些明显的误说本表未收，但已收录的例子中有些或有更好的说法，望祈指正。
（5）本书引书简称：凡取自《秦文字编》者，仍用该书所定简称。另：北大汉简、北大秦简分别简称"北汉""北秦"。
（6）凡中古字书未收的秦文字，依据字形中可能作声符的构件标注其中古声母。
（7）部分繁简字际关系复杂者，酌用繁体。

## 1. 帮滂並

（帮、滂、並：滂）【樸：朴】石鼓文车工：避驱其樸。
（帮：帮）【包：保】睡简答问61：不当包。

附录4 秦系出土文献中的通假材料

（帮：帮）【鷩：毕】睡简秦律 87：尽七日而鷩。

（帮：帮）【秉：柄】睡简日甲 36 背：以棘椎桃秉以敲其心。

（帮：帮）【灋：废】睡简语书 3：是即灋主之明灋殹。

（帮：帮）【枋：柄】睡简日甲 66 背：以莎茇、牡棘枋。

（帮：並）【柀：罢】睡简秦律 48：吏輒柀事之。

（帮：並、帮）【市：韨】帛书病方 31：蔽以市。

（帮：滂）【霸：魄】北汉苍颉篇 60：霸暨傅庚。

（帮：滂）【柈：朴】帛书病方 307：即冶厚柈和傅。

（滂：滂）【専：抚】大墓残磐（集证 63）：竈専䌛夏。

（並：帮）【倍：偪】诅楚文巫咸：以倍偪边竞。

（並：帮、並）【倍：背】诅楚文巫咸：而兼倍十八世之诅盟。

（並①：並）【蘋：燔】帛书病方 10：蘋羊矢。

（並：並）【狒：吠】放简志 4：盈四年，乃闻犬狒鸡鸣而人食。

（並：並）【燔：繁】放简日乙 107 壹：子孙燔昌。○岳简梦 0031：缘木生长燔华。

（並：並）【肥：徘】北秦祠祝之道 L-001：若肥回房皇于墅。

（並：並）【服：茯】帛书病方 411：以般服零。

（並：並）【负：妇】睡简 6 号牍正：惊多问新负、妪皆得毋恙也。

（並：滂）【匍：抚】秦镈钟 1 号镈（秦铜 12.3）：匍有四方。

（並：滂、並）【弁：拌】帛书病方 21：以职膏弁。

（並：滂、並）【烰：炮】睡简日甲 49 背：烰而食之。

（帮：明）【不：无】诅楚文巫咸：内之则䜌啻（虐）不姑。

## 2. 明

（明：明）【毋：无】睡简语书 11：无公端之心。○睡简秦律 94：隶臣、府隶之毋妻者及城旦。

（明：明）【誨：敏、谋】不其簋盖：女肇誨于戎工。

（明：明）【缦：鞔】睡简答问 162：以锦缦履不为。

---

① 前字书所无。因其所从的烦、采均为並母字，今据以标为並母字。下仿此。

（明：明）【鞔：挽】铜车马当颅（秦铜 157.1）：鞔右一。

（明：明）【每：谋】龙简 28：□去奭卄里毋敢每杀。

（明：明）【媚：敚】睡简日甲：媚於卯。

（明：明）【孟：盟】睡简日乙 17：利以说孟詛、弃疾、凿宇、葬。

（明：明）【麋：眉】睡简答问 81：或与人鬭，缚而尽拔其须麋，论可殹。

（明：明）【麋：糜】帛书病方 56：取其靡如麋者。

（明：明）【麋：蘼】帛书病方 259：冶麋芫本、方风、乌豪、桂皆等。

（明：明）【冪：宓】秦公簋器（秦铜 14.1）：冪宅禹責。

（明：明）【蠠：蜜】帛书病方·癃病 174：浚取其汁，以蠠和，令觭甘，寒温適，□饮之。

（明：明）【缗：文】睡简秦律 110：隶妾及女子用箴为缗绣它物。

（明：明）【敃：文】睡简秦律 62：女子操敃红及服者。

（明：明）【牧：谋】睡简答问 76：可谓牧。

（明：明）【亡：无】睡简日甲 59 背：鬼入人宫室，勿见勿亡，亡已。

（明：明）【穄：微】帛书病方 126：即置其甑于穄火上。

（明：明、晓）【瞙：眀、眽】帛书灸经甲 63：坐而起则目瞙如毋见。

（明：滂）【摹：抚】帛书病方 429：摹以捏去之。

（明：晓）【墨：晦】睡简日甲 155 背：墨日。

## 3. 精清从心

（精、初：初）【叕：恻】北秦禹九策 16：居者叕以忧。

（精、从：精）【剂：翦】诅楚文巫咸：克剂楚师。

（精：澄）【竈：肇】秦公簋盖（秦铜 14.2）：竈囿四方。

（精：初）【棱：插】帛书病方 218：軶棱杙垣下。

（精：从）【歡：就】岳简三 1488：未歡。

（精：见）【荊：芥】帛书病方 88：以荊印其中颠。

（精：见、匣）【济：湝】石鼓文需雨：盈渼济=。

（精：精）【齍：资】睡简答问 90：入齍钱如律。

（精：精）【节：鳖】睡简日甲 76 正：得之於酉脯脩节肉。

（精：精）【晋：煎】关简 372：置晋斧中。

## 附录4 秦系出土文献中的通假材料 ◆◇◆

（精：精）【熖：灾】峄山刻石：熖害灭除。

（精：精）【枣：早】睡简日甲 14 正：利枣不利莫。

（精：精）【则：即】石鼓文吾水：嘉歭鯯里。

（精：精）【奏：走】帛书足臂 25：以奏臑内。

（精：生）【寖：蓡】帛书病方 257：骆阮一名曰白苦、苦浸。

（精：心）【操：搔】帛书病方虫蚀：毋手操痏。

（精：心）【在：塞】帛书病方 96：父居北在，母居南止，同产三夫，为人不德。

（精：心、生）【甾：懑】睡简封诊 35：诊首□髻=发，其右角痏一所，袤五寸，深到骨，类剑迹。

（精：章）【裚：制】睡简日甲 118 背：丁酉裚衣常。

（精：庄）【稷：侧】帛书灸经甲 40：[不]可以反稷。

（精：庄）【则：昃】睡简日乙 233：清旦、食时、日则、莫夕。

（精：庄）【资：斋】睡简为吏 47：处如资，言如盟，出则敬，毋施当。

（精：庄）【诅：诈】睡简答问 59：廷行事吏为诅伪。

（清：从）【此：裁】睡简木牍：黑夫自以布此。

（清：清）【粲：餐】睡简秦律 35：别粲、糯秙稻。

（清：清）【窜：撮】关简 312：取车前草实，以三指窜。

（清：清）【趣：趋】睡简日甲 25 背：复，疾趣出。

（清：溪）【凄：揩】帛书病方 69：即以汁□凄夕[下]。

（清：邪）【趆：遂】石鼓文车工：麀鹿趆=。

（崇：心）【巢：臊】帛书病方目录：巢者。

（崇：庄）【詐：诅】睡简日乙 23：盖、绝纪之日，利以裚衣常，说孟詐（睡简日甲 11 作组）。

（从、清：见）【造：告】①睡简日甲 163 正：日虒见，造。

（从：从）【渍：眥】帛书足臂 8：目外渍痛。

（从：精）【荠：蒺藜】帛书病方 21：荠杏霰中人。

（从：清）【捽：撮】帛书病方 72：以三指大捽饮之。

---

① 据陈剑《释造》，造所从非告。这个例子或许可以视为讹字，不一定反映语音现象。

(从：清)【齐：妻】石鼓文田车：遐以隮于邍。

(从：清、精)【寂：撮】北秦杂祝方 M-013：寂土以徐。

(从：清、精)【冣：最】北汉苍颉篇1：冣縠肄宜。

(心：澄)【棲：迟】睡简杂抄35：尚有棲未到战所。

(心：崇)【泻：猎】帛书病方381：泻刀为装。

(心：从)【色：绝】北秦鲁久次04-132：色契羨杯。

(心：精)【心：骎】关简345：马心。

(心：来)【索：缩、腊】睡简日甲72正：得之於黄色索鱼、堇酉。

(心：日)【须：懦】睡简为吏41：须身蔙过。

(心：生、初)【散：栅】睡简秦律117：兴徒以斩垣离散及补缮之。

(心：生、来)【癳：瘦、瘘】帛书足臂8：癳。

(心：书)【死：尸】睡简封诊68：即令甲、女载丙死诣廷。

(心：书)【信：伸】帛书病方30：身信而不能诎。

(心：匣)【鐖：贤】岳简为吏1550：毋弃亲鐖。

(心：晓)【询：谖】睡简语书12：訏询疾言以视治。

(心：心)【糌：糁】帛书病方290：□戴糌、黄芩、白薊。

(心：心)【骚：扫埽】帛书病方104：以敝帚骚尤二七。

(心：心)【宋：耸】睡简日甲36背：鬼恒宋伤人。

(心：心)【夙：缩】睡简日甲39背：一室人皆夙筋。

(心：心)【索：缩、臘】北秦杂祝方M-005：令百节索。

(心：心)【西：洒】睡简日甲58背：取白茅及黄土而西之。

(心：心)【薛：散】秦骃玉版：典瀍薛亡。(李零)

(心：心)【写：卸】石鼓文田车：宫车其写。

(心：心)【秀：繡、抽】石鼓文田车：秀弓寺射。

(心：疑)【辥(薛)：艾】睡简为吏27：尊贤养辥。

(心：疑)【辥：乂】睡简为吏6：贤鄙溉辥。

(庄、清、生：清)【潜：酢】帛书病方361：先以潜脩□傅。

(庄：崇)【乍：鉏】大墓残磬(集证59)：毁虎麒入。

(庄：精)【叉：瓛】秦骃玉版：小子骃敢以芥圭、吉璧、吉叉。

(庄：清)【宋：軟】石鼓文銮车：奉敕真□。

（生：澄）【删：缠】北秦禹九策 51：删而吊栗，编身束股。

（生：精、从）【茜：皂】帛书病方 179：□茜荚一。

（生：生）【衞：帅】诅楚文湫渊：衞者矣之兵以临加我。

（生：生）【爽：霜】睡简日甲 53：歃以爽路。

### 4. 端透定

（端、彻：澄）【楮：伫】睡简日甲 130 正：少顾是胃少楮。

（端、定：常）【殿：纯】睡简封诊 83：缪缘及殿。

（端：彻、晓）【督：畜】王家台例 008：少督。

（端：澄）【敁：秩】睡简日甲 143：丁巳生子毂而美，有敁。

（端：定）【吊：悼】禹九策 4-194：空殂吊栗。

（端：定）【敦：屯】睡简杂抄 36：敦长、什伍智弗告。

（端：端）【旦：殚】睡简日甲 64：以北大羊，东旦亡，南遇英，西数反其乡。

（端：端）【捣：捣】帛书病方 68：□捣而煮之。

（端：群）【寔：极】秦公篹器（秦铜 14.2）：畇寔才天。○大墓残磬（集证 70）：乍寔配天。

（端：邪、泥）【等：嗣、能】睡简日甲 32 正：有贤等。

（端：章、常）【敦：纯】北秦稳语 3-7：有人居此，敦如黄色。

（端：知）【冬：中】睡简日乙 177：冬之吉。

（透、定：章）【町：畛】龙简 133：田一町。

（透：彻）【蛊：彻】睡简秦律 86：有久识者麛蛊之。

（透：澄）【蛊：撤】帛书病方 410：蛊其汁。

（透：定）【脖：沌】帛书灸经甲 51：煇煇脖脖。

（透：透）【慸：惕】睡简为吏 37：术慸之心不可长。

（透：透）【迃：越】石鼓文銮车：迃貓如虎。

（透：透、昌）【汤：倘】北秦祠祝之道 L-001：汤勿与相妨。

（透：透、定）【泰：大】秦陶 1197：泰右东十八。

（透：透、定）【泰：太】帛书足臂 30：皆久其泰阴、泰阳□。

（透：邪、澄）【坮：序、宅】睡简日甲 100 正：筑右坮。

（定：定）【宕：荡】不其簋盖（秦铜 3）：女以我车宕伐严允于高陶。

（定：定）【盗：诞】秦编钟甲钟秦铜（10.1）：盗百蛮。

（定：定）【甸：电】帛书病方66：乡甸祝之。

（定：定）【奠：定】秦编钟甲钟：以康奠协朕或。

（定：定）【遾：遰】王家台例047：遾（卦名）。

（定：定）【諟：啼】北秦隐语2-2：端监在旁，諟呼在后。

（定：端）【头：短】睡简日甲72背：头頯。

（定：精）【苔：枣】北秦禹九策17：山有苔栗，华而不实。

（定：神）【垤：实】关简371：己巳、卯溦困垤穴。

（定：透）【大：太、泰】睡简为吏1：欲富大其。○集证151.288：即墨大守。○睡简为吏15：二曰贵以大。

（定：透）【狄：惕】岳简为吏1589：衔狄之心不可长。

（定：晓）【頯：喙】睡简日甲72背：头頯。

（知、澄：澄）【朝：鼂】（异文）北秦从政之经9-049d：二曰不安其朝。睡简为吏20：二曰不安其鼂。

（知：端）【致：抵】睡简语书7：致以律。

（知：神）【搿：实】睡简日甲45背：以沙人一升搿其春臼。

（澄：定）【郑：定】关简176：人郑。

（澄：定、以）【鱻：鯠】帛书病方23：取鱻鱼，燔而治。

（澄：以）【雉：夷】帛书病方132：桂、枯畺、薪雉。

（章：端、知）【赘：掇】北汉苍颉篇61：赘拾铗镕。

（章：章）【䐜：枕】帛书足臂8：枕痛。

（章：章）【箴：针】睡简秦律110：隶妾及女子用箴缏绣它物。

（章：章）【戠：周】阜阳汉简苍颉篇（B2032）：游敖戠章。

（章：章）【州：周】睡简答问100：可谓州告。

（章：章）【周：舟】岳简梦1591：梦乘周神。

（章：章、澄）【臌：朘】帛书病方240：以臌膏濡。

（章、昌：见）【苣：改】睡简为吏11：不可有苣。

（章、昌：章）【苣：芷】帛书病方372：白苣。

（章、常：章）【膊：腨】帛书足臂3：膊痛。

（章、常）【盅：淑】秦怀后磬：盅允異。

（章：书）【袗：申】诅楚文巫咸：袗以斋盟。

（章：溪）【州：窾】帛书病方 263：人州出不可入者。

（昌：清：生）【趚：搠】帛书病方 198：以箭趚之二七。

（昌：疑）【犨：牛】廿一年舌或戈：襄犨。

（昌：章）【炊：棰】睡简杂抄 28：勿敢炊饬。

（常：常）【氏：是】秦骃玉版：氏其名曰陉。

（常：常）【树：茱】帛书病方 275：□、畺、蜀焦、树臾四物而当一物。

（常：定）【椯：段】睡简日甲 24 背：取桃柏椯四隅中央。〇睡简日甲 40 背：以铁椎椯之。

（常：定）【膞：臀】帛书足臂 3：病足小指废，膞痛，胎䜌，膞痛。

（常：神）【市：食】睡简日甲 97 背：莫市以行有九喜。

（常：神）【是：实】诅楚文巫咸：昔我先君穆公及楚成王是缪力同心。

（常：章）【斩：制】睡简日甲 13 正：寇〈冠〉、制车、折衣常、服带吉。

（常：知）【侍：置】岳麓四 1266：它垣属焉者，独高其侍。

（常：知）【孰：筑】关简 299：䈞囚、行、炊主岁=为下。

### 5. 见溪群疑晓匣云影

（见、端：匣）【䰟：怀】北秦公子从军 009：独不䰟虏。

（见、群：见）【幾：既】帛书灸经甲 66：久幾息则病已矣。

（见、群：见）【泃：溉】石鼓文霝雨：汧殹泃=。

（见、群：见）【夲：皋】北秦祠祝之道 L-002：召曰：槱夲皇。

（见、群：见）【頯：告】睡简日甲 153 正：虽求頯音必得。

（见、溪：见）【椐：矩】北秦鲁久次 04-139：规椐水绳。

（见、匣：见）【謞：句】北秦教女 022：有妻如此，虽死为謞。

（见、匣：匣）【见：觋】睡简日乙 94：男为见，女为巫。

（见、章：章）【枳：支】睡简日甲 153 背：六日反枳。

（见、章：章）【枳：枝】帛书病方 442：取桃东枳。

（见：见）【关：贯】睡简封诊 91—92：即疏书甲等名事关谍北。

（见：见）【妗：规】放简日乙 220：行妗妗殹。

（见：见）【柜：倨】睡简为吏 19：见民柜敖。

（见：见）【羁：寄】睡简秦律 188：有事请殹，必以书，毋口请，毋羁请。

（见：见）【羁：奇】关简 142：：氏谓小劓，利以羁谋。

（见：见）【開：关】龙简 37：盗死兽直贾以開口。

（见：见）【骄：骁、高】睡简日甲 102 正：害於骄母。

（见：见）【介：勾】睡简答问 206：賨人赢律及介人。

（见：见）【介：夹】介钟铭：介钟右八。

（见：见）【競：竟】关简 13：己酉宿競陵。

（见：见）【競：境】诅楚文湫渊：以偪偪边競。

（见：见）【久：记】睡简秦律 102：其书必久。

（见：见）【囚：究】睡简为吏 13：令数囚环。

（见：见）【㢧：厥】帛书足臂 19：足㢧阴脉。

（见：见）【𠂤：厥】秦编钟乙钟（秦铜 10.2）：乍𠂤龢钟。

（见：见、群）【高：夸】高奴禾石铜权（秦铜 32.1）：高奴。

（见：见、匣）【係：繫】关简 309：盛之而係。

（见：来）【检：毚】北秦酒令 W-013：检检柀发。

（见：清）【给：缉】睡简杂抄 17：徒络组廿给。

（见：溪）【廣：匡】睡简答问 52：廣众心。

（见：溪）【坚：牵】睡简答问 127：大夫甲坚鬼薪。

（见：匣）【鬼：惠】睡简日甲 145 正：己巳生子鬼。〇睡简为吏 38：以此为人君则鬼。

（见：匣）【樺：核】帛书病方 186：澡石大若李樺。

（见：匣）【简：闲】石鼓文田车：四牡既简。

（见：晓、影）【浍：濊】北秦教女 023：益稗为仁，彼沱更浍。

（溪、透：来、见）【鮯：旅、夹】故宫藏秦子戈（集证 10）：左右币鮯用逸宜。

（溪：见）【扣：拘】帛书病方 45：其肯直而口扣。

（溪：溪）【庆：蜣】帛书病方 346：寿庆良。

（溪：溪）【阬：隙】睡简为吏 8：上毋閒阬。

（溪：溪）【卻：隙】睡简日乙 198：正北卻逐。

（溪：匣）【奎：奚】癫：颓，以奎蠡盖其坚，即取桃支东乡者。

## 附录4 秦系出土文献中的通假材料

（溪：匣）【企：睡】龙简 120：及斩人畴企。

（溪：匣）【钦：咸】睡简效律 11：钦书其县料殹之数。

（群：澄）【权：橡】睡简封诊 64：丙死县其室东内中廦权。

（群：溪）【曘：睽】王家台例 026：曘（卦名）。

（群：群）【餽：馈】睡简答问 129：餽遗亡鬼薪於外。（异体）

（群：群）【畁：萁】睡简为吏 1：画局陈畁以为楷。

（群：群）【畁：萁】秦印编 50：畁毋齿。（异文：北秦从政之经：睡虎地为吏之道）。

（群：群）【萁：忌】睡简为吏 36：萁之萁之。

（群：群）【郪：窥】关简 223：急相郪事也。

（群：匣、疑）【臮：兣/齰】元年上郡假守臮戈（珍金 92）○元年上郡叚守臮造。

（疑：溪）【言：愆】睡简日甲 87 背：有言见。

（疑：群）【虞：虡】睡简秦律 125：及载县钟虞用轍。

（疑：疑）【䒑：谔】北秦禹九策 38：良士之䒑=。

（疑：疑）【宜：仪】秦政伯桑戈一（珍金 42）：市鈦用逸宜。

（疑：疑）【義：宜、羨】秦子簠盖（珍金 35）：義其士女。○水陆里程简册 04-086：凡水行到沙義千一百卅九里。

（疑：疑）【鱼：箊、籞】龙简 1：诸叚两雲梦池鱼及有到雲梦禁中者得取灌□。

（疑：疑）【御：遟】睡简日甲 181：禺御於豕肉。

（疑：疑）【邀：御】石鼓文车工：即邀即时。（薛尚功）

（疑：疑）【邍：原】石鼓文銮车：邍溼阴阳。

（疑：晓）【宾（我）：呵】北秦禹九策 5：毂赘弟兄，宾=芺訣。

（疑：晓）【豪：喙】帛书病方 16：以方膏、乌豪□。

（疑：匣）【完：丸】睡简日甲 27 背：以犬矢为完。

（疑：影）【雁：膺】秦编钟乙钟（秦铜 10.2）：雁受大令。

（晓：滂）【亨：烹】睡简日甲 66 背：亨而食之。

（晓：明）【湏：眉】不其簠盖（秦铜 3）：湏寿无强。

（晓：群）【嚣：鐈】仲滋鼎（集证 14）：嚣良鈇黄。

(晓：溪)【殻：哭】放简志 5：祠墓者毋敢殻。

(晓：疑)【虎：铻】大墓残磐（集证 59）：虎鈲入。

(晓：晓)【乡：香】睡简日甲 158 背：令其鼻能糗乡。

(晓：匣)【謞：号】睡简日乙 145：其謞曰大常行。

(匣：见)【画：过】睡简语书 13：府令曹画之。

(匣：溪)【圂（貕）：恪】大墓残磐（集证 63）：□圂天命。

(匣：疑)【環：原】睡简问答 102：当三環之不。

(匣：晓)【害：宪】睡简答问 1：害盗别徼而盗。

(匣、晓：晓)【华：花】帛书病方 413：芜华一齐。

(匣：匣)【害：曷】石鼓文吾水：害不余从。

(匣：匣)【函：陷】不其簋盖（秦铜 3）：弗以我车函于囏。

(匣：匣)【河：和】帛书病方 128：渍之□可河。

(匣：匣)【覈：核】帛书病方 21：荠杏覈中人。○帛书病方 246：大如枣覈。

(匣：匣)【胻：胫】帛书病方 235：颓□久左胻。

(匣：匣)【奚：謑】睡简日甲 8 背：十四日奚詢。

(匣：匣)【骰：效】睡简秦律 40：骰禾以臧之。

(匣：匣)【垸：丸】帛书病方 259：渍以淳酒而垸之。

(匣：匣)【玆：弦】石鼓文车工：弓玆以寺。

(匣：云)【環：猨】睡简日甲 77 背：申，環也。

(云：以)【韦：维】算书甲篇 04-188：从韦乘者而卅一成一。

(云：云)【囿：域】秦公簋盖（秦铜 14.2）：竃囿四方。

(云：云)【鼏：云】石鼓文车工：君子鼏邎。

(影：清)【殹：趍】王家台 P40：安殹而步，毋事民薄。

(影：日)【櫌：柔】关简 316：棝多取櫌桑木。

(影：见)【瘛：脘】帛书灸经甲 69：脑痛，瘛痛。

(影：影)【恶：厌】睡简日乙 203：正西恶之。

(影：影)【掐：腕】睡简语书 11：因嗟瞋目扼掐以视力。

(影：影)【亚：猗、沃】石鼓文乍邍：亚箬其华。

(影：影)【匽：燕】秦编钟乙钟（秦铜 10.2）：以匽皇公。

（影：影）【意：隐】睡简日甲83正：人意之。

## 6. 来

（来：来）【剌：烈】秦编钟甲钟（秦铜10.1）：剌＝邵文公、静公、宪公不豖于上。

（来：来）【牢：陆】帛书病方274：取（商）〈商〉牢渍酰中。

（来：来）【黎：篱】睡简秦律21：万石一积而比黎之为户。

（来：来）【犂：篱】睡简秦律168：万石一积而比犂为户。

（来：来）【李：理】睡简日甲145背：天李正月居子。

（来：来）【隶：戾】北秦禹九策48：莫敢韦隶。

（来：来）【麗：罹】睡简日甲25背：道令民毋麗凶央。

（来：来）【麗：离】王家台P22：百民麗散。

（来：来）【愁：戾】秦编钟甲钟（秦铜10.1）：愁穌胤士。

（来：来）【郲：隶】北秦鲁久次04-126+162：凡数之保莫急郲首。

（来：来）【良：梁】睡简为吏37：强良不得。

（来：来）【粼：龄】睡简秦律61：隶臣欲以人丁粼者二人赎。

（来：来）【閵：吝】睡简为吏23：枪閵环殳。

（来：来）【藺：吝】睡简日乙175：酉以东藺。○睡简日乙177：以入，藺。

（来：来）【䕩（卵）：孿】睡简秦律4：取生荔、麋䕩觳。

（来：来）【乱：谰】关简191：占约结，相抵乱也。

（来：来）【吕：旅】睡简为吏18：叚门逆吕。

（来：来）【虑：闾】睡简为吏21：故某虑赘婿某叟之乃孙。

（来：来）【㵎：滿、砅、濑】石鼓文汧殹：㵎又小鱼。

（来：並）【履：复、愎】睡简日甲79背：其为人也刚履。

（来：明）【令：命】秦编钟甲钟（秦铜10.1）：我先且受天令商宅受或。

（来：生、心）【婪：数、速】帛书病方203：令婪婪黄。

（来：透、定）【劳：佻】睡简秦律130：为车不劳称议脂之。

（来：定）【龙：龖】睡简日甲18正：稷龙寅、秩丑。

（来：彻）【翏：瘳】睡简日乙169：辰大翏。

（来：书）【龙：申】帛书灸经甲44：喜龙。

（来：见）【鲁：嘏】秦编钟乙钟（秦铜 10.2）：屯鲁多厘。

（来：见）【屡：屡】岳山牍背：壬申屡。

### 7. 泥娘日

（泥：心）【奈：祟】岳简梦 0012：门、行为奈。

（泥：祟）【寂（奈）：祟】漆筒墨书（集证 226.1）：寂之寺簧。

（泥：透）【奈：泰】王家台例 010：奈。

（泥：泥）【南：男】帛书病方 353：以南潼弱一斗半并□，煮熟。

（泥：日）【嬰：柔】秦子簋盖（珍金 35）：又嬰孔嘉。

（泥：溪）【尼：眉】帛书病方 437：而烝羊尼。

（日：泥）【耐：乃】睡简日乙 145：耐为四席。

（日：泥）【耐：能】睡简答问 204：它邦耐隶、行䌛与偕者。

（日：泥）【入：纳】睡简日甲 43 正：不可入寄者。

（日：泥）【箬：傩】石鼓文乍遵：亚箬其华。

（日：泥、日）【奭：墻】龙简 27：诸禁苑为奭。

（日：日）【而：爾】石鼓文而师：□□而师。

（日：日）【人：刅】睡简为吏 6：根田人邑。

（日：书）【热：设】睡简日乙 19：热罔邋，获。

（日：影）【澳：窓】睡简日甲 2：澳。

### 8. 书神以邪

（书：从）【叔：就】北秦酒令 Z-002：食般已叔歓子湛。

（书：端）【甚：耽】诅楚文巫咸：淫泆甚乱。

（书：澄）【迪：陈】石鼓文銮车：迪禽□□。○石鼓文吾水：□马既迪。

（书：澄）【菌：迟】睡简封诊 36：有失伍及菌不来者。

（书：章）【絉：织】里简 8-1520：一人絉：窠。

（书：常）【书：署】睡简语书 10：是以不争书。

（书：书）【龖：申】大墓残磬（集证 70）：龖用无疆。

（书：书）【矢：屎、菌】关简 324：以羊矢三斗。

（书：书）【戾：屎】帛书病方 51：戾不□化而青。

## 附录4　秦系出土文献中的通假材料

（书：书）【手：首】不其簋盖（秦铜 3）：不嬰拜頴手休。

（书：书、章）【商：赏】秦编钟甲钟（秦铜 10.1）：我先且受天令商宅受或。

（书：书、章）【商：章】睡简日甲 145 正：有商。

（书：以）【靯：靮】睡简答问 179：骚马虫皆麗衡厄靫鞏辕靯。

（书：以）【鼠：予】睡简为吏 19：勿鼠田宇。

（书：邪）【淫：隰】石鼓文銮车：遵淫阴阳。

（神：群）【示：祇】秦骃玉版：神示。

（神：邪、神）【述：术】睡简日甲 130 正：直述吉。

（神：邪、神）【述：遂】诅楚文湫渊：述取吾边城新郢及郂、莘。

（以：心）【絸：继】北秦公子从军 010：牵有齋公子絸小裙一。

（以：邪）【庸：诵】岳简为吏 0072：风庸为首。

（以：透）【匜：匜】放简日甲 28：其序扁匜。

（以：来）【嬴：累】睡简秦律 100：县及工室听官为正衡石嬴、斗用、升。

（以：来）【酉：柳】睡简日乙 91：酉，百事吉。

（以：以）【擎：诱】睡简日甲 32 背：是擎鬼。

（以：以）【㤄：逸】帛书灸经甲 55：得後与气则㤄然衰。

（以：以）【繇：徭、徭】睡简为吏 4：均繇赏罚。

（以：以）【蘱：柚】北汉苍颉篇 16：橘蘱蔞苞。

（以：以）【亦：颐】王家台例 015：亦。

（以：以）【殹：也】睡简效律 60：误自重殹。

（以：以）【䚡：殔】睡简日乙 191：辰不可以哭、穿䚡。

（以：以）【嬴：盈】算书甲篇 04-188：耤方十六而有餘十六，耤方十五不足十五，即并嬴。

（以：匣）【阅：穴】睡简为吏 22：楼榑矢阅。

（邪：明）【续：睦】睡简日乙 197：西北续光。

（邪：澄、定）【㐮：坠、堕】秦镈钟：刺=邵文公、静公、宪公不㐮于上。

（邪：常）【隋：脾、脾】帛书病方 228：而傅之隋下。

（邪：神）【籧：述】睡简答问 196：所道籧者命曰署人。

（邪：邪、心）【采：穗、秀】睡简日乙 47：正月、二月，子采。

223

（邪：以）【俗：容、裕】睡简为吏 12：宽俗忠信。

（邪：以）【䙴：遗】睡简答问 160：䙴火延燔里门。

（邪：以）【夕：腋】帛书病方目录：夕下。

（邪：匣）【旋：缳】睡简封诊 64：旋通繫颈。○睡简封诊 65：旋终在项。

# 附录5 秦文字谐声谱（韵母编）

说明：

（1）为适应反映音韵地位、体现谐声关系和字际关系原貌之需，本表简目及正文特以繁体排印。
（2）本表仅收录见于中古韵书的字。有些声首下仅列一字，是由于尚有以此为声首的其他字，只是这个字未见于中古韵书。
（3）本表各韵部的排序、分合原则与韵谱一致。
（4）每部以"【】"括注声首，散字统隶于"【〇】"之下，置于每个韵部之首。各韵部较少涉及的《切韵》韵类，置于"●"之后。
（5）相承的阴、入声韵部以"→"隔开。
（6）各声首按笔画数排列，少者在前。
（7）每个声首下相关韵类一般按照一等、二等、三等、四等为序排列。
（8）本表简目：

    1. 侯部、屋部 226
    2. 東部 227
    3. 魚部、鐸部 228
    4. 陽部 231
    5. 歌部 232
    6. 祭部、月部 233
    7. 元部 235
    8. 支部、錫部 238
    9. 耕部 239
    10. 脂部 240
    11. 至部、質部 241
    12. 真部 242
    13. 微部 243
    14. 未部、物部 245
    15. 文部 245
    16. 之部、職部 247

17. 蒸部 249
18. 幽部、覺部 250
19. 冬部 252
20. 宵部、沃部 252
21. 緝部 254
22. 侵部 254
23. 盍部 255
24. 談部 256

## 1. 侯部、屋部

【○】〖侯〗斗䇂走奏厚寇〖虞〗乳戍頪●〖尤〗晝
【○】〖屋一〗角哭禿屋族〖覺〗朔剝涿角〖燭〗曲粟獄
【卜】〖虞〗赴→〖屋一〗卜攴〖覺〗攴朴
【口】〖侯〗口釦
【木】〖屋一〗木沐
【殳】〖侯〗投〖虞〗殳
【玉】〖燭〗玉頊
【付】〖虞〗符柎府付腑鮒
【句】〖侯〗句佝鉤狗者笱詢訽〖虞〗句枸拘昫疴駒㵱胊絇軥昫煦
【主】〖虞〗主麈住注柱鞋
【朱】〖虞〗朱殊洙珠誅銖
【后】〖侯〗后垢鮜→〖江〗鮜
【束】〖屋一〗速〖燭〗束
【豆】〖侯〗豆郖頭鬭〖虞〗豎→〖覺〗斣●〖桓〗短
【足】〖覺〗捉〖燭〗足促
【谷】〖屋一〗谷〖燭〗俗浴欲鉛
【取】〖侯〗趣陬〖虞〗取聚鄹娶趣陬冣→〖束一〗菆叢䕺●〖尤〗陬鄹
【具】〖虞〗俱具→〖燭〗暴曓
【臾】〖虞〗臾庾
【彔】〖屋一〗椂婯祿睩〖燭〗逯婯錄
【豈】〖虞〗壴樹尌廚澍俆
【禺】〖侯〗耦〖虞〗禺隅愚遇寓
【侯】〖侯〗侯緱鍭候㬋
【後】〖侯〗後→〖屋一〗鯦

【俞】〖侯〗緰揄婾牏窬匬〖虞〗俞輸鞃隃揄婾榆牏窬翛諭
【冓】〖侯〗冓溝購→〖江〗講
【殸】〖侯〗縠殼殻→〖屋一〗穀轂縠殼殻穀殸聲〖覺〗縠殼愨
【辱】〖侯〗樗→〖燭〗辱蓐
【芻】〖虞〗芻媰犓雛趨騶→〖覺〗齺●〖尤〗鄒齺
【區】〖侯〗區漚甌歐毆〖虞〗區貙驅軀嘔傴
【婁】〖侯〗婁僂蔞樓穋簍瘻鏤〖虞〗嶁屨僂蔞簍鏤屢縷
【鹿】〖屋一〗鹿麤
【扁】〖侯〗扁漏
【須】〖虞〗須鬚頠頮→〖鍾〗頮●〖尤〗頮
【蜀】〖屋一〗獨〖覺〗濁〖燭〗蜀斀觸屬燭
【需】〖虞〗需臑獳濡孺嫰臑襦●〖歌〗稬〖仙合〗奕〖桓〗渜
【僕】〖屋一〗僕濮樸〖覺〗樸●〖模〗樸〖沃〗僕
【賣】〖侯〗竇→〖屋一〗攢遺瀆櫝犢讀〖燭〗贖續
【數】〖侯〗癮〖虞〗數→〖覺〗數

## 2. 東部

【〇】〖東一〗孔弄〖江〗雙〖鍾〗尉宂冢
【工】〖東一〗工功攻貢虹紅玒空控〖江〗虹江腔項〖鍾〗巩恐蛩邛●〖冬〗攻
【丰】〖東一〗絥蓬篷〖江〗邦絥〖鍾〗丰封豐鄷逢夆絳奉鋒‖帮
【凶】〖東一〗悛〖鍾〗凶兇匈
【公】〖東一〗公翁〖鍾〗容鎔松訟頌伀●〖魂〗衮
【用】〖東一〗痛桶筩通〖鍾〗用庸甬誦涌勇恿
【共】〖江〗衖巷〖鍾〗共拱龔冀→〖燭〗拲
【同】〖東一〗同洞桐銅詞
【囪】〖東一〗囪蔥廳總〖江〗囪
【取】〖東一〗叢叢叢→〖侯〗趣陬〖虞〗取聚鄹娶趣陬取●〖尤〗陬鄹
【東】〖東一〗東凍童董僮動潼〖鍾〗衝穜蹱鐘撞重潼瘇

【茸】〖鍾〗茸髶①

【送】〖東一〗送‖蕊

【冓】〖江〗講→〖侯〗冓溝購

【冡】〖東一〗冡蒙幪

【邕】〖東一〗罋〖鍾〗雝廱癰

【舂】〖鍾〗舂惷

【從】〖東一〗猣〖鍾〗從樅縱縱

【龍】〖東一〗聾蘢〖江〗龐〖鍾〗龍寵

## 3. 魚部、鐸部

【○】〖麻三〗炙→〖鐸〗亳鄂〖陌二〗赫〖陌三〗戟屰逆虢〖藥〗疋〖昔〗尺夕隻赤〖昔〗炙

【○】〖模〗賈布步犕麤鼓蠱壺互素圖兔〖麻二〗下夏賈霸〖麻二合〗寡〖麻三〗社冶〖魚〗初書黍鼠所圄御〖虞〗賦武雨

【于】〖模〗瓠邬綺胯汙猛鄂〖麻二合〗姱跨胯華嶙崋樺夸〖虞〗于吁肝盱訏迂紆杅盂竽釬宇芋

【土】〖模〗土杜徒坯

【毛】〖模〗耗〖麻二〗○耗〖陌二〗庀宅

【女】〖模〗奴弩怒〖麻二〗絮挐〖魚〗女如茹挐絮

【夫】〖虞〗夫鈇扶枎

【五】〖模〗五吾郚梧俉伍牾〖麻二〗吾衙〖魚〗御圄敔語

【巨】〖魚〗巨渠岠管距鉅矩②柜

【牙】〖麻二〗牙訝雅〖麻三〗邪衺

【午】〖模〗午牾〖魚〗杵許

【戶】〖模〗戶雇顧

【父】〖虞〗父斧

【巴】〖麻二〗巴犯把

---

① 用《说文》徐铉音。
② 虞韵音误，此用《集韵》榘字鱼（语）韵音。

附录5　秦文字谐声谱（韵母编）　◆◇◆

【予】〖麻三〗壄壄〖魚〗予抒序壄豫杼舒

【去】〖魚〗去阹袪魼胠●〖盍〗魼〖業〗劫鈻

【古】〖模〗古沽姑結辜軲胋鹽罟固故胡枯秙苦秸〖魚〗居椐裾倨

【石】〖模〗妬度渡蠹蘆〖麻三〗遮趂柘〖魚〗庶→〖鐸〗柘度祏橐拓〖陌二〗坧礫〖昔〗石庎①碩拓席〖藥〗斫

【且】〖模〗駔租祖組虡〖麻二〗樝〖麻三〗且罝姐〖魚〗且苴疽雎咀沮胆
　　　即助俎詛→〖唐〗駔●〖歌〗虡

【乍】〖模〗作胙〖麻二〗乍詐詐→〖鐸〗作酢柞●〖歌〗作

【白】〖麻二〗狛→〖鐸〗狛〖陌〗白狛伯帛百柏佰〖昔〗碧

【瓜】〖模〗孤觚苽狐弧〖麻二合〗瓜

【宁】〖魚〗竚羜貯

【疋】〖魚〗楚胥稰疏

【各】〖模〗輅路露→〖鐸〗各挌閣駱洛答絡雿雒貉〖陌二〗挌茖格客〖藥〗略

【亦】〖麻三〗赦夜→〖鐸〗赫〖昔〗赫亦掖腋迹

【羽】〖虞〗羽栩翊

【巫】〖虞〗巫誣荎

【車】〖模〗庫〖麻三〗車

【甫】〖模〗逋誧捕補餔酺浦蒲溥鋪匍〖虞〗専榑傅郙輔黼鋪脯莆搏→〖鐸〗
　　　博溥搏〖藥〗縛薄●〖戈〗縛

【呂】〖魚〗呂莒筥閭

【吳】〖模〗吳浿誤〖虞〗虞

【余】〖模〗荼涂蒤塗梌箖〖麻二〗荼塗〖麻三〗余舍捈〖魚〗舒余除郤篛
　　　徐荼餘

【合】〖魚〗胎→〖陌三〗郤〖藥〗卻腳

【者】〖模〗屠楮都堵〖麻三〗奢者〖魚〗楮暑署豬諸陼渚煮鼄箸

【亞】〖模〗惡〖麻二〗亞晉→〖鐸〗惡

【昔】〖模〗厝潜〖麻二〗醋→〖鐸〗厝錯〖陌〗潜譜醋〖昔〗昔厝耤籍惜
　　　鄯〖藥〗誰趞●〖麥〗潜

---

① 庎字《说文》分析为从广芦声，当误。

229

【若】〖鐸〗蒻〖藥〗若箬

【虎】〖模〗虎〖麻二〗唬〖魚〗處虛→〖陌合〗唬

【股】〖模〗股羖

【禹】〖虞〗禹齲

【叚】〖麻二〗叚葭豭假瘕瑕

【馬】〖麻二〗馬禡

【莫】〖模〗摹墓募〖麻二〗鬕→〖鐸〗莫瞙幕〖陌〗貘驀

【索】〖鐸〗索〖陌〗索●〖麥〗索

【射】〖麻三〗射謝

【烏】〖模〗歍隖烏〖魚〗於闕郝●〖仙〗闕〖月〗闕〖曷〗闕

【旅】〖魚〗旅〇

【家】〖麻二〗家傢嫁稼

【鹵】〖模〗鹵菡

【虖】〖模〗虖嚤謼嫭〖魚〗樗

【魚】〖模〗魯〖魚〗魚漁

【無】〖虞〗无無撫蕪橆廡

【舃】〖麻三〗寫瀉→〖昔〗舃

【蒦】〖模〗濩護〖麻二合〗擭→〖鐸合〗濩穫檴〖陌合〗蒦濩獲●〖麥合〗獲

【臾】〖虞〗臾斞●〖職〗臾

【豦】〖魚〗豦勮據邊醵遽

【睪】〖鐸〗睪〖陌二〗擇澤〖昔〗睪繹驛

【與】〖魚〗與舉鸒輿薁礜譽舉鷽

【貂】〖鐸〗貂〇

【盧】〖模〗盧瀘鱸艫纑虜〖魚〗驢廬慮籚廬〖虞〗膚

【穌】〖模〗蘓蘇穌

【郭】〖鐸合〗郭郭鄣椁

【瞿】〖虞〗瞿懼朧曜→〖藥合〗玃獲戄

【靃】〖鐸合〗靃霍蘿

## 4. 陽部

【○】〖唐〗莽葬宕〖唐合〗光兞〖庚二〗羹鬻彭杏〖庚三〗兵秉慶〖陽〗昌兩商上爽臦象強→〖模〗莽●〖侯〗莽

【丈】〖陽〗丈仗

【亡】〖陽合〗亡芒忘罔〖唐〗芒〖庚二〗盲䖟

【王】〖唐合〗汪皇郢煌〖陽合〗王筐狂軭往枉

【卬】〖唐〗卬柳〖陽〗卬〖庚三〗迎

【亢】〖唐〗亢肮䡊犺阬

【方】〖唐〗房舫旁謗滂蹐〖庚二〗榜〖陽合〗方枋防瓬舫紡放

【爿】〖唐〗牂臧〖陽〗牀將蔣獎䉶牆䉶壯莊裝裝狀漿牆

【丙】〖庚三〗丙柄病瘸

【央】〖唐〗盎泱殃鞅鴦〖陽〗央泱姎鴦怏訣〖庚三〗訣英

【兄】〖陽合〗況〖庚三合〗兄

【永】〖庚三合〗永詠

【匠】〖陽〗匠

【向】〖唐〗當黨堂棠〖庚二〗瞠〖陽〗向尚常嘗敞㡯賞償掌●〖耕〗殼

【行】〖唐〗行胻〖庚二〗行胻衡

【羊】〖陽〗羊姜羌庠洋養羕羗

【更】〖庚二〗更梗

【良】〖唐〗郎狼琅閬朖〖陽〗良眼

【長】〖陽〗長韔張

【岡】〖唐〗岡剛綱

【京】〖陽〗鯨諒〖庚三〗京景黥

【庚】〖唐〗唐穅〖庚二〗庚

【孟】〖庚二〗孟猛

【相】〖陽〗相瓖霜

【易】〖唐〗碭湯蕩傷〖陽〗易場腸暘傷瀁殤觴湯陽揚楊鍚

【㐭】〖陽〗㐭〖庚二〗亨

【倉】〖唐〗倉蒼雒〖陽〗槍〖庚二〗鎗

【桑】〖唐〗桑喪

【䪞】〖庚二〗萌〖庚三〗䪞䁂明●〖耕〗萌

【章】〖陽〗章鄣漳樟

【梁】〖陽〗梁粱

【卿】〖陽〗鄉響〖庚三〗卿

【黃】〖唐合〗黃廣廲簧〖庚二合〗橫

【量】〖陽〗量糧

【畺】〖陽〗畺彊薑橿疆〖庚三〗薑

【襄】〖陽〗襄孃穰壤讓襄欀鑲鄴〖唐〗囊

【競】〖庚三〗競竞鏡竸竸

## 5. 歌部

【○】〖歌〗羅〖支〗酈〖麻三〗也

【○】〖戈一〗朶婑蠡疵瑣戈臥〖支合〗炊虧歔〖麻二合〗苯瓦

【ナ】〖歌〗ナ左鬞佐蹉〖支〗差〖佳〗差蹉〖麻〗差槎蹉●〖皆〗差

【化】〖戈一〗貨〖麻二合〗化魤

【可】〖歌〗可阿嬰笴哥歌訶何河苛柯〖支〗奇畸踦觭寄猗琦騎綺猗倚椅旖錡齮陭→〖寒〗笴

【禾】〖戈一〗禾和穌科沃

【它】〖歌〗它佗陀柂詑駝〖麻三〗鉇蛇虵〖戈〗施扡貤吒坨沱鉈〖戈〗詑●〖脂〗貤地〖齊〗地

【加】〖歌〗娿賀〖麻二〗加痂嘉駕茄〖戈三〗茄

【皮】〖戈一〗波坡破頗〖支〗皮陂被彼柀柀鈹

【多】〖歌〗多哆〖麻二〗哆夛夡〖麻三〗哆〖支〗趍侈侈哆宜侈侈●〖脂〗黟〖齊〗黟

【坐】〖戈一〗坐痤脞〖麻二合〗髽

【沙】〖歌〗娑〖麻二〗沙〖戈一〗莎

【果】〖戈一〗果裹祼顆課媒〖麻二合〗祼踝媒

【咼】〖戈一〗過戤禍〖佳合〗咼騧〖麻二合〗騧

【垂】〖戈一〗唾湮〖支合〗垂倕陲箠錘媠諈腄

【耑】〖支合〗惴→〖桓〗耑端鍴鶅〖仙合〗喘椯腨耑顓

【我】〖歌〗我騀餓〖支〗義羲犧鄰轙羛議
【离】〖支〗离離●〖齊〗離
【麻】〖戈一〗磨〖麻二〗麻〖支〗靡魔●〖脂〗麐
【隋】〖戈一〗墮憜鱓鐥〖支合〗隋隨●〖脂合〗鱓
【番】〖戈一〗番播→〖桓〗番潘〖元合〗番蕃旙轓橎燔
【爲】〖佳合〗闠〖支合〗爲嬀膭偽闠
【罷】〖佳〗罷〖支〗罷羆
【羸】〖戈一〗羸〖支合〗羸

## 6. 祭部、月部

【○】〖曷〗達〖月合〗伐罰垈〖薛〗舌設絏絕別桀〖黠〗殺〖皆〗殺銎〖術〗
　　戌〖屑〗截竊〖鎋〗鞌
【○】〖泰〗帶柰〖皆合〗捧〖祭〗巍劌剝篧裔〖祭合〗竁贅
【乂】〖泰〗艾〖廢〗乂
【干】〖祭〗訐→〖月〗訐〖薛〗訐→〖寒〗干岸犴肝扞杆邗罕汗旱稈悍閈
　　奸刊〖元〗軒〖刪〗犴骭
【大】〖泰〗大泰杕→〖歌〗大
【市】〖泰〗柿芾沛怖〖廢〗狒肺怖→〖末〗怖抪〖月〗怖●〖微〗芾〖物〗
　　市芾
【曰】〖月合〗曰●〖沒〗抇
【內】〖祭〗芮●〖灰〗內〖合〗納
【介】〖皆〗介芥畍界疥
【月】〖泰〗外→〖月合〗月刖刓〖鎋〗刖●〖沒〗刖
【夬】〖夬合〗夬駃快→〖薛〗妜缺●〖屑〗陕抉決妜肶駃缺関
【末】〖泰〗昧→〖末〗末昧餗
【犮】〖泰〗軷→〖末〗犮軷帔〖黠〗拔〖月〗髪●〖物〗軷
【戉】〖祭〗歲→〖月合〗越遬
【匃】〖泰〗匃〖祭〗膶〖祭〗揭→〖曷〗匃遏葛濭褐鶡〖鎋〗閼〖月〗揭
　　揭竭歇謁〖薛〗揭楬竭〖薛〗揭
【韧】〖祭〗瘈→〖薛〗瘈●〖屑〗絜潔齧窫挈〖齊〗瘈契窫

【列】〖薛〗列烈裂

【劦】〖業〗脅●〖齊〗茘

【折】〖齊〗袈→〖薛〗浙斯折

【夾】〖齊〗瘱●〖洽〗夾陜狹〖狎〗梜夾狹〖帖〗莢鋏頰医篋愿唊挾〖鹽〗唊〖添〗鵊

【貝】〖泰〗貝〖夬〗敗

【兌】〖泰〗兌銳祱鋭靯蛻〖祭〗銳沊稅鋭説蛻〖戈〗蛻→〖末〗捝脫〖薛〗説蛻睕閲

【孚】〖末〗捊〖薛〗垺

【昏】〖末〗活闊括佸

【制】〖祭〗制製

【叕】〖祭〗啜綴→〖末〗掇〖鎋〗窡綴〖辥〗叕啜輟腏綴●〖黠〗綴窡〖脂〗綴

【枼】〖祭〗世迣貰泄→〖薛〗渫→〖麻三〗貰●〖葉〗枼傑葉〖帖〗諜諜傑諰

【刺】〖泰〗賴藾→〖曷〗剌獺〖鎋〗獺

【韋】〖祭合〗犩衛〖廢〗犩●〖微〗韋圍葦樟瘴緯

【癹】〖廢〗廢→〖末〗癹〖月〗發

【彖】〖廢合〗喙→〖仙合〗緣掾●〖魂〗腞豚頯遯

【盍】〖泰〗蓋●〖盍〗蓋盍瘞醓搕〖合〗瘞搕

【戚】〖薛〗威搣滅

【烏】〖曷〗閼〖月〗閼→〖仙〗閼〖先〗閼〖模〗歍隝烏〖魚〗於閼郍

【欮】〖薛〗蹶〖月〗厥鱖蹶闕●〖物〗厥

【害】〖泰〗害→〖曷〗割

【彗】〖祭合〗槥篲篲〖齊合〗慧→〖薛合〗霅〖月〗篲

【埶】〖祭〗埶→〖薛〗熱

【祭】〖泰〗蔡〖祭〗祭→〖黠〗察

【敝】〖祭〗敝蔽幣蔽→〖薛〗墆鼈〖屑〗蟞

【萬】〖泰〗癘糲〖夬〗邁蠆癘〖祭〗厲蠣漏癘→〖元合〗萬

【最】〖泰〗最→〖末〗撮

【會】〚泰合〛會薈澮繪膾〚夬〛噲

【劌】〚齊〛薊→〚屑〛劌

【蔑】〚屑〛蔑薎

【奪】〚末〛奪○

【徹】〚薛〛徹劖

【辥】〚薛〛辥薛孼櫱

【虞】〚薛〛瀮→〚元〛虞獻甗〚仙〛甗

【瘌】〚薛〛瘌〚屑〛瘌

## 7. 元部

【○】〚寒〛粲炭殈〚删〛班姦赧雁鴈〚仙〛便纏件蚕茆面然扇延衍展聯〚元〛言〚先〛繭見燕●〚山〛孱山

【○】〚桓〛竄爨斷寬款芇蒜筭丸掔〚删合〛馬宦戊〚仙合〛穿船雋全泉叡旋鳶〚元合〛邊①〚先合〛犬縣馬

【干】〚寒〛干岸豻肝扞杆邗罕汗旱稈悍閈奸刊〚删〛豻骭〚元〛軒→〚月〛訐〚薛〛訐〚祭〛訐

【元】〚桓〛冠完莞院垸蚖黿〚删合〛睆頑〚仙合〛院〚元合〛元阮芫沅黿盶

【丏】〚仙〛沔〚先〛眄

【廾】〚桓〛廾〚删合〛關開→〚戈一合〛廾●〚庚二合〛鉶

【反】〚删〛阪版〚元合〛反阪仮販飯

【丹】〚寒〛丹〚仙〛旃

【允】〚桓〛酸●〚諄〛允俊浚畯盷

【旦】〚寒〛旦亶膻嬗檀但舭〚仙〛顫鱣擅嬗氈

【夗】〚桓〛怨〚仙合〛捐悁絹蜎〚元合〛宛鴛苑妴怨惌〚先合〛涓稍蜎●〚魂〛鴛〚真合〛絹

【半】〚桓〛半畔

【弁】〚仙〛弁兊●〚魂合〛畚畚

---

① 不從象聲。參見陳劍《金文"象"字考釋》,《甲骨金文考釋論集》,線裝書局 2007 年版,第 268 頁。

【亘】〖桓〗桓窟〖仙合〗宣亶〖元合〗垣趄

【安】〖寒〗安案晏〖刪〗晏

【晏】〖元〗匽偃鰋→〖點〗匽

【刪】〖寒〗姍〖刪〗刪

【免】〖仙〗免勉〖元合〗娩輓

【卯】〖桓〗卯→〖戈一〗卯

【次】〖仙〗次羨●〖脂〗羨

【叀】〖桓〗漙槫〖仙合〗叀傳槫膊轉

【戔】〖寒〗戔賤帴〖仙〗賤踐餞錢淺棧〖刪〗棧轏●〖山〗剗轏〖點〗帴

【官】〖桓〗官棺管舘〖刪合〗綰〖刪〗萱→〖末〗捾●〖點合〗舘

【建】〖仙〗鍵健〖元〗建楗鍵健

【柬】〖寒〗簡闌蘭爛〖刪〗諫〖先〗湅煉練●〖山〗柬

【需】〖桓〗渜〖仙〗奭●〖虞〗需臑獳濡孺嫣臑襦

【耑】〖桓〗耑端鍴黼〖仙合〗喘椯腨端顓→〖支合〗惴

【段】〖桓〗段葮

【肙】〖先〗肙狷

【爰】〖桓〗暖緩煖〖仙合〗援〖元〗暖爰煖援榬

【奐】〖桓〗奐渙→〖泰合〗澮

【彥】〖刪〗顏●〖山〗產

【彖】〖仙合〗緣掾→〖廢合〗喙●〖魂〗縢豚頯遂

【倝】〖寒〗榦韓翰乾韓〖仙〗乾

【連】〖仙〗連蓮

【原】〖桓〗羱〖元合〗原愿願

【𠭯】〖仙〗剪湔煎鬋箭〖先〗𠭯前萷湔

【虔】〖仙〗虔越

【員】〖刪合〗還圜環鐶〖仙合〗睘嬛蠉員〖元合〗園榬轅遠●〖文〗員鄖隕湏〖清合〗睘嬛〖真合〗湏實

【烏】〖仙〗閼→〖月〗閼〖曷〗閼●〖模〗歍隝烏〖魚〗於閼於

【般】〖桓〗般瘢幋槃槃督〖刪〗般〖戈一〗槃

【𢍏】〖刪合〗豢〖仙合〗卷圈桊螤𢍏拳〖元合〗圈𢍏券●〖燭〗𢍏

【冤】〖元合〗冤婉→〖月〗顪
【焉】〖仙〗焉鄢〖元〗焉鄢傿
【堇】〖寒〗漢鶾〖仙〗虇蘴〖先〗戁●〖山〗囏〖欣〗堇菫謹〖真〗堇廑殣
【㒼】〖桓〗樠滿〖元合〗樠●〖魂〗樠懣
【曼】〖桓〗曼謾〖删〗嫚縵謾〖元合〗曼蔓鄤〖仙〗謾
【貫】〖桓〗貫〖删合〗患
【散】〖寒〗散趟
【萬】〖元合〗萬→〖泰〗癘蠇〖夬〗邁蠆癘〖祭〗厲蠣漫癘
【鬳】〖仙〗䚻遷
【閒】〖山〗閒嫺簡
【單】〖寒〗單襌鄲癉簞鼉〖仙〗單蟬戰鼉→〖歌〗鼉
【番】〖桓〗番潘〖元合〗番蕃旛轓播燔→〖戈一〗番播
【矞】〖桓〗矞亂
【善】〖仙〗善繕饍嬗
【寒】〖寒〗寒〖元〗寒騫蹇〖仙〗寒騫
【巽】〖仙合〗譔膡
【遣】〖仙〗遣譴
【絲】〖元合〗縶○
【煩】〖元合〗煩
【算】〖桓〗算算匴纂〖删〗篹〖仙〗篡潬→〖祭合〗潬〖末〗潬●〖洽〗潬
【樊】〖删〗攀〖元合〗樊
【㒵】〖仙合〗嬽〖元合〗顋●〖山合〗嬽
【鬋】〖仙〗榜〖先〗邊髻髻
【虙】〖仙〗瓤〖元〗虙獻甗→〖薛〗瀸
【憲】〖元〗憲讞攇
【蒦】〖桓〗蒦觀灌獾歡讙驩〖删合〗懽〖仙合〗權蠸虇〖元合〗讙勸
【鮮】〖仙〗鮮蘚
【贊】〖寒〗贊鄼
【䜌】〖寒〗闌〖删〗管蠻〖桓〗巒欒臠鑾〖仙合〗䜌攣臠孌

【辯】〖仙〗辯辨●〖山〗瓣

【顯】〖先〗顯㬎

## 8. 支部、錫部

【○】〖佳〗傂〖支〗罝豕徙厄豸戲芈企〖齊〗繼麛醯

【○】〖錫〗昊

【支】〖支〗支忮枝魊敧岐翅跂

【兮】〖齊〗兮盻

【氏】〖支〗氏扺紙

【只】〖支〗枳軹●〖脂〗疷〖先〗觓

【厄】〖麥〗厄扼餩●〖陌〗餩

【圭】〖佳〗卦鮭街娃痊〖支〗眭恚媞赽〖齊〗圭邽窐桂鮭桂奎畦眭臾●〖麻〗鮭〖皆〗街〖脂〗眭

【朿】〖支〗刺積漬→〖麥〗策筴顙蹟責〖昔〗刺脊積速〖錫〗績

【此】〖佳〗柴〖支〗此疵掣茈雌庛眥頿齜眥

【辰】〖麥〗䶴昣

【危】〖支〗危姽蛫

【役】〖昔〗疫〖錫〗役

【析】〖錫〗析晢

【易】〖支〗易賜傷→〖昔〗易蜴〖錫〗埸錫

【知】〖支〗知絔

【兒】〖支〗兒〖齊〗兒●〖先〗䃖

【卑】〖佳〗粺稗郫〖支〗卑俾庳婢鞞埤椑脾郫〖齊〗椑鼙→〖昔〗椑〖錫〗椑→〖青〗鞞

【攺】〖齊〗啟槊攺縶

【是】〖支〗是堤媞褆〖齊〗隄堤韙提褆緹題騠

【帝】〖支〗啻〖齊〗帝渧→〖昔〗適謫〖錫〗適謫

【鬲】〖麥〗鬲隔輔〖錫〗鬲

【虒】〖支〗虒䖘褫〖齊〗蹏謕●〖之〗褫

【奚】〖齊〗奚雞螇谿鼷

【益】〖麥〗貖〖昔〗益嗌膉●〖質〗溢

【規】〖支〗規嫢窺鬹

【斯】〖支〗斯〖齊〗凘

【厤】〖錫〗歷曆磿

【真】〖支〗寘→〖山〗輴〖真〗真瞋慎〖先〗瘨顛窴●〖耕〗輴

【買】〖佳〗買䁹賣

【畫】〖佳〗畫→〖麥〗畫嫿

【解】〖佳〗解繲觟

【辟】〖支〗避臂→〖麥〗繴〖昔〗辟廦壁闢〖錫〗壁繴

【毄】〖齊〗繫→〖錫〗毄墼

【爾】〖支〗壐●〖仙〗獮〖帖〗籋〖葉〗籋〖緝〗籋

【鼏】〖錫〗鼏●〖質〗鼆

【巂】〖佳合〗孈纗〖支合〗觿孈瓗〖齊合〗巂觿攜讗纗→〖麥合〗纗●〖脂合〗孈

【麗】〖佳〗灑〖支〗麗驪酈癰灑〖齊〗驪麗癰→〖錫〗酈●〖麻〗灑

## 9. 耕部

【○】〖耕〗耿〖清〗盈贏〖青〗並〖青合〗熒●〖庚三〗鳴命

【丁】〖耕〗朾〖清〗成城誠盛正頙鉦整政延〖青〗丁町亭定

【人】〖青〗佞●〖真〗信人〖先〗年仁千

【井】〖耕〗耕〖清〗井郱阱〖青〗荆刑●〖庚三〗荊

【壬】〖清〗程醒聖郢呈〖青〗聽廷鋌娗梃庭涏桯●〖先〗涏

【平】〖青〗鮃●〖庚三〗平

【冋】〖清合〗詗〖青合〗扃䦧詗

【生】〖清〗旌菁睛精靖倩清情請省姓靜瀞〖青〗青鯖星猩●〖庚二〗生牲眚猩

【令】〖清〗令昤領〖青〗令昤泠零鈴●〖仙〗令〖真〗鈴〖蒸〗矜

【臣】〖耕〗硻●〖山〗掔〖真〗臣腎緊〖先〗堅掔豎賢

【名】〖清〗名〖青〗銘

【并】〖耕〗絣迸姘〖清〗并餅屏〖青〗姘屏郱●〖先〗駢

【巠】〖耕〗莖徑牼婞〖清〗勁頸痙輕〖青〗巠涇經俓陘徑脛鄆婞●〖山〗牼〖先〗俓

【甹】〖清〗騁聘梬

【辛】〖清〗辝●〖真〗辛親窺薪新亲

【幸】〖耕〗幸〖青〗婞

【爭】〖耕〗爭埩諍〖清〗淨靜瀞

【冥】〖青〗冥瞑莫→〖錫〗莫●〖先〗瞑

【殸】〖清〗聲〖青〗殸

【頃】〖清〗頃傾穎

【敬】●〖庚三〗敬驚憼〖陽〗憼

【鼎】〖清〗貞〖青〗鼎

【奠】〖清〗鄭〖青〗奠●〖先〗奠

【寍】〖青〗寍寧甯

【賏】〖耕〗䁝〖清〗嬰纓瘿

【熒】〖耕〗褮〖耕合〗褮營〖清合〗營營縈嚶〖青合〗熒熒榮營●〖庚二合〗營〖庚合三〗榮

【霝】〖青〗霝薑靊靈

## 10. 脂部

【〇】〖皆〗眉〖脂〗冀履師茵死稺彝襧兕咢伊季〖齊〗細

【二】〖脂〗二貳膩

【几】〖脂〗几飢

【匕】〖脂〗匕比阰毗榌䫉疕〖齊〗陛媲鈚→〖質〗比疕

【厶】〖脂〗厶私

【尸】〖脂〗尸屎屍

【朿】〖脂〗姊秭趀〖齊〗泲齌

【示】〖脂〗示祁視涊祁

【由】〖灰〗由〖皆〗屆

【矢】〖脂〗矢雉屎

【氏】〖脂〗氏底泜〖齊〗氏羝邸抵柢牴敀

【尼】〖脂〗尼〖齊〗泥
【开】〖齊〗枅笄〖齊合〗姸→〖山〗豜〖先〗开开汧研訮豜●〖删〗豜
【西】〖齊〗西栖洒
【夷】〖脂〗夷荑痍〖齊〗荑
【自】〖脂〗自洎
【旨】〖脂〗旨脂指蓍耆者䐩〖齊〗稽䭒詣
【次】〖脂〗次栥資資恣〖齊〗齍
【米】〖脂〗麋〖齊〗米眯迷㡵
【医】〖齊〗殹翳䃜㫊醫●〖之〗醫㫊
【利】〖脂〗利〖齊〗黎犁藜犂
【系】〖齊〗系係
【弟】〖齊〗弟娣第梯苐
【妻】〖脂〗郪〖齊〗棲妻郪淒萋
【皆】〖皆〗皆鍇偕
【美】〖脂〗美○
【眉】〖脂〗眉楣媚
【犀】〖脂〗稺〖齊〗犀
【豊】〖齊〗豊禮醴體
【爾】●〖支〗璽〖仙〗玃〖帖〗䌁〖葉〗䌁〖緝〗䌁
【齊】〖皆〗齋〖脂〗齋薺薺虀〖齊〗齊齏劑霽臍薺

## 11. 至部、質部

【○】〖脂〗棄器㲼〖齊〗閉庇瞖普瘱
【○】〖脂〗質→〖點〗札〖櫛〗瑟〖質〗質疾栗日實悉逸一匹鷔〖屑〗閉庇瞖屑穴
【乙】〖質〗乙●〖職〗肊[①]
【十】〖齊〗計●〖緝〗十什汁
【七】〖質〗七〖屑〗切

---

① 此字《说文》或体从之职部意声，与中古音相合。恐非秦方言现象。

【八】〖黠〗八〇

【卩】〖屑〗節〖櫛〗櫛卹〖質〗即●〖職〗即

【四】〖脂〗四牭駟

【失】〖脂〗失泆軼秩→〖屑〗跌佚胅軼●〖灰〗怢〖沒〗怢

【必】〖脂〗柲→〖質〗必秘密〖屑〗柲

【吉】〖黠〗秸黠頡〖質〗吉蛣詰〖屑〗結桔頡

【至】〖脂〗至→〖屑〗垤絰姪室蛭〖質〗室挃姪郅桎致緻室蛭銍

【血】〖屑〗血〖術〗邮●〖職〗洫

【畀】〖脂〗畀痹濞膞〖齊〗濞

【畢】〖質〗畢趩

【益】〖質〗溢●〖麥〗貓〖昔〗益嗌膉

【桼】〖質〗桼漆卻

【壹】〖脂〗饐→〖質〗壹

【戩】〖質〗戩〖屑〗鐵

【䜌】〖質〗䜌戀

## 12. 真部

【○】〖真〗瀕牝憖〖先〗牽薦殿典〖先合〗淵→〖脂〗牝

【○】〖臻〗齔〖真〗陳塵疢齔進閔身引胤轔〖諄〗閏

【人】〖真〗信人仁〖先〗年千●〖青〗佞

【卂】〖真〗卂訊

【刃】〖真〗刃忍忍認〖先〗忍→〖質〗籾●〖蒸〗認

【天】〖先〗天吞●〖痕〗吞

【尹】〖諄〗尹→〖脂〗伊

【申】〖真〗申神旃怦鞞

【田】〖先〗田甸

【㐱】〖真〗珍眕袗軫診〖先〗殄

【令】〖真〗鯪〖仙〗令●〖清〗令陵鯪領〖青〗令陵泠零〖蒸〗矝

【印】〖真〗印●〖職〗抑

【民】〖真〗民揹緡鏂敃敯擎

【开】〖山〗狅〖先〗开幵汧研訮狅→〖齐〗枅笄〖齐合〗豜●〖删〗狅

【臣】〖山〗掔〖真〗臣肾緊〖先〗堅掔蜸賢●〖耕〗碧

【因】〖真〗因洇姻駰

【旬】〖谆〗旬筍姰詢樲朐郇朐佝均鈞〖先合〗姰旬●〖删合〗郇〖庚二合〗旬

【并】〖先〗駢●〖耕〗絣迸姘〖清〗并餅屛〖青〗姘屛骿

【辛】〖真〗辛親窺薪新亲●〖清〗锌

【兒】〖先〗硯→〖支〗兒〖齐〗兒

【弦】〖先〗弦〖先合〗玄妶泫兹

【垔】〖真〗湮堙裡闉甄〖先〗湮煙●〖仙〗甄

【扁】〖仙〗扁偏媥篇〖先〗扁甂編

【秦】〖真〗秦〖臻〗蓁

【晉】〖真〗晉潛〖先〗替

【寅】〖真〗寅夤→〖脂〗寅

【真】①〖山〗敶〖真〗真瞋慎〖先〗瘨顛寊→〖支〗寅●〖耕〗敶

【粦】〖真〗憐鄰粦

【奠】〖先〗奠●〖青〗奠〖清〗鄭

【爾】〖仙〗狸●〖帖〗薾〖葉〗薾〖支〗壐〖緝〗薾

【夐】〖先合〗讂●〖清合〗瓊

【賓】〖真〗賓臏髕

【盡】〖真〗盡津

【闖】〖真〗闖藺

## 13. 微部

【O】〖咍〗開〖灰〗豗回罪〖皆合〗豗乖〖微合〗豗虺威畏

【O】〖脂〗類蘷水遺追

【斤】〖微〗頎蘄沂→〖欣〗斤近靳芹赾欣訢

---

① 真之初文当从《说文》所谓古文珍得声，又西周金文下部或从鼎，也可能兼有表音意味。今仅就秦文字体系以真为声音。

【火】●〖戈一〗火〇

【耒】〖灰〗耒頛〖脂〗耒

【衣】〖咍〗哀〖微〗衣依

【妃】〖灰〗妃配〖微合〗妃肥蚆

【希】〖微〗希稀豨

【妥】〖灰〗妥〖脂〗綏●〖戈一〗妥

【尾】〖微合〗尾浘娓

【枚】〖灰〗枚坆

【非】〖微合〗非飛斐緋裴𦞚〖脂〗悲→〖真〗𦞚

【委】〖支〗委諉痿●〖戈〗捼

【隹】〖灰〗崔傕䧕〖皆合〗淮〖脂合〗佳頠誰唯雖帷維椎錐騅睢→〖魂〗
  胜〖諄〗準●〖支合〗眭

【鬼】〖灰〗槐瘣魁鬼隗〖皆合〗槐褢〖微合〗鬼騩巍〖脂合〗媿魂餽

【㒸】〖灰〗隊〖脂合〗㒸墜遂隧燧旞

【韋】〖微合〗韋圍葦樟瘴緯●〖祭〗犩衛〖廢〗犩

【癸】〖脂〗癸猤葵〖齊〗睽

【豈】〖咍〗愷〖微〗豈顗

【散】〖脂〗薇〖微合〗散微薇

【衰】〖脂〗衰榱●〖支〗衰

【蔽】〖皆合〗蔽萠

【惠】〖脂〗穗〖齊〗惠鏸●〖祭〗鏸

【貴】〖灰〗闠憒僓隤穨積〖脂合〗匱樻〖微合〗貴

【幾】〖微〗幾機鐖

【毀】〖支〗毀嬰

【皋】〖灰〗皋〇

【晶】〖灰〗晶靁〖脂合〗㐰壘纍蠡櫐

【褢】〖皆合〗懷壞

【榮】〖脂合〗縈●〖支合〗榮縈

【歸】〖微合〗歸鬹〖脂合〗蘬

## 14. 未部、物部

【〇】〖灰〗沬退〖脂〗帥〖微〗尉→〖質〗筆肸〖迄〗肸〖物〗欨尉鬱〖質〗帥

【旡】〖咍〗愛概溉嘅墍〖脂〗塈曁〖微〗既墍溉●〖薛〗㰥

【内】〖灰〗内●〖合〗納〖祭〗芮

【气】〖微〗气氣→〖没〗頜〖迄〗迄汽〖麧〗齕〖屑〗齕→〖魂〗頜

【勿】〖物〗勿物→〖文〗吻

【未】〖灰〗妹昧〖微〗未味〖脂〗𣎵寐

【术】〖質〗𦬸〖術〗術鉥茉述术秫秌

【弗】〖微〗沸費瀵→〖物〗弗茀茀

【出】〖脂〗出祟→〖没〗屵〖物〗詘屈〖術〗出絀黜窋●〖薛〗朏拙

【聿】〖術〗聿律騷

【孛】〖没〗誖郣勃

【叟】〖没〗没叟

【卒】〖灰〗淬焠〖脂〗萃領醉→〖没〗卒捽猝窣殍〖術〗卒捽殍誶

【隶】〖咍〗隶逮〖齊〗逮棣隷

【胃】〖微〗胃渭謂

【骨】〖灰〗䯏→〖没〗骨髑〖黠〗猾

【突】〖没〗突窡宊

【莘】〖皆〗捽→〖物〗莘

【率】〖質〗率衛

【矞】〖術〗矞橘繘〖屑合〗潏

【肆】〖脂〗肆肄肄貄鬟●〖之〗貄

【豙】〖灰〗䫇〖皆〗䫇〖微〗毅顡豙●〖之〗豙

## 15. 文部

【〇】〖魂〗本犇奔虋存鯀昆蚢髡困〖山合〗鰥〖諄〗𧗨〖文〗焚奮糞〖欣〗殷隱

【寸】〖魂〗寸刌尊

【川】〖諄〗訓順〖文〗訓●〖仙合〗川

【云】〖魂〗沄〖文〗云芸沄妘雲
【屯】〖魂〗屯頓庉〖諄〗春蠢純肫
【斤】〖欣〗斤近靳芹赾欣訢→〖微〗頎蘄沂
【分】〖文〗分汾粉魵粉忿●〖山〗盼〖删〗頒〖真〗玢貧〖魂〗盆
【公】〖魂〗衮●〖東一〗公翁〖鍾〗容鎔松訟頌伀
【勿】〖文〗吻→〖物〗勿物
【文】〖文〗文〖真〗閔
【允】〖諄〗允俊浚畯盷●〖桓〗酸
【先】〖先〗先洗敚●〖臻〗詵〖齊〗洗
【艮】〖魂〗痕〖痕〗艮根垠很狠〖真〗銀●〖先〗狠
【辰】〖諄〗脣〖真〗辰晨脣㖐振震
【吝】〖真〗吝〇
【君】〖文〗君郡帬裙羣
【門】〖魂〗門〖文〗聞懣問
【囷】〖真合〗囷菌麇●〖元合〗菌
【隹】〖魂〗膇〖諄〗準→〖脂合〗隹頠誰唯雖帷維椎錐騅〖灰〗崔雁魋〖皆合〗淮〖脂合〗睢〖支合〗睢
【侖】〖魂〗掄論〖山合〗綸〖諄〗侖掄箇綸輪
【昏】〖魂〗婚頣昏昬
【昷】〖魂〗昷溫韞〖文〗煴縕
【盾①】〖魂〗盾〖諄〗盾揗循
【訢】〖欣〗訢筋
【軍②】〖魂〗渾〖文〗軍葷輝運
【彖】〖魂〗膝豚䫄遂●〖仙合〗緣掾〖廢合〗喙
【員】〖文〗員鄖隕湏〖真合〗湏實●〖元合〗園楥轅遠〖仙合〗員〖删合〗還圜環鐶〖仙合〗瞏嬛蠉〖清合〗瞏嬛
【圂】〖魂〗圂菌

---

① 据赵平安师《说"盾"》（收入《新出简帛与古文字古文献研究续集》，商务印书馆 2018 年版），盾字原应从允声，因秦文字中盾所从允讹变已久，不影响本书结论，今仍单列。
② 军与旬从同一声首得声，因秦文字字形已讹变，且历时已久，今仍单列。

【朕】〖諄〗鬱●〖鍾〗鬱〖咍〗朕〖登〗塍滕謄騰〖蒸〗勝塍賸〖侵〗朕

【孫】〖魂〗孫蓀

【堇】〖欣〗堇菫謹〖真〗菫廑殣●〖寒〗漢難〖刪〗艱〖仙〗艱蘈〖山〗囏

【賁】〖魂〗賁噴潰歕〖文〗獖僨墳濆攈●〖支〗賁〖微〗賁

【尊】〖魂〗尊劋〖諄〗遵

【熏】〖文〗熏〖諄〗櫄

【辜】〖魂〗敦脖〖諄〗辜淳醇雓

## 16. 之部、職部

【〇】〖咍〗改能卤再猜①〖灰〗佩〖之〗李异〖尤〗郵婦龜牛→〖登〗能●〖脂〗備鄙龜〖皆〗怪

【〇】〖咍〗塞→〖德〗北僰得塞忎〖職〗敕棘嗇匿〖屋三〗伏牧昱●〖皆〗戒〖昔〗奭

【乃】〖咍〗乃〇

【力】〖德〗勒朸〖職〗力扐朸

【又】〖咍〗鹽〖尤〗又友有宥姷盇趙右囿→〖屋三〗囿郁●〖脂〗鮪痏

【士】〖之〗士志

【才】〖咍〗才材財在鼒戴②栽載截觛戈〖之〗鼒戴●〖皆〗豺

【弋】〖咍〗代俗貸→〖德〗貣〖職〗弋杙

【久】〖尤〗久灸柩

【之】〖咍〗等待臺孆〖之〗之姕蚩寺時蒔侍畤痔市坧→〖德〗特→〖登〗等

【己】〖之〗己忌紀記邔芑杞起

【巳】〖之〗已巳汜配祀

【子】〖之〗子字

【不】〖咍〗倍〖灰〗坏棓醅〖尤〗不否悟痞涪罳●〖脂〗否痞邳罳〖物〗不〖侯〗音部腤剖〖模〗部〖虞〗綍剖

【尤】〖尤〗尤疣訧

---

① 《说文》云青声。
② 戴本或应从弋声，然秦文字均已从戈，故暂收于此。

【止】〖之〗止齒

【史】〖之〗史吏使事傳叟

【目】〖咍〗台殆紿駘佁〖之〗目以台答始枱枲詒佁治祐●〖脂〗治

【丘】〖尤〗丘邱

【司】〖之〗司祠詞笥嗣嗣

【母】〖咍〗海〖灰〗栂每悔晦誨〖侯〗母姆畮●〖真〗敏

【式】〖之〗試→〖職〗式絼

【耳】〖之〗耳珥栮餌佴姐

【而】〖咍〗耏〖之〗而

【灰】〖灰〗灰挾恢

【臼】〖尤〗臼舊

【色】〖職〗色虪

【亥】〖咍〗亥咳該胲閡欬頦→〖德〗刻●〖皆〗駭孩

【臣】〖咍〗苢〖之〗臣姬苣郎

【克】〖德〗克剋

【里】〖灰〗悝〖之〗里悝貍理裏鯉釐●〖皆〗蓮霾

【矣】〖咍〗埃〖之〗矣駿娭●〖皆〗駭

【其】〖之〗其箕期欺綦旗騏亓至

【直】〖之〗置→〖職〗直殖稙〖德〗德

【來】〖咍〗來萊娒筴睞莃嫠〖之〗莃嫠釐〖麥〗麥

【或】〖德合〗或國惑〖職合〗域械蜮

【采】〖咍〗采菜

【服】〖屋三〗服●〖豪〗報

【亟】〖之〗亟→〖職〗亟極

【甾】〖咍〗熗〖之〗甾菑緇

【某】〖灰〗禖●〖侯〗某某〖尤〗謀

【革】●〖麥〗革〖點〗樺

【畐】〖尤〗輻富→〖職〗畐偪楅煏幅〖屋三〗畐楅幅福蝠輻副

【則】〖之〗廁→〖德〗賊則

【思】〖咍〗鰓〖之〗思●〖佳〗諰

附录5　秦文字谐声谱（韵母编）

【食】〖之〗飤→〖職〗食飭飾餚
【負】〖尤〗負賮
【畟】〖職〗畟稷
【息】〖職〗息熄
【朕】〖咍〗騰→〖登〗縢滕謄騰〖蒸〗勝塍賸●〖侵〗朕〖諄〗鬱〖鍾〗鬱
【宰】〖咍〗宰〖之〗辝滓梓辭
【異】〖之〗異→〖職〗趩翼糞
【喜】〖之〗喜歆憙
【黑】〖德〗黑墨默
【戠】〖之〗識熾織→〖職〗戠識織臘職
【絲】〖之〗絲兹滋
【意】〖之〗意噫→〖職〗意●〖皆〗噫
【疑】〖之〗疑癡

## 17. 蒸部

【○】〖登〗肯〖蒸〗乘兢升興孕徵〖東三〗熊→〖之〗徵●〖仙〗黽〖耕〗黽〖真〗黽
【弓】〖登合〗弘〖東三〗弓
【厷】〖東三〗雄●〖耕合〗宏
【冫】〖蒸〗冰馮
【丞】〖蒸〗丞蒸烝筬承
【恆】〖登〗恆恆梔
【夌】〖蒸〗夌陵淩婈
【朋】〖登〗朋崩漰倗掤●〖灰〗倗〖咍〗倗
【再】〖蒸〗再偁稱
【朕】〖登〗勝塍謄騰〖蒸〗勝塍賸→〖咍〗騰●〖鍾〗鬱〖諄〗鬱〖侵〗朕
【能】〖登〗能→〖咍〗能
【曾】〖登〗曾層增簪增罾矰贈〖蒸〗增甑繒
【登】〖登〗登簦鄧鐙
【雁】〖蒸〗雁應

【薨】〖東三〗薨夢
【蠅】〖蒸〗蠅繩

## 18. 幽部、覺部

【○】〖沃〗毒〖屋三〗目奠穆夙菌鷺逐→〖豪〗寶〖尤〗宿
【○】〖豪〗冒鴇好牢老棗〖尤〗皐韭流滺牟囚手獸休羞鬆麀逎牖州鰲尋●〖脂〗逑〖侯〗牡戊〖德〗冒
【丂】〖豪〗考〖肴〗巧〖尤〗夃
【九】〖豪〗馗尻旭〖尤〗九仇宄鳩朹馗●〖燭〗旭〖脂〗軌
【丩】〖肴〗疝〖幽〗疝糾〖尤〗疝收
【幺】〖幽〗幽幼黝●〖宵〗幺
【六】〖屋三〗六勠陸睦歗●〖合〗歗
【丑】〖尤〗丑狃杻
【艮】〖豪〗報→〖屋三〗服
【叉】〖豪〗騷蚤〖肴〗叉
【由】〖尤〗由笛郵冑→〖屋三〗軸〖錫〗郵
【卯】〖肴〗卯夘〖尤〗留雷聊劉柳〖蕭〗聊●〖侯〗貿
【包】〖豪〗抱袍〖肴〗包苞飽匏鮑鞄炮→〖覺〗鞄
【矛】〖肴〗茅〖尤〗矛柔楺●〖侯〗袤
【叔】〖沃〗督〖屋三〗尗俶菽叔●〖宵〗椒
【早】〖豪〗早草皁
【肉】〖屋三〗肉○
【缶】〖豪〗寶棗〖尤〗缶
【竹】〖沃〗篤〖屋三〗竹筑築
【舟】〖尤〗舟受綬洀
【求】〖尤〗求救裘
【酉】〖尤〗酉醜酒婤猶楢逎舳鯂栖
【告】〖豪〗告〖肴〗窖→〖沃〗告鵠

【造】〖豪〗造①糙〖尤〗簉
【秀】〖尤〗秀莠誘
【攸】〖豪〗條〖尤〗攸脩滺〖蕭〗條鋚→〖屋三〗儵
【孚】〖肴〗脬〖尤〗浮桴烰●〖虞〗桴
【肘】〖豪〗討〖尤〗肘守紂
【夅】●〖脂合〗夅頮
【周】〖尤〗周椆稠蔍〖蕭〗雕
【匋】〖豪〗匋陶謟●〖宵〗陶
【咎】〖豪〗咎蓉梏櫜罊〖尤〗咎諮
【秋】〖尤〗秋湫〖蕭〗湫
【复】〖屋三〗復覆複腹複鍑→〖尤〗復複複鍑●〖德〗覆
【叟】〖豪〗叟嫂槮〖尤〗叟瘦搜獀溲〖蕭〗叟●〖侯〗叟
【保】〖豪〗保褒寀葆
【采】〖尤〗褎●〖脂〗采
【汓】〖尤〗斿游
【首】〖豪〗道導〖尤〗首
【祝】〖屋三〗祝→〖尤〗祝詋
【𠃓】〖豪〗擣禱〖尤〗壽疇籌幬●〖虞〗鑄
【臭】〖尤〗臭糗
【皋】〖豪〗皋皐
【舀】〖豪〗稻滔
【畜】〖屋三〗畜鄐蓄→〖尤〗畜
【曹】〖豪〗曹漕
【戚】〖錫〗戚慽
【鳥】〖豪〗搗〖蕭〗鳥鵙
【𣪊】〖尤〗廄●〖脂〗𣪊
【孰】〖屋三〗孰○
【翏】〖豪〗嫪〖肴〗膠獟〖幽〗樛繆〖尤〗翏瘳廖雡勠繆〖蕭〗翏廖→〖屋

---

① 造非告声，参见陈剑《释造》，《甲骨金文考释论集》，线装书局2007年版，第127—176页。

三〕勁繆戮蓼

【就】〚屋三〛楚→〚尤〛就

【慐】〚尤〛慐憂優櫌

【肅】〚蕭〛蕭橚〚尤〛繡→〚覺〛肅〚屋三〛橚

【毓】〚屋三〛毓淯

【學】〚覺〛學覺瞽鷽

【鞠】〚屋三〛鞠鞫蘜蘜

【夒】〚豪〛夒獿〚肴〛獿〚尤〛夒→〚冬〛夒●〚灰〛嶿〚宵〛擾

【儵】〚尤〛儵犨

## 19. 冬部

【○】〚冬〛彤〚東三〛眾蟲戎融

【冬】〚冬〛冬〚東三〛夂終夅

【中】〚東三〛中忠衷仲

【宗】〚冬〛宗綜賓宋〚東三〛崇

【降】〚東三〛癃●〚江〛降

【宮】〚東三〛宮躳窮

【農】〚冬〛農膿●〚東一〛癑

## 20. 宵部、沃部

【○】〚豪〛盜杲弢毉〚肴〛麃孝窨〚宵〛朝鼂芺廉表廟杪眇〚蕭〛料窅裹

【○】〚鐸〛雖鏧〚覺〛皃雖〚藥〛爵→〚豪〛献鏧〚肴〛皃●〚屋三〛鏧

【刀】〚豪〛刀到〚宵〛釗召超卲邵招裯紹軺招昭照駋沼炤詔陘〚蕭〛釗貂韶船苕

【小】〚肴〛稍綃笟〚宵〛小少肖消宵綃銷莦趙→〚覺〛莦〚藥〛削

【勺】〚藥〛約芍灼→〚宵〛約〚蕭〛釣

【毛】〚豪〛毛耗旄髦

【夭】〚沃〛沃鋈→〚豪〛夭〚宵〛夭妖訞●〚魚〛飫

【爻】〚豪〛郜殽〚肴〛教肴孝

【弔】〚宵〛盄〚蕭〛衺

附录5　秦文字谐声谱（韵母编）　◆◇◆

【号】〖豪〗號鄂〖宵〗鴞鄂
【兆】〖豪〗桃逃〖宵〗姚銚兆覜頫〖蕭〗誂跳銚
【交】〖豪〗效〖肴〗交姣蛟鮫狡佼校效詨〖蕭〗窔
【杓】〖肴〗豹〖宵〗杓
【狄】〖錫〗狄憗
【苗】〖肴〗媌〖宵〗苗
【卓】〖覺〗卓〖藥〗婥綽→〖肴〗淖掉
【要】〖宵〗要婹〖蕭〗婁
【虐】〖藥〗虐瘧
【敖】〖豪〗敖謷嗸慠驁熬勢鏊〖肴〗謷
【䍃】〖宵〗䍃榣䍃●〖尤〗䍃
【高】〖沃〗歊謞〖覺〗滈〖藥〗蹻→〖豪〗槁高膏槀縞鎬蒿豪滈〖宵〗僑橋趫歊憍驕鷸撟矯蟜轎蹻喬〖宵〗蹻●〖鐸〗謞
【羔】〖豪〗羔〖宵〗窯穎〖蕭〗穎
【䏔】〖宵〗肇肇
【弱】〖覺〗鰯〖藥〗弱→〖蕭〗溺
【票】〖宵〗票薰剽嫖
【巢】〖豪〗繅〖宵〗巢勦
【堯】〖豪〗撓〖肴〗撓橈譊〖宵〗蟯繞燒趬翹饒蟯〖蕭〗堯嬈曉獟
【焦】〖宵〗焦僬燋譙
【勞】〖豪〗勞→〖覺〗犖
【杲】〖豪〗杲操澡燥趮
【敫】〖覺〗檄〖藥〗敫〖錫〗檄橄檠→〖蕭〗竅徼憿繳●〖麥〗覈
【翟】〖覺〗擢濯〖藥〗躍〖錫〗翟糴趯→〖肴〗濯〖蕭〗蘿●〖陌〗翟
【暴】〖覺〗瀑→〖豪〗暴曓●〖屋一〗暴
【樂】〖覺〗樂〖藥〗櫟趠藥爍〖錫〗櫟趠→〖肴〗樂〖宵〗瘭●〖鐸〗樂礫
【燎】〖豪〗潦〖宵〗燎膋繚〖蕭〗繚
【龠】〖藥〗龠鑰籥鬮
【繇】〖宵〗繇繇●〖尤〗蘇

253

【囂】〖豪〗〇①〖宵〗囂

## 21. 緝部

【〇】〖合〗帀遝卅〖洽〗臿〖緝〗廿入習卌●〖盍〗卅〖帖〗燮

【十】〖緝〗十什汁●〖齊〗計

【及】〖合〗馺駁〖緝〗及汲急級吸●〖葉〗极〖業〗极

【内】〖合〗納●〖灰〗内〖祭〗芮

【立】〖合〗脇〖緝〗立苙笠泣脇

【合】〖合〗合荅郃〖緝〗給拾翕歙

【邑】〖洽〗浥〖緝〗邑浥裛●〖葉〗裛〖業〗浥裛

【沓】〖合〗沓媕

【咠】〖緝〗輯揖楫●〖葉〗楫〖齊〗堲

【執】〖緝〗執蟄縶●〖脂〗摯

【集】〖合〗雜〖緝〗集

【爾】〖緝〗籋●〖葉〗籋〖帖〗籋〖仙〗瀰〖支〗壐

【㬎】〖緝〗溼濕

【龖】〖緝〗襲●〖葉〗䚯

## 22. 侵部

【〇】〖覃〗贛南男函〖咸〗毚〖侵〗品臨②𡈼●〖談〗三〖銜〗毚

【凡】〖凡〗凡机●〖東三〗風佩瘋鳳

【壬】〖侵〗壬任賃荏衽紝

【今】〖覃〗鈐貪黔淦含〖咸〗欦〖侵〗鈐枔岑今衿金黔錦衾欽黔芩琴禽捦唫陰●〖銜〗衔〖鹽〗鈐黔〖嚴〗欦〖添〗念欦

【欠】〖覃〗坎●〖嚴〗吹（同欠）

【冘】〖覃〗妉黕〖侵〗沈殳

【心】〖侵〗心芯

---

① 从火嚻聲，同熬。
② 《说文》归品声。

【林】〖侵〗林禁

【冘】〖覃〗簪鐕鹽糌〖侵〗鴦簪譖●〖鹽〗鴦

【臽】〖覃〗臽窞〖咸〗臽陷→〖洽〗掐●〖談〗啗〖鹽〗閻

【㐭】〖侵〗廩稟廪

【罙】〖覃〗探〖侵〗罙深審

【甚】〖覃〗媸湛黮䐁堪〖侵〗湛斟甚

【咸】〖覃〗崴感〖咸〗緘減咸械〖侵〗葴箴

【侵】〖侵〗侵㑴痛寑浸

【弇】〖覃〗弇黤●〖鹽〗弇

【音】〖咸〗黯〖侵〗音瘖窨

【朕】〖侵〗朕●〖咍〗䑁〖登〗勝滕膡騰〖蒸〗勝縢賸〖諄〗鬛〖鍾〗鬛

【參】〖覃〗驂〖咸〗摻〖侵〗參●〖談〗參

【覃】〖覃〗鐔瞫〖侵〗蕈鐔瞫鐔●〖添〗簟

【尋】〖覃〗燖〖侵〗尋燖

【歆】〖覃〗䰜〖侵〗歆

## 23. 盍部

【〇】〖盍〗狧闟〖狎〗甲〖葉〗辻涉輒〖業〗業〖乏〗灋法

【乏】〖乏〗乏泛→〖凡〗芝泛

【去】〖盍〗魼〖業〗劫鉣魼●〖魚〗去阹祛魼胠

【劦】〖業〗脅●〖齊〗荔

【夾】〖狎〗夾狹梜〖帖〗莢鋏頰匧篋悡俠挾→〖鹽〗俠〖添〗鵊●〖洽〗夾狹陜〖齊〗瘞

【妾】〖葉〗妾棱

【枼】〖葉〗枼傑葉〖帖〗牒諜㗧鏾●〖薛〗渫〖祭〗世迣貰泄〖麻三〗貰

【盍】〖盍〗蓋盍瘞醏搕●〖泰〗蓋〖合〗瘞搕

【巤】〖盍〗臘鑞〖葉〗邋儠獵

【聂】〖葉〗聶㯺

## 24. 談部

【○】〖添〗恬

【乏】〖凡〗芝泛→〖乏〗乏泛

【甘】〖談〗甘泔紺〖鹽〗拑黚●〖寒〗邯

【占】〖鹽〗占怗點苫閆

【冉】〖鹽〗冉痈枏顲苒

【氾】〖鹽〗砭〖凡〗氾犯范範笵

【夾】〖鹽〗夾陝變●〖昔〗夾

【奄】〖銜〗黤〖鹽〗奄閹掩菴●〖覃〗菴黤

【炎】〖談〗焱惔〖鹽〗炎剡

【兼】〖鹽〗廉鎌鬑賺溓〖添〗溓兼蒹縑謙歉癩嗛嫌玁●〖咸〗歉玁

【斬】〖談〗槧〖鹽〗漸槧●〖咸〗斬

【敢】〖談〗敢〖銜〗瞰〖鹽〗厴〖嚴〗嚴

【猒】〖鹽〗猒厭魘→〖葉〗厭

【僉】〖鹽〗僉斂籤薟薟薊儉檢嬐險驗〖嚴〗劍

【詹】〖談〗儋膽〖鹽〗詹襜韂簷瞻

【監】〖談〗藍擥覽壛〖銜〗監〖鹽〗鹽

【韱】〖鹽〗韱鑯孅

# 附录6　秦文字谐声谱（声母编）

说明：

（1）为适应反映音韵地位、体现谐声关系和字际关系原貌之需，本表简目及正文特以繁体排印。

（2）本表以收录见于中古字书、韵书、古注的字为主。字书等所无者置于"‖"后备考（其中包括部分讹字的隶定形式），在声母研究部分讨论声首辖字数时一般不计数，个别字形无法录入，姑以"〇"代之。

（3）每部以"【】"括注声首，散字统隶于"【〇】"之下，置于每个声部之首。

（4）每个声首下相关声类一般按照帮、精、端、知、章、见顺序排列。

（5）涉及声纽完全相同的声首依笔画数排列，少者在前。

（6）本表简目：

1. 幫滂並 258
2. 幫滂並：明 260
3. 明 260
4. 精清從 262
5. 心 264
6. 精清從：心 265
7. 端透定 266
8. 端透定：書神以邪 268
9. 端透定：泥娘日 270
10. 泥娘日 270
11. 章昌常日 271
12. 章昌常：書神以 272
13. 書神以邪 272
14. 來 272
15. 見溪羣疑曉匣雲 273
16. 見溪羣疑曉匣雲：影 280

17. 影 281
18. 見溪羣疑曉匣雲影：章昌常日書以邪 282
19. 清脣鼻音：幫系 283
20. 清邊音：來 283
21. 清齒齦鼻音：心 283
22. 邊音：脣音 284
23. 邊音：喉牙音 284
24. 邊音：齒音 285
25. 邊音：混雜 285
26. 清齒齦鼻音：舌根鼻音 285
27. 心：近音擦音 285
28. 端系：喉牙音 286
29. 精系：見系 287
30. 精系：其他 287

### 1. 幫滂並

〚幫〛【○】冀霸址鎊北鷽筆本鄙閉表兵秉剝布濾奮賦奔趓犇巒戀

〚幫〛【巴】巴犯把

〚幫〛【保】保褒宋葆

〚幫〛【畢】畢趕

〚滂〛【○】匹品

〚並〛【○】䟺覉備便瀕竝亳樊步伐罰焚伏皁婦佩彭牝鷩○

〚並〛【平】平𫆀

〚並〛【孛】悖郣勃

〚並〛【負】負莧

〚並〛【煩】煩○

〚並〛【暴】暴暑暴

〚並〛【辯】辯瓣辨

〚幫滂〛【卜】〚幫〛卜〚滂〛赴攴朴

〚幫滂〛【缶】〚幫〛缶寶〚滂〛橐∥駣

〚幫滂〛【杓】〚幫〛豹杓〚滂〛杓

〚幫滂〛【非】〚幫〛非悲飛屝鯡〚滂〛斐斐屝

〚幫滂〛【票】〚幫〛薸〚滂〛票剽嫖

〚幫並〛【○】〚幫〛別〚並〛別

〚幫並〛【八】〚幫〛八〚並〛○

〚幫並〛【凡】〚幫〛杋風佩瘋〚並〛凡鳳杋

附录6　秦文字谐声谱（声母编）　◆◇◆

〖幫並〗【夫】〖幫〗夫鈇〖並〗扶枎
〖幫並〗【反】〖幫〗反阪版仮販〖並〗飯阪
〖幫並〗【父】〖幫〗父斧〖並〗父
〖幫並〗【艮】〖幫〗報〖並〗服○
〖幫並〗【丙】〖幫〗丙柄病〖並〗病
〖幫並〗【友】〖幫〗髮帗霙〖並〗友拔軷
〖幫並〗【付】〖幫〗付府柎〖並〗符跗鮒
〖幫並〗【半】〖幫〗半料〖並〗畔
〖幫並〗【弁】〖幫〗昪〖並〗弁‖畚兊
〖幫並〗【冰】〖幫〗冰〖並〗馮
〖幫並〗【貝】〖幫〗貝敗〖並〗敗
〖幫並〗【卑】〖幫〗卑俾鞞椑〖並〗稗粺庳婢鄁埤脾鼙椑○
〖幫並〗【癹】〖幫〗發廢〖並〗癹
〖幫並〗【般】〖幫〗般〖並〗瘢幣槃槃督
〖幫並〗【賓】〖幫〗賓〖並〗臏髕
〖幫並〗【罷】〖幫〗羆〖並〗罷
〖滂並〗【○】〖滂〗麃瘭〖並〗麃瘭
〖滂並〗【乏】〖滂〗芝泛〖並〗乏泛
〖滂並〗【妃】〖滂〗妃配〖並〗肥萉
〖滂並〗【孚】〖滂〗桴脬〖並〗浮烰桴
〖滂並〗【樊】〖滂〗攀〖並〗樊○
〖幫滂並〗【匕】〖幫〗匕比疕〖滂〗疕媲鈚〖並〗吡毗陛槐貔比‖圮○
〖幫滂並〗【丰】〖幫〗邦封絣〖滂〗丰豐酆鋒蠭〖並〗逢蓬篷絳奉‖絆幇鋒○
〖幫滂並〗【市】〖幫〗市柿苐沛怖〖滂〗肺柿怖〖並〗狒
〖幫滂並〗【不】〖幫〗不否痞梧〖滂〗坏悟綊醅剖咅〖並〗邳倍部膳涪罯否痞
〖幫滂並〗【分】〖幫〗分頒玢粉〖滂〗忿盼〖並〗汾粉魵盆貧分
〖幫滂並〗【方】〖幫〗方枋瓬舫放謗〖滂〗紡滂〖並〗防房旁蹐搒方‖埑
〖幫滂並〗【包】〖幫〗包苞飽〖滂〗鞄〖並〗抱匏鮑袍炮鞄

〖幫滂並〗【氾】〖幫〗砭〖滂〗氾〖並〗犯范範笵○

〖幫滂並〗【弗】〖幫〗弗沸〖滂〗茀費〖並〗瀵弟

〖幫滂並〗【皮】〖幫〗陂彼柀波〖滂〗秛鈹坡破頗〖並〗皮被

〖幫滂並〗【并】〖幫〗并絣迸餅屏〖滂〗姘〖並〗駢骿屏∥詽○

〖幫滂並〗【甫】〖幫〗逋補舖博搏傅溥郙莆脯〖滂〗誧尃鋪浦搏溥郙〖並〗捕榑縛薄輔䩤匍蒲酺∥鳪○○○

〖幫滂並〗【畀】〖幫〗畀痺〖滂〗濞膞〖並〗鼻膞○

〖幫滂並〗【朋】〖幫〗崩倗〖滂〗漰倗〖並〗朋倗倗∥珊

〖幫滂並〗【畐】〖幫〗偪楅幅福蝠輻富〖滂〗畐副〖並〗煏畐

〖幫滂並〗【复】〖幫〗腹複鍑〖滂〗覆〖並〗復複複

〖幫滂並〗【扁】〖幫〗扁甂編〖滂〗偏媥篇〖並〗扁○

〖幫滂並〗【敝】〖幫〗敝墆鼈〖滂〗嫳〖並〗幣敝∥蔽

〖幫滂並〗【賁】〖幫〗賁僨〖滂〗噴濆歕〖並〗獖墳賁濆

〖幫滂並〗【番】〖幫〗番播潘〖滂〗旛轓潘番〖並〗蕃燔番旛轓○

〖幫滂並〗【辟】〖幫〗辟壁臂壁繁〖滂〗㡰〖並〗繁避闢辟

〖幫滂並〗【僕】〖幫〗濮樸〖滂〗樸〖並〗僕樸○

## 2. 幫滂並：明

〖幫明〗【夢】〖幫〗邊〖明〗雺櫋鬤

〖滂明〗【免】〖滂〗嫇〖明〗免勉輓

〖滂明〗【無】〖滂〗撫〖明〗無蕪橅廡○

〖幫並明〗【必】〖幫〗必柲〖並〗柲〖明〗密

〖幫滂並明〗【白】〖幫〗百柏碧伯狛〖滂〗狛〖並〗白帛狛〖明〗佰∥皪邙○

## 3. 明

〖明〗【○】莽皃芈麢帀面廟黽鳴牟牡牧穆塱武戊命

〖明〗【木】木沐

〖明〗【丏】沔眄

〖明〗【勿】勿吻物

〖明〗【文】文閔

〖明〗【未】未妹昧袾寐昧

〖明〗【末】末眛鉥粖

〖明〗【目】目冒

〖明〗【民】民揖緡鏪敃政擊顝

〖明〗【辰】䀛𥉿

〖明〗【名】名銘

〖明〗【米】米秫眯迷麇∥困○

〖明〗【巫】巫誣葞

〖明〗【旻】旻没

〖明〗【尾】尾浘娓

〖明〗【苗】苗媌

〖明〗【枚】枚坆

〖明〗【門】門聞問∥麐

〖明〗【孟】孟猛

〖明〗【某】某裸謀菒

〖明〗【眇】杪眇

〖明〗【美】美∥秾

〖明〗【眉】眉楣媚

〖明〗【馬】馬瑪

〖明〗【莫】莫鬘摹瞙獏驀募墓幕○

〖明〗【散】散微薇

〖明〗【冡】冡蒙㡃

〖明〗【冥】冥蓂瞑

〖明〗【㒼】構滿糒○

〖明〗【曼】曼蔓嫚縵輓謾

〖明〗【朚】朚盟萌∥明

〖明〗【麻】麻麼靡磨○

〖明〗【買】買瞤賣㥠

〖明〗【蔑】蔑薎

〖明〗【鼏】鼏黽

〖明〗【瞢】瞢夢

## 4. 精清從

〖精〗【○】〖莊〗札

〖精〗【○】薦進爵帀再葬棗竈走奏歜

〖精〗【甾】〖精〗𤒋〖莊〗甾菑緇○

〖精〗【宰】〖精〗宰梓〖莊〗滓

〖精〗【箰】箰遵劙○

〖精〗【贊】贊酇

〖清〗【○】〖初〗初齓舀

〖清〗【○】〖清〗窯〖初〗窯

〖清〗【○】竊粲犒觿寙爨

〖清〗【七】七切

〖清〗【采】采菜

〖清〗【倉】〖清〗倉蒼雔槍〖初〗鎗‖繪

〖清〗【戚】戚慼

〖清〗【𠨔】𠨔遷

〖從〗【○】〖崇〗虥屌士

〖從〗【○】殂存疾疌截雋全泉族罪絕

〖從〗【匠】匠○

〖從〗【曹】曹漕

〖從〗【集】集雜

〖從〗【皋】皋○

〖從〗【叢】叢藂薮

〖精清〗【寸】〖精〗尊〖清〗寸刌

〖精清〗【宋】〖精〗泲姊秭糳〖清〗越○

〖精清〗【足】〖精〗足〖清〗促〖莊〗捉○

〖精清〗【囪】〖精〗廯總〖清〗恖窻蔥廯〖初〗窗窻

〖精清〗【妾】〖精〗椄〖清〗妾

附录6 秦文字谐声谱（声母编） ◆◇◆

〖精清〗【侵】〖精〗寑〖清〗侵寑寢‖浸帚瘖○
〖精清〗【晉】〖精〗晉瑨〖清〗晉
〖精清〗【𢍰】〖精〗𢍰稷〖初〗𢍰‖禝
〖精清〗【祭】〖精〗祭〖清〗蔡〖初〗察
〖精清〗【最】〖精〗最〖清〗撮○
〖清從〗【造】〖清〗慥〖從〗造遭〖初〗簉
〖清從〗【巽】〖清〗譔〖崇〗譔○
〖清從〗【盡】〖精〗津〖從〗盡
〖精從〗【○】〖精〗鑿〖從〗鑿
〖精從〗【才】〖精〗𢦏載𢦒戈〖從〗才材財在𢦏栽載戴〖莊〗𢦔〖崇〗豺
　　‖𢼮
〖精從〗【子】〖精〗子〖從〗字
〖精從〗【井】〖精〗井邢〖從〗阱‖𡩋枅
〖精從〗【爿】〖精〗牂臧將蔣獎𤖅漿牆〖從〗牆蘠〖莊〗壯莊斐裝〖崇〗
　　牀狀○○
〖精從〗【乍】〖精〗作柞〖從〗胙酢柞〖莊〗詐〖崇〗乍詐○○
〖精從〗【爭】〖從〗淨靜瀞〖莊〗爭𤇾諍
〖精從〗【秦】〖從〗秦〖莊〗蓁
〖精從〗【𠭥】〖精〗翦歬湔煎𩮙箭〖從〗𠭥𩮙湔
〖精從〗【焦】〖精〗燋焦〖從〗譙‖熦
〖精從〗【曾】〖精〗曾噌增罾繒甑嶒〖從〗層繒簪曾噌
〖精從〗【齊】〖精〗齋劑濟霽驚𥁰〖從〗齊劑薺齏驚〖莊〗齋
〖精清從〗【左】〖精〗ナ左佐〖清〗髽〖從〗鬝〖初〗差𢕔〖崇〗㮟
〖精清從〗【且】〖精〗且苴罝咀駔租祖組姐〖清〗疽雎沮胆則且〖從〗盧
　　咀駔沮〖莊〗樝俎詛沮〖崇〗助
〖精清從〗【朿】〖精〗迹積績脊〖清〗刺〖從〗漬〖莊〗責𧈪〖初〗策齰
　　‖㛂○
〖精清從〗【此】〖精〗茈觜頿訾〖清〗此雌庛觜〖從〗疵〖莊〗齜〖崇〗
　　柴○
〖精清從〗【早】〖精〗早〖清〗草〖從〗皂

263

〖精清從〗【次】【精】櫗桼資恣〖清〗次〖從〗資○○
〖精清從〗【坐】〖清〗脞〖從〗坐瘥〖莊〗髽
〖精清從〗【取】【精】陬〖清〗取娵趣〖從〗聚鄹冣〖莊〗陬
〖精清從〗【卒】【精】卒醉瘁〖清〗卒猝淬焠瘁〖從〗捽萃顇誶
〖精清從〗【則】【精】則〖從〗賊〖初〗廁
〖精清從〗【秋】【精】湫〖清〗秋湫〖從〗湫
〖精清從〗【芻】〖清〗趨騶〖莊〗鄒〖初〗芻犓〖崇〗媰雛齵
〖精清從〗【斬】【精】漸〖清〗槧〖從〗漸槧〖莊〗斬
〖精清從〗【從】【精】豵縱〖清〗樅從〖從〗從
〖精清從〗【就】【精】楚〖清〗楚〖從〗就

## 5. 心

〖心〗【○】〖生〗瑟嗇殺山師帥雙爽朔所茜
〖心〗【○】屑卅塞三死夙素粟蒜筭悉徙冊燮羞宿戌緦祟芺犀
〖心〗【厶】厶私
〖心〗【卂】卂訊
〖心〗【心】心芯
〖心〗【四】四牭駟
〖心〗【西】西洒栖
〖心〗【先】【心】先洗姺〖生〗詵
〖心〗【色】〖生〗色∥艳
〖心〗【刪】【心】姍〖生〗刪
〖心〗【秀】秀∥琇
〖心〗【析】析皙
〖心〗【思】思鰓諰細
〖心〗【叟】【心】叟嫂樱〖生〗瘦搜獀溲
〖心〗【送】送∥蓌
〖心〗【索】【心】索〖生〗索
〖心〗【息】息熄
〖心〗【孫】孫蓀

〖心〗【桑】桑喪

〖心〗【率】〖生〗率衛

〖心〗【斯】斯廝

〖心〗【散】散趣

〖心〗【舄】舄寫瀉

〖心〗【須】須頪顙盨

〖心〗【肅】肅櫹蕭繡

〖心〗【穌】穌蘓蘇

〖心〗【鮮】鮮蘚

## 6. 精清從：心

〖精心〗【叉】〖精〗蚤〖莊〗叉〖心〗騷

〖精心〗【辛】〖清〗親窺〖莊〗亲〖心〗辛薪新辡○○

〖精心〗【絲】〖精〗茲滋〖心〗絲

〖精心〗【鐵】〖精〗鐵〖心〗鐵孅

〖清心〗【疋】〖初〗楚〖心〗胥〖生〗疏糈

〖清心〗【妻】〖清〗妻郪淒萋〖心〗棲

〖清心〗【相】〖心〗相〖初〗楣〖生〗楣霜

〖清心〗【衰】〖初〗衰〖生〗衰榱

〖清心〗【桼】〖清〗桼漆〖心〗㓨

〖清心〗【參】〖清〗驂〖心〗參〖生〗參摻

〖精清心〗【喿】〖精〗澡趮〖清〗操〖心〗喿燥

〖精清心〗【算】〖精〗纂〖清〗潯〖初〗篡〖心〗算匴潯〖生〗潯

〖清從心〗【戔】〖清〗淺〖從〗戔賤帴賤踐餞錢〖初〗剗〖崇〗棧轏〖心〗帴〖生〗帴

〖精從心〗【卩】〖精〗即節〖從〗絕〖莊〗櫛〖生〗卹

〖精從心〗【兓】〖精〗簪鐕〖從〗蠶鬵〖莊〗簪譖〖心〗糂

〖精從心〗【宗】〖精〗宗綜〖從〗賨〖崇〗崇〖心〗宋∥崇

〖精從心〗【咠】〖精〗楫〖從〗輯揖〖心〗㙷

〖精從心〗【巢】〖精〗勦〖崇〗巢〖心〗巢

〚精清從心〛【生】〚精〛旌菁睛精〚清〛青猜倩清鯖請〚從〛靖情請靜瀞〚心〛省星猩姓〚生〛生牲甥猩○○○

〚精清從心〛【昔】〚精〛唶〚清〛皵厝錯趞潛〚從〛唶耤籍皵〚心〛昔惜〚莊〛潛諎〚崇〛齰〚生〛潛

## 7. 端透定

〚端〛【○】〚知〛展褅追晝冢螯逐輒驚

〚端〛【○】〚知〛質〚章〛質

〚端〛【○】得寭朵帶斗典

〚端〛【冬】〚端〛冬〚章〛終螽

〚端〛【月】〚端〛月〚章〛旎｜汌

〚端〛【弔】盉○○

〚端〛【氏】〚端〛氏羝邸抵柢牴胝〚知〛氏〚章〛厎㳽

〚端〛【竹】〚端〛篤〚知〛竹筑築○

〚端〛【知】〚知〛知觶

〚端〛【鳥】鵙鳥搗

〚端〛【鼎】〚端〛鼎〚知〛貞

〚端〛【徵】〚知〛徵○

〚透〛【○】〚徹〛敕疢忐蚩

〚透〛【○】退禿忑弢普猞兔炭

〚透〛【天】天吞

〚定〛【○】〚澄〛甒塵逐稺豸蟲黽纏陳

〚定〛【○】闒毒遆達彤圖盜恬

〚定〛【丈】〚澄〛丈仗

〚定〛【乇】〚澄〛秅乇宅○

〚定〛【殳】〚定〛投〚常〛殳｜毆

〚定〛【田】田甸

〚定〛【同】同洞桐銅調

〚定〛【段】段葮

〚定〛【突】突｜夌｜宎｜突

〖定〗【庫】〖澄〗肇肇

〖定〗【奪】奪〇

〖端定〗【〇】〖知〗朝〖澄〗朝

〖端定〗【〇】〖端〗殿斷〖定〗殿斷

〖端定〗【丁】〖端〗丁定〖透〗町〖定〗町亭定〖澄〗朾〖章〗正鉦整政延〖常〗成城誠盛‖頲

〖端定〗【中】〖知〗忠衷中〖澄〗仲‖㐀

〖端定〗【㐱】〖定〗殄〖知〗珍〖澄〗診〖章〗診畛軫袗〇

〖端定〗【主】〖知〗住軴〖澄〗柱住〖章〗主麈注

〖端定〗【宁】〖知〗貯㝍〖澄〗竚

〖端定〗【朱】〖知〗誅〖章〗珠朱〖常〗殊銖洙

〖端定〗【豆】〖端〗郖鬪短〖定〗豆郖頭〖知〗斲〖常〗豎

〖端定〗【直】〖端〗德〖知〗稙置〖澄〗直〖常〗殖

〖端定〗【叀】〖定〗塼槫〖知〗轉傳〖澄〗傳〖常〗叀膞槫

〖端定〗【周】〖端〗雕〖澄〗椆稠〖章〗椆周菃

〖端定〗【㞢】〖知〗㞢〖澄〗廚〖章〗澍〖常〗尌樹澍〇

〖端定〗【㝊】〖端〗擣禱〖知〗幬〖澄〗疇籌幬〖章〗鑄〖常〗壽〇

〖端定〗【單】〖端〗單禪鄲癉箪〖定〗鼉〖章〗戰〖常〗單蟬

〖端定〗【奠】〖端〗奠〖定〗奠〖澄〗鄭〇

〖端定〗【登】〖端〗登簦鐙〖定〗鄧

〖透定〗【土】〖透〗土圫〖定〗杜徒

〖透定〗【大】〖透〗泰〖定〗大杕

〖透定〗【狄】〖透〗愁〖定〗狄

〖透定〗【弟】〖透〗梯〖定〗弟娣第苐

〖透定〗【沓】〖透〗㛢〖定〗沓

〖透定〗【虎】〖定〗踱謕〖徹〗褫〖澄〗鯱虎褫

〖透定〗【舀】〖透〗滔〖定〗稻

〖透定〗【戠〗【透〗鐵〖澄〗戠

〖透定〗【徹】〖徹〗徹〖澄〗勶徹

〖端透定〗【屯】〖端〗頓〖定〗屯庉〖章〗肫純〖昌〗萅蠢〖常〗純

〖端透定〗【旦】〖端〗旦亶嬗魁〖透〗嬗〖定〗膻檀但魁〖知〗鱣〖章〗顫飦〖常〗擅嬗

〖端透定〗【長】〖知〗長張〖徹〗韔〖澄〗長

〖端透定〗【東】〖端〗東凍董〖定〗童董僮動潼〖澄〗重〖章〗種踵鐘〖昌〗衝潼〖常〗瘇

〖端透定〗【垂】〖透〗唾涶〖知〗箠婑諈〖澄〗錘脽〖章〗箠〖常〗垂倕陲

〖端透定〗【叕】〖端〗掇〖知〗叕啜輟掇腏娺窡〖昌〗啜〖常〗啜

〖端透定〗【是】〖端〗隄堤鞮〖透〗緹〖定〗隄提媞褆緹題騠〖澄〗褆〖常〗堤媞是

〖端透定〗【耑】〖端〗耑端鍴〖透〗貒〖章〗湍顓惴〖昌〗喘諯〖常〗椯膞諯∣遄

〖端透定〗【執】〖澄〗蟄〖章〗執摯〖昌〗蟄

〖端透定〗【蜀】〖定〗獨〖澄〗濁〖章〗燭屬〖昌〗觸歜〖常〗蜀屬

〖端透定〗【辜】〖端〗敦〖透〗脝〖常〗辜雖雖醇淳

## 8. 端透定：書神以邪

〖端透書〗【占】〖端〗點〖徹〗閆〖章〗占〖昌〗苫〖書〗姑

〖端透以〗【詹】〖端〗膽儋〖章〗詹瞻〖昌〗襜韂〖以〗簷

〖端定書〗【尢】〖端〗妠黕〖知〗炈〖澄〗沈〖書〗沈

〖端定書〗【至】〖端〗室蛭〖定〗垤絰姪〖知〗挃致室蛭銍〖澄〗姪緻〖章〗至郅桎蛭銍〖書〗室∣詓

〖端定書〗【帝】〖端〗帝適渧〖定〗黐〖澄〗黐〖書〗啻適〇

〖端定神〗【辰】〖知〗辰〖章〗唇振震〖常〗辰晨〖神〗脣〇

〖端透定書〗【肘】〖透〗討〖知〗肘〖澄〗紂〖書〗守

〖端透定書〗【者】〖端〗楮都堵〖定〗屠〖知〗豬〖徹〗楮〖章〗者諸陼渚煮翥箸〖常〗署〖書〗奢暑∣遮

〖端透定以〗【弋】〖端〗戴〖透〗貸貣〖定〗代忒貣〖以〗弋杙∣載〇

〖端透定邪〗【之】〖邪〗寺〖端〗等〖定〗待特臺嬗〖澄〗痔〖章〗之時〖昌〗耛蚩〖常〗時蒔侍市∣坏〇〇〇

## 附录6　秦文字谐声谱（声母编）

〖端透定書以〗【刀】〖端〗刀到船貂貂〖定〗蹈〖徹〗超〖澄〗召〖章〗剑招昭照駋沼陥炤詔〖常〗邵邵招袑紹韶〖以〗軺

〖端透定書邪〗【石】〖端〗妬蠹〖透〗柝祏橐拓〖定〗度渡宕庹〖知〗磔〖徹〗坼〖章〗摭拓柘斫〖昌〗庶赿〖常〗石碩〖書〗庶〖邪〗席

〖透書〗【尸】〖徹〗屎〖書〗尸屍

〖透書〗【罙】〖透〗探〖書〗寀深罙∣煡

〖透書〗【春】〖徹〗惷〖書〗春蠢〇

〖透以〗【異】〖徹〗趩〖以〗異翼糞

〖透邪〗【尋】〖邪〗尋禫〖透〗禫∣敠

〖透定以〗【兆】〖透〗頫〖定〗逃桃誂跳銚〖澄〗兆〖以〗姚銚∣咷桃

〖透定以〗【翟】〖透〗趯〖定〗翟糴韣〖澄〗翟擢濯〖以〗躍

〖透定書以〗【壬】〖透〗桯聽〖定〗廷鋌庭涏姙梃〖澄〗呈程醒〖書〗聖〖以〗郢∣程

〖透定書以〗【失】〖透〗佚〖定〗跌胅軼〖澄〗秩〖書〗失〖以〗軼

〖透定書以〗【兌】〖透〗祱蛻脫〖定〗兌輗痬銳脫〖書〗涗稅祱鋭說蛻〖以〗鋭說蛻睨閱

〖透定書以〗【易】〖透〗湯蕩傷〖定〗碭蕩〖徹〗暘〖澄〗場腸〖書〗傷湯殤觴湯鯣〖以〗易陽揚楊〇〇

〖透定書以〗【俞〗〖透〗喻〖定〗綸揄腧窬匬〖澄〗腧〖書〗輸輸〖以〗俞輸隃揄婾榆腧腧窬褕諭

〖透定以邪〗【用】〖透〗痛通桶〖定〗筩〖以〗用庸甬涌勇恿〖邪〗誦〇〇

〖透定以邪〗【隋】〖透〗鐫〖定〗鑐鑐墮惰〖以〗鑐〖邪〗隋隨

〖透書神邪〗【食】〖徹〗飭〖書〗飾〖神〗食飿〖邪〗飤

〖透定書神以邪〗【它】〖邪〗炧〖透〗它佗詑〖定〗柂陀詑坨駝〖澄〗陀沱〖常〗鉈鉈〖神〗蛇咤〖書〗施鉈〖以〗匜鉈坨

〖透定書神以邪〗【余】〖邪〗徐葆〖定〗荼涂溙塗梌筡〖徹〗筡〖澄〗除荼塗〖常〗葆余〖書〗舒舍捈郐〖神〗荼〖以〗余餘

〖定以〗【夷】〖定〗荑〖以〗荑痍夷〇

〖定以〗【匋】〖定〗匋綯陶〖以〗陶

〖定以〗【炎】〖定〗焱談〖以〗剡

269

〚定以〛【睪】〚定〛鐸〚澄〛擇澤〚以〛睪繹驛∥監懌〇

〚定以邪〛【由】〚定〛邮〚澄〛軸胄〚以〛由邮〚邪〛笛

〚定邪〛【豙】〚邪〛豙遂隧燧璲檖〚定〛隊〚澄〛墜

〚定邪〛【賣】〚邪〛續〚定〛竇攬瀆遺櫝犢讀〚常〛贖

〚定神〛【朮】〚澄〛苿〚神〛朮枺秫述術鉥䢭

〚定神邪〛【盾】〚邪〛循〚定〛盾〚神〛揗盾

〚定書〛【矢】〚澄〛雉〚書〛矢屎

〚定書〛【首】〚定〛道導〚書〛首

〚定書以〛【枼】〚定〛牒諜〚書〛葉〚以〛枼偞葉∥渫渫〇

〚定書以邪〛【覃】〚定〛簟鐔蕈曋〚書〛曋〚以〛鐔〚邪〛鐔

〚定書神以邪〛【予】〚邪〛序〚澄〛杼〚常〛墅壄〚神〛杼抒〚書〛舒〚以〛予墅豫∥迃〇

## 9. 端透定：泥娘日

〚端泥〛【乃】〚泥〛乃〚章〛汭

〚透泥〛【丑】〚徹〛丑〚娘〛朒狃

〚端透泥〛【卓】〚知〛卓猝〚娘〛淖〚昌〛婥綽

〚端透泥〛【聶】〚娘〛聶〚章〛槷〚昌〛槷

## 10. 泥娘日

〚泥〛【〇】〚娘〛赧匿

〚泥〛【〇】奈男南㘨能襄鹵

〚泥〛【二】〚娘〛膩〚日〛二貳

〚泥〛【刃】〚泥〛訒〚日〛訒刃忍認軔

〚泥〛【内】〚泥〛内納〚日〛芮

〚泥〛【壬】〚娘〛賃〚日〛壬任荏衽絍∥枉

〚泥〛【尼】〚泥〛泥〚娘〛尼

〚泥〛【而】〚日〛而〚泥〛耐

〚泥〛【辱】〚泥〛槈〚日〛辱蓐

〚泥〛【弱〛〚泥〛溺〚娘〛鰯〚日〛弱

〖泥〗【寍】寍寧甯

〖泥〗【農】農癑膿

〖泥〗【爂】〖泥〗爂㰥〖娘〗玃〖日〗爂擾〇

## 11. 章昌常日

〖章〗【〇】譬厄隻炙眔州帚贄

〖章〗【制】制製

〖章〗【祝】祝䛦

〖章〗【章】章鄣漳樟

〖昌〗【〇】昌尺穿炊

〖昌〗【赤】赤〇

〖昌〗【冉】冉偁稱

〖常〗【〇】上涉筮社〇

〖常〗【孰】孰〇

〖日〗【〇】轫甘然日戎宂乳入蓺闰

〖日〗【耳】耳珥枏餌佴姍

〖日〗【肉】肉〇

〖日〗【茸】茸聳

〖日〗【柔】楺柔

〖日〗【恋】榮縈

〖章昌〗【止】〖章〗止〖昌〗齒

〖章常〗【氏】〖章〗抵紙〖常〗氏〇

〖章常〗【承】〖章〗烝筴蒸〖常〗丞承〇

〖章常〗【舟】〖章〗舟洀〖常〗受綬〇

〖章常〗【折】〖章〗淛折裚〖常〗折∥斯

〖章常〗【善】〖章〗嬗〖常〗善繕饍〇

〖昌常〗【雠〗〖昌〗讙〖常〗雠

〖昌日〗【冉】〖昌〗痸〖日〗冄痸枏顄苒

## 12. 章昌常：書神以

〖章昌書〗【哉】〖章〗哉識織臓職〖昌〗熾〖書〗識〇
〖章書神以〗【世】〖章〗迣〖書〗世貰〖神〗貰〖以〗泄〇

## 13. 書神以邪

〖書〗【〇】奭手獸書黍鼠戌水舞設豕身升扇商灩薗
〖書〗【式】式試紌
〖書〗【夾】夾陝變
〖書〗【㬈】淫濕
〖神〗【〇】橠船舌實
〖以〗【〇】也融延衍彝逸裔淫引胤盈赢昱鷖孕鳶鹵牏∥戱
〖以〗【臾】臾庾
〖以〗【斿】斿游
〖以〗【䍃】䍃媱榣〇
〖以〗【寅】寅夤
〖以〗【毓】毓淯
〖以〗【龠】龠鑰籥闟
〖以〗【緜】緜蘇
〖邪〗【〇】囚叡兕夕襲象旋習
〖邪〗【辝】辝辭
〖書神〗【申】〖書〗申怛軸旃〖神〗神∥迪沖
〖神以〗【蠅】〖神〗繩〖以〗蠅
〖以邪〗【巳】〖邪〗巳汜祀〖以〗已妃
〖以邪〗【次】〖邪〗次羨〖以〗羨
〖以邪〗【采】〖邪〗采〖以〗褒
〖神以邪〗【射】〖邪〗謝〖以〗射〖神〗射

## 14. 來

〖來〗【〇】牢老卯弄囡羅蠱蔬魯類李枽晉聯兩臨闋履流戾鏊料隸∥淶
〖來〗【力】勒朸力犵

附录6　秦文字谐声谱（声母编）

〖來〗【令】令阾泠零鯩領‖衿〇
〖來〗【耒】耒頼
〖來〗【列】列烈裂
〖來〗【利】利黎犁藜䔧〇
〖來〗【孚】捋埒
〖來〗【吝】吝〇
〖來〗【良】郎狼琅閬䑋良眼
〖來〗【夌】夌陵淩婌
〖來〗【彔】捸婦祿睩逯錄
〖來〗【連】連蓮
〖來〗【离】離离
〖來〗【旅】旅〇
〖來〗【鹵】鹵菌
〖來〗【鹿】鹿驢
〖來〗【梁】梁梁
〖來〗【扇】扇漏
〖來〗【厤】歷曆曆〇
〖來〗【量】量糧
〖來〗【䜌】䜌亂
〖來〗【粦】憐鄰鄰‖粼
〖來〗【勞】勞犖
〖來〗【畾】畾儡絫壘纍虆櫑
〖來〗【巤】臘鑞邋儠獵
〖來〗【閻】閻藺
〖來〗【尞】潦燎膫繚
〖來〗【霝】霝薑靈靃‖
〖來〗【贏】贏贏

## 15. 見溪羣疑曉匣雲

〖見〗【〇】耕罌杲戈棘羹戟耿皷蠱寡乖怪鰥光龜鯀季冀廎繼甲賈姦繭戒兢

· 273 ·

㹲韭𡴞改韻‖鸞

〖見〗【几】几飢

〖見〗【卅】關鈕

〖見〗【介】介芥界疥‖阶旂

〖見〗【更】更梗‖迿

〖見〗【岡】岡剛綱

〖見〗【股】股殺

〖見〗【肩】肩狷

〖見〗【革】革樺

〖見〗【勊】勊筋

〖見〗【冓】冓溝購講

〖見〗【皋】皋睪〇

〖見〗【家】家㗂嫁稼

〖見〗【叚】叚廄

〖見〗【敬】敬驚憼

〖見〗【剣】剣薊‖薊

〖見〗【覃】覃郭障椁

〖見〗【鞠】鞠鞠蘜蘜

〖溪〗【〇】冎孔寇哭寬款虧髡困企棄器牽慶曲犬開昆蚰

〖溪〗【口】口釦

〖溪〗【欠】吹（欠）坎〇

〖溪〗【丘】丘邱‖疰

〖溪〗【克】克尅

〖溪〗【攵】攵綮啓楽‖楽啓

〖溪〗【藗】藗萠

〖溪〗【遣】遣譴

〖羣〗【〇】强桀迲卙件

〖羣〗【臼】白舊

〖羣〗【夅】夅頟

〖疑〗【〇】圍御獄愁剿業言雁瓦牛鄂芛逆臥宜‖鴈

〖疑〗【乂】乂艾

〖疑〗【五】五捂吾郚語伍梧俉衙圄敔禦‖唔邀〇

〖疑〗【月】月外刖抈‖玥

〖疑〗【卬】卬柳迎

〖疑〗【吳】吳娛誤虞〇

〖疑〗【虐】虐瘧

〖疑〗【禺】禺耦隅愚遇寓

〖疑〗【魚】魚漁‖澺

〖疑〗【豙】豙顡毅

〖曉〗【〇】虫欻好赫虺沫肸醢虢孝眉興休鬃艳

〖曉〗【化】化魤貨〇

〖曉〗【火】火吙〇

〖曉〗【兄】兄況

〖曉〗【希】希稀豨

〖曉〗【奐】奐渙

〖曉〗【喜】喜歖熹‖憙

〖曉〗【毀】毀嫛

〖曉〗【憲】憲譿攇

〖曉〗【顯】顯顯

〖曉〗【靃】霍靃虇

〖匣〗【〇】穴遺①協鏧杏愫下夏縣丸回圅厚壺互苩宦鞏戌馬‖愫〇〇〇

〖匣〗【禾】禾和穌科泍

〖匣〗【玄】玄弦妶泫茲

〖匣〗【行】行胻衡

〖匣〗【幸】幸婞〇

〖匣〗【後】後鎒

〖匣〗【囷】囷菌

〖匣〗【畫】畫嫿

---

① 《广韵》为以母字。此据《篆隶万象名义》。

〚匣〛【貊】貊〇
〚雲〛【〇】熊雨郵
〚雲〛【尤】尤疣訧
〚雲〛【永】詠永〇
〚雲〛【役】役疫
〚雲〛【胃】胃渭謂
〚見溪〛【甴】〚見〛屈〚溪〛甴
〚見溪〛【谷】〚見〛卻腳〚溪〛卻胎卻‖卻〇
〚見溪〛【欮】〚見〛厥蹶蹶〚溪〛闕〇
〚見溪〛【歸】〚見〛歸〚溪〛巋
〚見羣〛【久】〚見〛久〚羣〛區樞〇〇
〚見羣〛【巨】〚見〛矩柜〚羣〛巨渠岠距鉅筥〇〇
〚見羣〛【求】〚見〛救〚羣〛求裘
〚見羣〛【君】〚見〛君〚羣〛郡帬羣‖帬
〚見羣〛【具】〚見〛梟壘俱〚羣〛具〇
〚見羣〛【咎】〚見〛咎莕椌櫜馨〚羣〛誥
〚見羣〛【建】〚見〛建騝〚羣〛楗鍵騝
〚見羣〛【宮】〚見〛宮躬〚羣〛窮
〚見羣〛【幾】〚見〛幾機鐖〚羣〛幾〇
〚見羣〛【畺】〚見〛畺薑橿疆〚羣〛彊
〚見羣〛【豦】〚見〛豦據〚羣〛勮遽醵趨豦
〚見羣〛【競】〚見〛竞鏡〚羣〛競競競
〚見疑〛【危】〚見〛姽蜤〚疑〛危
〚見曉〛【冋】〚見〛冋冏〚曉〛詗
〚見曉〛【昊】〚見〛昊〚曉〛昦
〚見曉〛【奭】〚見〛奭槲〚曉〛奭
〚見匣〛【〇】〚見〛雗〚匣〛雗
〚見匣〛【〇】〚見〛見〚匣〛見
〚見匣〛【弓】〚見〛弓〚匣〛弘
〚見匣〛【戶】〚見〛雇顧〚匣〛戶雇

## 附录6 秦文字谐声谱（声母编）  ◆◇◆

〖見匣〗【瓜】〖見〗瓜孤觚苽〖匣〗狐弧

〖見匣〗【荆】〖見〗荊〖匣〗荆

〖見匣〗【亙】〖見〗亙椢〖匣〗恆

〖見匣〗【告】〖見〗告栲窖〖匣〗鵠

〖見匣〗【系】〖見〗係〖匣〗系

〖見匣〗【皆】〖見〗皆鍇偕〖匣〗鍇

〖見匣〗【侯】〖見〗緱〖匣〗侯鍭候膣‖猴

〖見匣〗【叚】〖見〗叚葭豭假瘕〖匣〗瑕

〖見匣〗【倝】〖見〗榦〖匣〗韓鶾乾韓

〖見匣〗【害】〖見〗割〖匣〗害○

〖見匣〗【貫】〖見〗貫〖匣〗患

〖見匣〗【閒】〖見〗閒簡〖匣〗嫺

〖見匣〗【解】〖見〗解繲〖匣〗解䰥

〖見匣〗【褱】〖見〗壞〖匣〗懷壞

〖見雲〗【禹】〖溪〗齲〖雲〗禹

〖見雲〗【矞】〖見〗橘潏繘〖雲〗矞

〖溪羣〗【虘】〖溪〗趣〖羣〗虘

〖溪疑〗【豈】〖溪〗豈愷〖疑〗顗

〖溪曉〗【丂】〖溪〗考巧〖曉〗朽

〖溪曉〗【灰】〖溪〗恢〖曉〗灰抶

〖溪曉〗【卿】〖溪〗卿〖曉〗鄉饗

〖溪雲〗【頃】〖溪〗頃傾〖雲〗穎○

〖羣曉〗【夐】〖羣〗瓊〖曉〗諼

〖疑曉〗【玉】〖疑〗玉頊〖曉〗頊

〖疑曉〗【我】〖疑〗我莪騀餓義鄯轙羛議〖曉〗羲犧羛

〖疑曉〗【虍】〖疑〗虍瀘甗〖曉〗獻

〖疑曉〗【嚣】〖疑〗○①〖曉〗嚣

〖疑匣〗【兮】〖疑〗盻〖匣〗兮盻

---

① 从火嚣聲，同熬。

〖疑匣〗【敖】〖疑〗敖熬警嶅傲驁鰲〖匣〗勞‖謷

〖疑匣〗【原】〖疑〗原愿願〖匣〗豲

〖曉雲〗【羽】〖曉〗栩詡〖雲〗羽栩

〖匣雲〗【云】〖匣〗沄〖雲〗云芸沄妘雲〇

〖匣雲〗【厷】〖匣〗宏〖雲〗雄

〖匣雲〗【曰】〖匣〗抇〖雲〗曰

〖匣雲〗【号】〖匣〗號鄂〖雲〗鴞

〖見溪羣〗【己】〖見〗己紀記〖溪〗杞芑起〖羣〗忌邔

〖見溪羣〗【其】〖見〗其箕亝〖溪〗欺〖羣〗期亓綦旗騏其‖婯

〖見溪羣〗【困】〖見〗麇〖溪〗困〖羣〗菌

〖見溪羣〗【亟】〖見〗亟〖溪〗亟〖羣〗極

〖見溪羣〗【癸】〖見〗癸〖溪〗睽〖羣〗猤葵

〖見溪羣〗【規】〖見〗規鬹〖溪〗窺〖羣〗巎〇

〖見溪匣〗【元】〖見〗元〖溪〗軏犰阮〖匣〗肮

〖見溪匣〗【古】〖見〗古沽姑結辜罟固故居椐裾倨鹽胠〖溪〗軲椐枯苦枯殅〖匣〗胡〇〇

〖見溪匣〗【吉】〖見〗吉秸結桔頡〖溪〗蛣詰〖匣〗點頡

〖見溪匣〗【昏】〖見〗活括侞〖溪〗闊〖匣〗活侞〇

〖見溪匣〗【咼】〖見〗騧過〖溪〗咼〖匣〗禍既

〖見溪匣〗【骨】〖見〗骨〖溪〗骼〖匣〗滑

〖見溪匣〗【奚】〖見〗雞〖溪〗谿〖匣〗奚猰鼷

〖見溪匣〗【黃】〖見〗廣〖溪〗廡〖匣〗黃橫簧‖黃

〖見溪匣〗【毄】〖見〗墼繫〖溪〗毄〖匣〗繫〇〇

〖見溪雲〗【韋】〖見〗韏〖溪〗韏〖雲〗韋圍葦樟瑋緯韏衛〇

〖見羣曉〗【瞿〗【見〗玃貜〖羣〗瞿懼朧矇〖曉〗戄‖臞〇

〖見羣匣〗【甘】〖見〗甘泔紺〖羣〗拑黚〖匣〗邯

〖見羣匣〗【共】〖見〗共拱龔韎〖羣〗共〖匣〗衖巷‖鬨〇

〖見曉匣〗【后】〖見〗垢〖曉〗詬〖匣〗后鮜

〖見匣雲〗【或】〖見〗國〖匣〗或惑〖雲〗域械蜮〇

〖溪曉匣〗【气】〖溪〗气氣頜〖曉〗迄汽氣〖匣〗齕

〖曉匣雲〗【爰】〖曉〗煖暖楥〖匣〗緩暖〖雲〗爰援

〖曉匣雲〗【崔】〖曉〗觿〖匣〗嫿襀崔觿攜講繡〖雲〗嫿癀

〖見溪羣匣〗【工】〖見〗工功攻鞏貢虹江〖溪〗恐空控腔〖羣〗蛩邛〖匣〗
虹紅鳿項

〖見溪羣匣〗【弄】〖見〗卷帣蚕紾〖溪〗絭券〖羣〗卷圈拳〖匣〗豢∥困
萘泰○

〖見溪羣曉〗【九】〖見〗九軌究鳩〖溪〗尻馗〖羣〗馗仇朹〖曉〗旭○○

〖見溪羣曉〗【句】〖見〗句鉤狗者枸笱拘昫疴駒〖溪〗竘〖羣〗局朐絇鸲
〖曉〗佝昫煦〖匣〗詢○

〖見溪羣曉〗【藋】〖見〗藋觀灌〖溪〗勸〖羣〗灌權罐趕〖曉〗獾歡讙驩○

〖見溪疑匣〗【亥】〖見〗晐該胲頦〖溪〗欬刻〖疑〗閡〖匣〗亥駭劾頦○

〖見溪疑匣〗【艮】〖見〗艮根〖溪〗狠〖疑〗銀〖匣〗垠很

〖見溪疑匣〗【鬼】〖見〗鬼騩媿魂〖溪〗魁〖疑〗鬼隗巍〖匣〗槐褢瘣餽
○○

〖見溪疑雲〗【爲】〖見〗嬀騧〖溪〗闚〖疑〗僞〖雲〗爲闈

〖見溪曉匣〗【殼】〖見〗觳斲穀〖溪〗殼觳鏧愨〖曉〗殼穀殼〖匣〗穀觳

〖見溪曉匣〗【寒】〖見〗搴〖溪〗騫搴〖曉〗寒騫〖匣〗寒

〖見疑匣雲〗【元】〖見〗冠莞〖疑〗元阮頑芫沅蚖黿朊〖匣〗完莞睆院坑
〖雲〗院○○

〖見溪羣曉匣〗【高】〖見〗高膏憍槀縞喬驕鷮撟矯蟜蹻〖溪〗蹻趬〖羣〗
喬鷮蟜轎蹻僑橋趬〖曉〗蒿滈歊謞〖匣〗鎬豪滈○○○

〖見溪羣匣疑〗【巠】〖見〗巠勁涇經頸俓徑脛〖溪〗桱輕〖羣〗頸痙〖疑〗
俓娙〖匣〗莖陘鄄娙

〖見溪羣疑曉〗【斤】〖見〗斤靳蘄〖溪〗赾〖羣〗近頎蘄芹〖疑〗沂〖曉〗
欣訢∥斦䜣

〖見溪疑曉匣〗【干】〖見〗干肝杆邗稈奸許〖溪〗豻刊〖疑〗岸豻〖曉〗
罕軒〖匣〗豻扞骭邗汗旱悍閈○

〖見溪疑曉匣〗【开】〖見〗开枅笄狅〖溪〗幷汧〖疑〗研狅〖曉〗訐〖匣〗
胼○○

〖見疑曉匣雲〗【軍】〖見〗軍〖疑〗輝〖曉〗輩〖匣〗渾〖雲〗運

## 16. 見溪羣疑曉匣雲：影

〖見影〗【官】〖見〗官棺管婠菅〖影〗婠綰悹

〖見影〗【弅】〖見〗弅〖影〗弅黬

〖匣影〗【蔓】〖匣〗護獲穫穫濩〖影〗蔓濩○

〖雲影〗【尹】〖雲〗尹〖影〗伊

〖見疑影〗【敢】〖見〗敢〖疑〗厰嚴〖影〗黭

〖見匣影〗【爻】〖見〗教孝〖匣〗肴殽〖影〗郁

〖見匣影〗【學】〖見〗覺〖匣〗學鷽〖影〗鷽

〖疑曉影〗【矣】〖疑〗駭〖曉〗娭〖影〗矣埃

〖疑曉影〗【嬽】〖疑〗顉〖影〗嬽

〖曉雲影〗【又】〖曉〗豔〖雲〗又友有鮪宥姷盇疛趙右囿〖影〗郁‖鼬釲○○

〖見溪匣影〗【果】〖見〗果裹腂婑〖溪〗顆課〖匣〗腂踝〖影〗婑

〖見溪匣影〗【盇】〖見〗蓋〖溪〗醘〖匣〗盇蓋〖影〗搕瘱‖檻遏○○○

〖見溪匣影〗【會】〖見〗會澮廥〖溪〗噲〖匣〗會繪〖影〗薈

〖見羣匣影〗【加】〖見〗加袈痂嘉駕茄〖羣〗茄〖匣〗賀〖影〗婭

〖見羣雲影〗【夗】〖見〗涓稍絹〖羣〗蜎〖雲〗絹捐〖影〗宛鴛鴦悁蜎苑夗怨○

〖見曉匣影〗【交】〖見〗交姣蛟鮫狡烄校詨〖曉〗詨〖匣〗姣校效詨〖影〗窔

〖見溪羣曉影〗【旡】〖見〗既概溉墍〖溪〗嘅〖羣〗墍曁櫃〖曉〗墍〖影〗愛

〖見溪曉匣影〗【夬】〖見〗夬陜抉決肷駃〖溪〗駃快缺〖曉〗関〖匣〗陜〖影〗抉妜

〖見溪曉匣影〗【圭】〖見〗圭卦邽窐鮭桂街洼𨂂〖溪〗鮭奎赽〖曉〗眭〖匣〗眭窐鮭鮭眭臾〖影〗恚媖娃○

〖見溪曉匣影〗【夾】〖見〗夾梜莢鋏頰〖溪〗医篋愿夾〖曉〗夾欰〖匣〗陜狹挾〖影〗瘱

〖溪羣匣雲影〗【王】〖溪〗筐〖羣〗狂軖〖匣〗皇煌鄄〖雲〗王往〖影〗汪枉

〖溪曉匣雲影〗【于】〖溪〗夸郛綺姱胯跨〖曉〗華肝盱訏〖匣〗華嶂樺瓠鄠〖雲〗于吁迂杅盂竽釪宇芋〖影〗迂紆汙盉∥虖崋〇〇

〖羣曉匣雲影〗【員】〖羣〗羂嬛〖曉〗嬛蠉〖匣〗還圜環鐶〖雲〗員鼎園榬轅遠鄖隕涢賈〖影〗嬛賈∥〇〇〇

〖羣曉匣雲影〗【熒】〖羣〗勞〖曉〗謍〖匣〗熒熒營營謍〖雲〗榮〖影〗嫈縈謍

〖見溪羣疑匣影〗【匃】〖見〗匃葛濭揭〖溪〗揭〖羣〗揭楬竭〖曉〗歇〖匣〗褐鶡〖影〗遏謁腸閼〇

〖見溪疑曉匣影〗【㓞】〖見〗潔〖溪〗契挈〖疑〗齧〖曉〗絜〖匣〗瘱〖影〗窫〇

〖見溪羣疑曉匣影〗【可】〖見〗笴哥歌柯奇畸寄〖溪〗可踦觭綺猗〖羣〗琦騎錡〖疑〗錡齮〖曉〗訶〖匣〗何河苛〖影〗阿婀猗倚椅旖陭〇〇

## 17. 影

〖影〗【〇】鬱麐夵殷隱一燕肻奠歠擊威畏尉屋淵

〖影〗【乙】乙肊∥亿

〖影〗【幺】幺幽幼黝

〖影〗【夭】夭沃鋈妖鴁訞

〖影〗【央】央盎泱妷殃鞅鴦柍詇英〇

〖影〗【印】印抑

〖影〗【㔾】㔾抝餒

〖影〗【因】因洇姻駰

〖影〗【衣】衣哀依

〖影〗【安】安案晏〇

〖影〗【医】殹醫翳䰼〇

〖影〗【妟】匽揠偃鰋〇

〖影〗【邑】邑浥裛

〖影〗【亞】亞惡啞

〖影〗【奄】奄閹掩菴黤

〖影〗【要】要葽〇

〖影〗【㬈】㬈温熅輼縕〇
〖影〗【音】音黯窨瘖
〖影〗【烏】烏欸隖於䢒閼
〖影〗【冤】冤
〖影〗【邑】䧹䧹廱癰｜吢䧹
〖影〗【焉】焉鄢傿
〖影〗【壹】壹饐
〖影〗【猒】猒厭黶〇
〖影〗【悥】悥憂優櫌｜䟽
〖影〗【雁】雁應｜癰癊
〖影〗【意】意噫
〖影〗【歈】歈䧹
〖影〗【嬰】嬰纓瘿謑〇

## 18. 見溪羣疑曉匣雲影：章昌常日書以邪

〖見以邪〗【谷】〖見〗谷〖以〗袞谷浴欲鋊〖邪〗俗〇
〖見以邪〗【與】〖見〗擧〖以〗與興鷽蒺礜礜廲鯯〖邪〗鰣｜臀
〖見溪〗【車】〖見〗車〖溪〗庫〖昌〗車
〖見溪羣匣〗【臣】〖見〗堅緊〖溪〗謦謦蜸〖匣〗賢〖常〗臣腎
〖見溪羣疑〗【支】〖溪〗赵跂〖羣〗魃赵岐〖疑〗敧〖章〗支枝〖常〗衼
〖見溪羣疑曉〗【旨】〖見〗稽麖〖溪〗䭫〖羣〗耆〖疑〗詣〖章〗旨脂指
　　　　脂指〖書〗蓍荖｜酯〇
〖見溪匣〗【敫】〖見〗繳憿微檄〖溪〗竅〖匣〗檄檄皦敫〖章〗繳〇
〖見溪曉以〗【羔】〖見〗羔〖溪〗頯〖曉〗頯〖以〗窯
〖見溪以〗【臣】〖見〗姬〖章〗苢〖昌〗苢〖以〗臣姬妃
〖見溪以邪〗【羊】〖見〗姜〖溪〗羌〖以〗羊洋養恙羨〖邪〗庠洋
〖見羣〗【十】〖見〗計〖章〗汁〖常〗十什
〖見疑〗【只】〖見〗枳〖疑〗䩿〖章〗枳疻䩿
〖見曉〗【丩】〖見〗疘糾〖書〗收
〖見匣〗【咸】〖見〗感箴緘減〖匣〗咸箴械減〖章〗葴箴

〖見匣影以〗【公】〖見〗公衮〖影〗翁〖章〗佲〖以〗容鎔〖邪〗松訟頌
〖見影〗【亜】〖見〗甄〖影〗湮煙堙裡闉〖章〗甄
〖溪〗【臭】〖溪〗糗〖昌〗臭
〖溪疑曉〗【午】〖疑〗午啎〖曉〗許〖昌〗杵‖邀○
〖溪曉〗【殼】〖溪〗殼〖書〗聲
〖疑〗【兒】〖疑〗兒〖日〗兒
〖疑〗【埶】〖疑〗埶〖日〗熱
〖疑以邪〗【牙】〖疑〗牙雅訝〖以〗邪〖邪〗邪衺○
〖疑曉〗【若】〖曉〗䓕〖日〗若箬
〖曉以〗【亦】〖曉〗郝〖書〗郝赦〖以〗亦夜掖腋弈奕
〖雲〗【惠】〖匣〗惠〖雲〗譓〖邪〗穗
〖影以〗【益】〖影〗益嗌膉貐〖以〗溢

### 19. 清唇鼻音：幫系

〖幫曉〗【奉】〖幫〗捧〖曉〗奉
〖滂曉〗【亯】〖滂〗亨〖曉〗亯○
〖明曉〗【亡】〖明〗亡芒盲莣罔忘庄〖曉〗荒
〖明曉〗【毛】〖明〗毛旄髦〖曉〗耗
〖明曉〗【母】〖明〗母畮拇每敏姆毋〖曉〗海悔晦誨
〖明曉〗【威】〖明〗威搣滅〖曉〗威
〖明曉〗【黑】〖明〗墨默〖曉〗黑

### 20. 清邊音：來

〖透徹來〗【剌】〖透〗〔獺〗〖徹〗獺〖來〗剌藾賴
〖徹來〗【豊】〖透〗體〖來〗禮豊醴‖膿

### 21. 清齒齦鼻音：心

〖心泥〗【女】〖心〗絮〖泥〗奴弩怒〖娘〗女絮挐〖日〗如茹
〖心泥〗【爾〗〖心〗璽獮〖泥〗箹
〖心泥〗【需】〖心〗需臑〖泥〗穤澳〖日〗獳濡孺嬬臑襦臑奭

〚心泥〛【襄】〚心〛襄穰〚泥〛嚷〚娘〛孃〚日〛鄴穰壤讓驤攘鑲
〚清心泥〛【人】〚清〛千〚心〛信〚泥〛年佞〚日〛人仁
〚心透〛【妥】〚心〛綏〚透〛妥〚日〛綏〚曉〛綏

## 22. 邊音：唇音

〚幫來〛【亩】〚幫〛稟〚來〛廩｜傈〇〇
〚幫來〛【膚】〚幫〛膚〚來〛盧瀘鱸驢廬艫纑虜慮簏膚〇
〚幫明來〛【絲】〚幫〛變〚明〛蠻彎〚來〛絲戀欒攣孿鑾關〇〇
〚滂明來〛【卯】〚滂〛窌〚明〛卯貿〚來〛聊留雷聊劉柳
〚滂徹以〛【粵】〚滂〛聘〚徹〛騁樗〚以〛〔樗〕
〚並來徹〛【龍】〚並〛龐〚來〛龍聾聾龐〚徹〛寵
〚明來〛【六】〚明〛睦〚來〛六勠陸
〚明來〛【里】〚明〛薶霾〚來〛里悝貍理裏鯉鰲｜捏
〚明來〛【來】〚來〛來莱娸筴睞䅶鰲鰲〇〚明〛麥
〚明來徹〛【萬】〚明〛萬邁〚來〛厲蠣癘糲漣瘝〚徹〛蠆癱〇

## 23. 邊音：喉牙音

〚來見〛【〇】〚來〛角〚見〛角
〚來見〛【荔】〚來〛荔〚曉〛脅
〚來見〛【呂】〚來〛呂閭〚見〛莒筥〇
〚來見〛【林】〚來〛林〚見〛禁
〚來見〛【侖】〚來〛侖掄簫綸輪論〚見〛綸
〚來見〛【降】〚來〛瘴〚見〛降
〚來見〛【柬】〚來〛闌蘭簡爛湅煉練〚見〛柬諫｜諫
〚來見〛【鬲】〚來〛鬲〚見〛鬲隔輛
〚來見羣〛【京】〚來〛掠諒就〚見〛京景〚羣〛黥
〚來見溪匣〛【各】〚來〛答挌駱輅路露洛絡雩雒略〚見〛閣各挌茖格〚溪〛
　　客〚匣〛貉〇〇
〚來見以〛【監】〚來〛藍擥覽濫〚以〛鹽〚見〛監
〚來見溪疑匣〛【兼】〚來〛廉鎌鬑瀶溓鬑〚見〛兼蒹縑〚溪〛謙歉嗛〚疑〛

〚匣〛嫌獫

〚來見疑書以〛【樂】〚來〛樂爍〚來〛櫟趩〚書〛爍〚以〛櫟藥爍〚疑〛樂

〚來溪羣〛【立】〚來〛立苙笠脌〚溪〛泣脌〚羣〛苙‖朔

〚徹溪影〛【區】〚徹〛貙〚溪〛區驅軀嶇〚影〛區漚甌歐毆傴

〚徹疑〛【疑】〚徹〛癡〚疑〛疑

〚徹曉〛【畜】〚徹〛畜都蓄〚曉〛畜都蓄〇

〚徹曉〛【熏】〚徹〛櫄〚曉〛熏‖賣

### 24. 邊音：齒音

〚精從心來〛【史】〚莊〛俤〚崇〛事〚生〛史使㪅〚來〛吏

〚心來〛【麗】〚生〛灑〚來〛麗驪酈癘

### 25. 邊音：混雜

〚明來徹見曉匣〛【翏】〚明〛繆〚徹〛廖〚來〛翏嫪蓼廖雡勠戮〚見〛膠樛〚曉〛翏〚匣〛翏‖墶篸

〚精來見羣疑〛【僉】〚清〛僉〚來〛斂籨薟〚見〛檢劍〚羣〛儉〚疑〛嬐驗險‖薟薊

〚心來見〛【婁】〚心〛癭〚生〛數〚來〛婁寠僂蔞樓耬簍瘻鏤屢縷履〚見〛屢

〚來神以〛【聿】〚來〛律〚神〛馴〚以〛聿肆

### 26. 清齒齦鼻音：舌根鼻音

〚心疑〛【產】〚生〛產〚疑〛顏

〚心疑〛【辥】〚心〛辥薛〚疑〛孽糱〇

### 27. 心：近音擦音

〚精心以〛【允〛【精】俊畯〚心〛浚酸〚以〛允‖眈

〚心定書〛【小〛〚心〛小莎娑瑣肖消宵綃銷削葥〚生〛沙稍綃葥〚澄〛趙〚書〛少〇

〚心定以〛【聿】〚心〛肆殊貄〚定〛隸逮棣〚以〛肆‖榫〇

〚心透定書以〛【攸】〚心〛脩滫〚透〛條〚定〛條鋚〚書〛儵〚以〛攸〇〇

〖心透定書以邪〗【臼】〖心〗枲〖透〗台〖定〗殆紿駘〖徹〗答佁〖澄〗
　　治〖書〗始〖以〗目冶詒佁〖邪〗祐枱○○○
〖心書〗【束】〖心〗速〖書〗束
〖心以〗【易】〖心〗賜婸錫〖以〗易蝪傷
〖心邪〗【司】〖心〗司笥〖邪〗祠嗣飼
〖心見羣曉〗【及】〖心〗馺〖見〗皈汲急級〖羣〗及极〖曉〗吸
〖心見溪曉匣〗【旬】〖心〗筍姁郇詢栒〖昌〗朐朐〖邪〗旬徇〖見〗均鈞
　　〖曉〗訇〖匣〗姁郇旬‖獧坰
〖心曉〗【血】〖心〗郟〖曉〗血洫○
〖心雲〗【亘】〖心〗宣〖匣〗桓窅〖雲〗垣䞓
〖心雲〗【戉】〖心〗歲〖雲〗越䞓
〖心雲〗【彗】〖心〗霅〖邪〗槥篲〖匣〗慧〖雲〗槥熭

### 28. 端系：喉牙音

〖端透定書曉〗【向】〖端〗當黨〖定〗堂棠〖澄〗逿敳〖章〗掌〖昌〗敞
　　逞〖常〗尚常嘗償〖書〗向賞〖曉〗向
〖端透定以影〗【多】〖端〗多哆〖知〗哆夛〖徹〗哆奓〖澄〗趍〖昌〗侈
　　袳哆〖以〗移栘〖影〗黟
〖端透定溪〗【甚】〖端〗媅湛〖透〗黮〖定〗黮〖澄〗湛〖章〗斟腃〖常〗
　　甚〖溪〗堪
〖端透定溪〗【真】〖端〗瘨顛〖定〗窴〖章〗真眞〖昌〗瞋〖常〗慎〖溪〗顥
〖端定見曉匣〗【合】〖端〗荅〖常〗拾〖見〗給合郃〖曉〗盦歙〖匣〗合郃
〖端定影〗【勺】〖端〗釣〖知〗芍〖章〗灼〖常〗芍〖影〗約
〖透定見溪羣匣〗【貴】〖透〗僓〖定〗隤積積〖見〗貴〖溪〗樻〖羣〗匱
　　樻〖匣〗僓闠潰○
〖透神曉〗【川】〖徹〗剸〖昌〗川〖神〗順〖曉〗訓
〖透見溪〗【去】〖透〗馶〖見〗劫鈒〖溪〗去馶阹祛肱
〖定章常神以羣〗【示】〖澄〗涐〖章〗祁〖常〗視涐〖神〗示涐〖以〗涐
　　〖羣〗祁
〖定見溪〗【庚】〖定〗唐〖見〗庚〖溪〗康

〖定溪匣以〗【臽】〖定〗啗窞〖以〗閻〖溪〗臽掐〖匣〗臽陷
〖定曉以〗【彖】〖定〗籙邃豚〖以〗緣掾〖曉〗喙∥腞○
〖泥見羣曉〗【堇】〖泥〗難〖娘〗戁〖日〗戁蘿〖見〗堇艱堇謹〖羣〗堇
　　廑殣〖曉〗漢∥莫
〖泥羣溪疑曉〗【堯】〖泥〗嬈〖娘〗撓橈譊〖日〗饒嶢繞〖書〗燒〖溪〗
　　趬〖羣〗翹〖疑〗堯獟蟯〖曉〗撓嘵○
〖泥疑〗【○】〖泥〗妮〖疑〗妮
〖泥疑〗【委】〖娘〗諉〖日〗痿〖影〗委捼痿○

## 29. 精系：見系

〖精曉〗【凶】〖精〗橳〖曉〗凶兇匈∥覴
〖從見羣〗【自〗【自】〖從〗自〖見〗洎〖羣〗洎∥苜

## 30. 精系：其他

〖精從昌以〗【酉】〖精〗酒婿遒〖從〗鯦〖昌〗醜〖以〗酉猶楢鮋栖
〖精端透書〗【叔】〖精〗椒〖端〗督〖昌〗尗〖書〗俶菽叔
〖精定日書神以〗【朕】〖精〗鬵〖定〗朕賸縢謄騰〖澄〗朕〖日〗鬵〖書〗
　　勝媵〖神〗賸〖以〗賸
〖清心端定以曉匣雲〗【隹】〖清〗崔〖心〗雖〖定〗魋脽〖澄〗頠椎膖〖章〗
　　隹準錐騅〖常〗誰〖以〗唯維〖曉〗睢〖匣〗淮〖雲〗帷
〖從透泥書見溪羣曉匣影〗【今〗〖從〗黔〖崇〗岑〖透〗貪〖泥〗念〖書〗
　　紟〖見〗今黔金淦黅錦衿〖溪〗欽欿衾〖羣〗捡唅鈐黔芩琴禽〖曉〗
　　欽〖匣〗含黔銜〖影〗陰∥枔○

# 附录7　汉魏晋关陇方言材料

说明：

（1）本表的制作受益于华学诚《周秦汉晋方言研究史》一书者尤多。该书部分内容仅列出总数字而未出条目，今皆补足。

（2）为便于与其他方言比较，本表一般不删略涉及其他方音的文字。

（3）本表简目：

    1. 尔雅 288　　　　　　　　9. 淮南子高诱（或许慎）注 302

    2. 尔雅汉魏旧注 289　　　　10. 三礼郑玄注 303

    3. 三苍旧注 289　　　　　　11. 左传杜预注 303

    4. 方言 289　　　　　　　　12. 史记汉书旧注 303

    5. 说文 300　　　　　　　　13. 魏晋字书 304

    6. 释名 302　　　　　　　　14. 郭璞注 304

    7. 楚辞王逸注 302　　　　　15. 其他 305

    8. 吕氏春秋高诱注 302

## 1. 尔雅

  鹝雉。鷮雉。鳪雉。鷩雉。秩秩，海雉。鸐，山雉。韩雉，鹒雉。雉绝有力，奋。伊洛而南，素质五采皆备成章曰翬。江淮而南，青质五采皆备成章曰鹞。南方曰鷷，东方曰鶅，北方曰鵗，西方曰鷷。（《释鸟》）

  鼹，鼠身长须而贼，秦人谓之小驴。（《释兽》）

## 2. 尔雅汉魏旧注

瓞名㼚，小瓜也。汉中小瓜曰瓞。(《尔雅·释草》邢疏引舍人)

蚬，小黑虫，赤头，三辅谓之缢女。此虫多，民多缢死。(《太平御览》卷九四八引孙炎)

楚人曰諈，秦曰诿。(《尔雅·释言》陆德明释文引孙炎)

三辅曰结缕，今关西饶之，俗名句屡草也。(《玄应音义》卷十四引孙炎)

## 3. 三苍旧注

枦薄，柱上方木也。山东江南皆曰枅，自陕以西曰□。(《玄应音义》卷一引，卷十四引大致相同)

柿，札也。今江南谓斫削木片为柿，关中谓之札，或曰柿札。(《玄应音义》卷十引)

穄，大黍也，似黍而不黏，关西谓之𪎭是也。(《玄应音义》卷十引)

## 4. 方言

01－2[①]：虔，儇，慧也。秦谓之谩，晋谓之㦟，宋楚之间谓之倢，楚或谓之䜏。自关而东赵魏之间谓之黠，或谓之鬼。

01－3：娥，嬴，好也。秦曰娥，宋魏之间谓之嬴，秦晋之间凡好而轻者谓之娥。自关而东河济之间谓之媌，或谓之姣。赵魏燕代之间曰姝，或曰妦。自关而西秦晋之故都曰妍。好，其通语也。

01－4：烈，枿，余也。陈郑之间曰枿，晋卫之间曰烈，秦晋之间曰肄，或曰烈。

01－5：台，胎，陶，鞠，养也。晋卫燕魏曰台，陈楚韩郑之间曰鞠，秦或曰陶，汝颍梁宋之间曰胎，或曰艾。

01－7：悛，怃，矜，悼，怜，哀也。齐鲁之间曰矜，陈楚之间曰悼，赵魏燕代之间曰悛，自楚之北郊曰怃，秦晋之间或曰矜，或曰悼。

01－8：喧，唏，㤤，悝，痛也。凡哀泣而不止曰喧，哀而不泣曰唏。

---

[①] 为利于检索，此处标注周祖谟《方言校笺》所编序号，下仿此。

於方：则楚言哀曰唏，燕之外鄙，朝鲜洌水之间，少儿泣而不止曰咺。自关而西，秦晋之间，凡大人少儿泣而不止谓之唴，哭极音绝亦谓之唴。平原谓啼极无声谓之唴哴。楚谓之噭咷，齐宋之间谓之喑，或谓之惄。

01-10：慎，济，瞪，惄，溼，桓，忧也。宋卫或谓之慎，或曰瞪。陈楚或曰溼，或曰济。自关而西秦晋之间或曰惄，或曰溼。自关而西秦晋之间，凡志而不得，欲而不获，高而有坠，得而中亡，谓之溼，或谓之惄。

01-11：郁悠，怀，惄，惟，虑，愿，念，靖，慎，思也。晋宋卫鲁之间谓之郁悠。惟，凡思也；虑，谋思也；愿，欲思也；念，常思也。东齐海岱之间曰靖；秦晋或曰慎，凡思之貌亦曰慎，或曰惄。

01-12：敦，丰，厖，夸，幠，般，嘏，奕，戎，京，奘，将，大也，凡物之大貌曰丰。厖，深之大也。东齐海岱之间曰夸，或曰幠。宋鲁陈卫之间谓之嘏，或曰戎。秦晋之间凡物壮大谓之嘏，或曰夏。秦晋之间凡人之大谓之奘，或谓之壮。燕之北鄙齐楚之郊或曰京，或曰将。皆古今语也，初别国不相往来之言也，今或同。而旧书雅记故俗语，不失其方，而后人不知，故为之作释也。

01-14：嫁，逝，徂，适，往也。自家而出谓之嫁，由女而出为嫁也。逝，秦晋语也。徂，齐语也。适，宋鲁语也。往，凡语也。

01-16：虔，刘，惨，懆，杀也。秦晋宋卫之间谓杀曰刘，晋之北鄙亦曰刘。秦晋之北鄙，燕之北郊，翟县之郊，谓贼为虔。晋魏河内之北谓懆曰残，楚谓之贪。南楚江湘之间谓之欿。

01-17：亟，憐，怃，俺，爱也。东齐海岱之间曰亟。自关而西秦晋之间凡相敬爱谓之亟，陈楚江淮之间曰憐，宋卫邠陶之间曰怃，或曰俺。

01-18：眉，黎，耉，鲐，老也。东齐曰眉，燕代之北鄙曰黎，宋卫兖豫之内曰耉，秦晋之郊，陈兖之会曰耇鲐。

01-19：脩，骏，融，绎，寻，延，长也。陈楚之间曰脩，海岱大野之间曰寻，宋卫荆吴之间曰融。自关而西秦晋梁益之间凡物长谓之寻。周官之法，度广为寻，幅广为充。延，永，长也。凡施於年者谓之延，施於众长谓之永。

01-21：硕，沈，巨，濯，訏，敦，夏，于，大也。齐宋之间曰巨，曰硕。凡物盛多谓之寇。齐宋之郊，楚魏之际曰夥。自关而西秦晋之间凡人语而过谓之遇，或曰金。东齐谓之剑，或谓之弩。弩犹怒也。陈郑之间曰敦，荆吴扬瓯之郊曰濯，中齐西楚之间曰訏。自关而西秦晋之间凡物之壮大者而爱伟之谓之夏，周郑之间谓之嘏。郴，齐语也。于，通词也。

01-22：牴，儆，会也。雍梁之间曰牴，秦晋亦曰牴。凡会物谓之儆。

01-27：踏，蹈，跰，跳也。楚曰跰。陈郑之间曰蹈，楚曰跰。自关而西秦晋之间曰跳，或曰踏。

01-28：蹑，郅，跂，各，跻，踚，登也。自关而西秦晋之间曰蹑，东齐海岱之间谓之跻，鲁卫曰郅，梁益之间曰各，或曰跂。

01-29：逢，逆，迎也。自关而东曰逆，自关而西或曰迎，或曰逢。

01-30：挦，攓，摭，挻，取也。南楚曰攓，陈宋之间曰摭，卫鲁扬徐荆衡之郊曰挦。自关而西秦晋之间，凡取物而逆谓之篡，楚部或谓之挻。

01-31：饟，饻，食也。陈楚之内相谒而食麦饘谓之饟，楚曰饻。凡陈楚之郊南楚之外相谒而飧，或曰饻，或曰鉆。秦晋之际河阴之间曰馈馈。此秦语也。

01-32：钊，薄，勉也。秦晋曰钊，或曰薄。故其鄙语曰薄努，犹勉努也。南楚之外曰薄努，自关而东周郑之间曰勔钊，齐鲁曰勖兹。

01-35：颔，颐，颔也。南楚谓之颔。秦晋谓之颐。颐，其通语也。

02-2：朦，厖，丰也。自关而西秦晋之间凡大貌谓之朦，或谓之厖；丰，其通语也。赵魏之郊燕之北鄙，凡大人谓之丰人。《燕记》曰："丰人杼首。"杼首，长首也。楚谓之仔，燕谓之杼。燕赵之间言围大谓之丰。

02-3：娃，嫷，窕，艳，美也。吴楚衡淮之间曰娃，南楚之外曰嫷，宋卫晋郑之间曰艳，陈楚周南之间曰窕。自关而西秦晋之间凡美色或谓之好，或谓之窕。故吴有馆娃之宫，秦有口娥之台。秦晋之间美貌谓之娥，美状为窕，美色为艳，美心为窈。

02-4：奕，偞，容也。自关而西凡美容谓之奕，或谓之偞。宋卫曰偞，陈楚汝颍之间谓之奕。

02-6：嫛，笙，挚，掺，细也。自关而西秦晋之间凡细而有容谓之嫛，或曰偍。凡细貌谓之笙，敛物而细谓之挚，或曰掺。

02-7：傻，浑，膴，臛，儴，泡，盛也。傻，自关而西秦晋之间语也。陈宋之间曰儴，江淮之间曰泡，秦晋或曰臛，梁益之间凡人言盛及其所爱、伟其肥脁谓之朧。

02-8：私，策，纤，葆，剽，杪，小也。自关而西秦晋之郊梁益之间凡物小者谓之私；小或曰纤，缯帛之细者谓之纤。东齐言布帛之细者曰绫，秦晋曰靡。凡草生而初达谓之葆。稺，年小也。木细枝谓之杪，江淮陈楚之内谓之篾，青齐兖冀之间谓之蔓，燕之北鄙朝鲜洌水之间谓之策。故传曰：慈母之怒子也，虽折葼笞之，其惠存焉。

02-9：殗，殜，微也。宋卫之间曰殗。自关而西秦晋之间凡病而不甚曰殗殜。

02-10：臺，敌，匹也。东齐海岱之间曰臺。自关而西秦晋之间物力同者谓之臺敌。

02-12：倚，踦，奇也。自关而西秦晋之间凡全物而体不具谓之倚，梁楚之间谓之踦。雍梁之西郊，凡嘼支体不具者谓之踦。

02-13：遑，猎，透，惊也。自关而西秦晋之间凡蹇者或谓之遑，体而偏长短亦谓之遑。宋卫南楚凡相惊曰猎，或曰透。

02-17：逞，苦，了，快也。自山而东或曰逞，楚曰苦，秦曰了。

02-18：拇，恮，赧，愧也。晋曰拇，或曰恮。秦晋之间凡愧而见上谓之赧，梁宋曰恮。

02-21：憸，刺，痛也。自关而西秦晋之间或曰憸。

02-22：扴捎，选也。自关而西秦晋之间凡取物之上谓之扴捎。

02-24：瞷，睇，睎，略，眄也。陈楚之间南楚之外曰睇，东齐青徐之间曰睎，吴扬江淮之间或曰瞷，或曰略，自关而西秦晋之间曰眄。

02-25：餟，喙，呬，息也。周郑宋沛之间曰餟，自关而西秦晋之间或曰喙，或曰餟，东齐曰呬。

02-28：锴，镭，坚也。自关而西秦晋之间曰锴，吴扬江淮之间曰镭。

02-30：孑，荩，馀也。周郑之间曰荩，或曰孑。青徐楚之间曰孑。自关而西秦晋之间炊薪不尽曰荩。孑，俊也。遵，俊也。

02-32：搜，略，求也。秦晋之间曰搜，就室曰搜，於道曰略。略，强取也。攫，撼，取也。此通语也。

02-33：茫，矜，奄，遽也。吴扬曰茫，陈颍之间曰奄，秦晋或曰矜，或曰遽。

## 附录7 汉魏晋关陇方言材料

02－35：予，赖，雠也。南楚之外曰赖，秦晋曰雠。

02－37：剿，蹶，狯也。秦晋之间曰狯，楚谓之剿，或曰蹶；楚郑曰蔫，或曰姑。

03－1：陈楚之间凡人嘼乳而双产谓之釐孳，秦晋之间谓之僆子，自关而东赵魏之间谓之孪生。女谓之嫁子。

03－5：臧，甬，侮，获，奴婢贱称也。荆淮海岱杂齐之间，骂奴曰臧，骂婢曰获。齐之北鄙，燕之北郊，凡民男而壻婢谓之臧，女而妇奴谓之获；亡奴谓之臧，亡婢谓之获。皆异方骂奴婢之丑称也。自关而东陈魏宋楚之间保庸谓之甬。秦晋之间骂奴婢曰侮。

03－7：斟，协，汁也。北燕朝鲜洌水之间曰斟，自关而东曰协，关西曰汁。

03－8：苏，芥，草也。江淮南楚之间曰苏，自关而西或曰草，或曰芥。南楚江湘之间谓之莽。苏亦茬也。关之东西或谓之苏，或谓之茬。周郑之间谓之公蕡。沅湘之南或谓之蓍。其小者谓之口菜。

03－9：蘴，荛，芜菁也。陈楚之郊谓之蘴，鲁齐之郊谓之荛，关之东西谓之芜菁，赵魏之郊谓之大芥，其小者谓之辛芥，或谓之幽芥；其紫华者谓之芦菔。东鲁谓之菈蘧。

03－11：凡草木刺人，北燕朝鲜之间谓之茦，或谓之壮。自关而东或谓之梗，或谓之刿。自关而西谓之刺。江湘之间谓之棘。

03－12：凡饮药傅药而毒，南楚之外谓之瘌，北燕朝鲜之间谓之痨，东齐海岱之间谓之眠，或谓之眩。自关而西谓之毒。瘌，痛也。

03－13：逞，晓，恔，苦，快也。自关而东或曰晓，或曰逞。江淮陈楚之间曰逞，宋郑周洛韩魏之间曰苦，东齐海岱之间曰恔，自关而西曰快。

03－14：膠，谲，诈也。凉州西南之间曰膠，自关而东西或曰谲，或曰膠。诈，通语也。

03－15：揠，擢，拂，戎，拔也。自关而西或曰拔，或曰擢。自关而东，江淮南楚之间或曰戎。东齐海岱之间曰揠。

03－18：追，遁，及也。东齐曰迨，关之东西曰遁，或曰及。

03－21：瘼，瘦，病也。东齐海岱之间曰瘼或曰瘦，秦曰瘥。

04－1：襌衣，江淮南楚之间谓之褋，关之东西谓之襌衣。有裹者，赵魏之间谓之袩衣；无袌者谓之裎衣，古谓之深衣。

04-2：襜褕，江淮南楚谓之襌褣，自关而西谓之襜褕，其短者谓之裋褕。以布而无缘，敝而紩之，谓之褴褛。自关而西谓之䘴裋，其敝者谓之緻。

04-3：汗襦，江淮南楚之间谓之襑。自关而西或谓之祇裯。陈魏宋楚之间谓之襜襦。或谓之襌襦。

04-5：蔽膝，江淮之间谓之袆，或谓之袚。魏宋南楚之间谓之大巾，自关东西谓之蔽膝，齐鲁之郊谓之袡。

04-8：袴，齐鲁之间谓之襱，或谓之襩。关西谓之袴。

04-38：楚谓无缘之衣曰褴，紩衣谓之楼，秦谓之緻。自关而西秦晋之间无缘之衣谓之䘴裋。

04-42：络头，帕头，纱繢，鬠带，髤带，帑，幏，幧头也。自关以西秦晋之郊曰络头，南楚江湘之间曰帕头，自河以北赵魏之间曰幧头，或谓之帑，或谓之幏。其遍者谓之鬠带，或谓之髤带。

04-44：扉，屦，麤，履也。徐兖之郊谓之扉，自关而西谓之屦。中有木者谓之複舄，自关而东複履。其庳者谓之䩕下，襌者谓之䩕，丝作之者谓之履，麻作之者谓之不借，粗者谓之屦，东北朝鲜洌水之间谓之䩕角。南楚江沔之间总谓之麤。西南梁益之间或谓之屦，或谓之屩。履，其通语也。徐土邳沂之间，大麤谓之䩕角。

04-45：緉，絏，绞也。关之东西或谓之緉，或谓之絏。绞，通语也。

05-2：釜，自关而西或谓之釜，或谓之鍑。

05-5：盂，械，盏，䀀，䀁，櫡，廲，桮也。秦晋之郊谓之盂。自关而东赵魏之间曰械，或曰盏，或曰䀀。其大者谓之䀁。吴越之间曰櫡，齐右平原以东或谓之廲。桮，其通语也。

05-7：案，陈楚宋魏之间谓之樯，自关东西谓之案。

05-8：桮落，陈楚宋卫之间谓之桮，又谓之豆筥；自关东西谓之桮落。

05-9：箸筒，陈楚宋魏之间谓之筲，或谓之籝；自关而西谓之桶檧。

05-10：瓴，㼶，甗，䍃，甎，甖，甄，瓮，瓿甄，甈，罃也。灵桂之郊谓之瓴，其小者谓之㼶。周魏之间谓之甗，秦之旧都谓之甎，淮汝之间谓之䃯，江湘之间谓之甖。自关而西晋之旧都河汾之间，其大者谓之甄，其中者谓之瓿甄。自关而东赵魏之郊谓之瓮，或谓之甈。东齐海岱之间谓之甃。甔，其通语也。

05-15：甇瓴谓之盎。自关而西或谓之盆，或谓之盎。其小者谓之升瓯。

05-16：甌，陈魏宋楚之间谓之题。自关而西谓之甌，其大者谓之瓯。

05-17：所以注斛，陈魏宋楚之间谓之篇，自关而西谓之注。

05-21：扇，自关而东谓之箑。自关而西谓之扇。

05-23：繘，自关而东周洛韩魏之间谓之绠，或谓之络。关西谓之繘绠。

05-25：饮马橐，自关而西谓之掩囊，或谓之掩筴，或谓之㡢筴。燕齐之间谓之帳。

05-26：钩，宋楚陈魏之间谓之鹿觡，或谓之钩格。自关而西谓之钩，或谓之鐭。

05-29：㔯，宋魏之间谓之欘殳，或谓之度。自关而西谓之棓，或谓之柫。齐楚江淮之间谓之柍，或谓之桲。

05-30：刈钩，江淮陈楚之间谓之鉊，或谓之鏆。自关而西或谓之钩，或谓之鎌，或谓之锲。

05-31：薄，宋魏陈楚江淮之间谓之苗，或谓之麴。自关而西谓之薄，南楚谓之蓬薄。

05-33：槌，宋魏陈楚江淮之间谓之植。自关而西谓之槌，齐谓之样。其横，关西曰椳，宋魏陈楚江淮之间谓之㰐，齐部谓之㭘。所以县㰐，关西谓之㯺，东齐海岱之间谓之䋆，宋魏陈楚江淮之间谓之缳，或谓之環。

05-34：簟，宋魏之间谓之笙，或谓之籧苗。自关而西谓之簟，或谓之䉬。其粗者谓之籧篨。自关而东或谓之䈬楱。

05-35：符篿，自关而东周洛楚魏之间谓之倚伴。自关而西谓之符篿，南楚之外谓之篿。

05-36：床，齐鲁之间谓之簀，陈楚之间或谓之第。其杠，北燕朝鲜之间谓之树，自关而西秦晋之间谓之杠，南楚之间谓之赵，东齐海岱之间谓之樺。其上板，卫之北郊赵魏之间谓之牒，或曰牖。

05-40：户鑰，自关之东陈楚之间谓之键，自关之西谓之鑰。

05-41：簙谓之蔽，或谓之箘，秦晋之间谓之簙，吴楚之间或谓之蔽，或谓之箭裹，或谓之簙毒，或谓之夗专，或谓之匿璇，或谓之棋。所以投簙谓之枰，或谓之广平。所以行棋谓之局，或谓之曲道。围棋谓之弈。自关而东齐鲁之间皆谓之弈。

06－1：耸，㦇，欲也。荆吴之间曰耸，晋赵曰㦇。自关而西秦晋之间相劝曰耸，或曰㦇。中心不欲，而由旁人之劝语，亦曰耸。凡相被饰亦曰㦇。

06－2：耸，聹，聋也。半聋，梁益之间谓之聹。秦晋之间聼而不聪，闻而不达，谓之聹。生而聋，陈楚江淮之间谓之耸。荆扬之间及山之东西双聋者谓之耸。聋之甚者，秦晋之间谓之䁕。吴楚之外郊凡无有耳者亦谓之䁕。其言䁕者，若秦晋中土谓堕耳者明也。

06－3：陂，傜，衺也。陈楚荆扬曰陂。自山而西，凡物细大不纯者谓之傜。

06－5：悈，㤿，惭也。荆扬青徐之间曰悈，若梁益秦晋之间言心内惭矣。山之东西自愧曰㤿，赵魏之间谓之䘏。

06－6：䇳，展，难也。齐晋曰䇳。山之东西凡难貌曰展。荆吴之人相难谓之展，若秦晋之言相惮矣。齐鲁曰燀。

06－10：䤪，㽙，受也。齐楚曰䤪，扬越曰㽙。受，盛也，犹秦晋言容盛也。

06－13：癠，噎，噎也。楚曰癠，秦晋或曰噎，又曰噎。

06－18：䛐，諐，与也。吴越曰䛐，荆齐曰諐与，犹秦晋言阿与。

06－19：掩，索，取也。自关而东曰掩，自关而西曰索，或曰狙。

06－23：寋，妯，扰也。人不静曰妯，秦晋曰寋，齐宋曰妯。

06－24：絓，挈，僷，介，特也。楚曰僷，晋曰絓，秦曰挈。物无耦曰特，兽无耦曰介。

06－28：稟，浚，敬也。秦晋之间曰稟，齐曰浚，吴楚之间自敬曰稟。

06－33：参，蠡，分也。齐曰参，楚曰蠡，秦晋曰离。

06－34：㿺，披，散也。东齐声散曰㿺，器破曰披。秦晋声变曰㿺，器破而不殊其音亦谓之㿺，器破而未离谓之墼。南楚之间谓之败。

06－35：缙，綷，施也。秦曰缙，赵曰綷。吴越之间脱衣相被谓之缙綷。

06－38：纰，绎，督，雉，理也。秦晋之间曰纰。凡物曰督之，丝曰绎之。

06－41：癒，譜，审也。齐楚曰癒，秦晋曰譜。

06－43：揞，揜，错，摩，灭也。荆楚曰揞，吴扬曰揜，周秦曰错，陈之东鄙曰摩。

06－46：抠揄，旋也。秦晋凡物树稼早成熟谓之旋，燕齐之间谓之抠揄。

06－47：絚，筳，竟也。秦晋或曰絚，或曰竟，楚曰筳。

06－48：繜，剢，续也。秦晋续析谓之繜，绳索谓之剢。

06－54：爱，嗳，恚也。楚曰爱，秦晋曰嗳，皆不欲膺而强舍之意也。

06－55：俊，艾，长老也。东齐鲁卫之间凡尊老谓之俊，或谓之艾。周晋秦陇谓之公，或谓之翁。南楚谓之父，或谓之父老。南楚瀑洭之间母谓之媓，谓妇妣曰母妭，称妇考曰父妭。

07－1：谆憎，所疾也。宋鲁凡相恶谓之谆憎，若秦晋言可恶矣。

07－5：肖，类，法也。齐曰类，西楚梁益之间曰肖。秦晋之西鄙自冀陇而西使犬曰哨，西南梁益之间凡言相类者亦谓之肖。

07－7：譙，讙，让也。齐楚宋卫荆陈之间曰譙，自关而西秦晋之间凡言相责让曰譙让，北燕曰讙。

07－14：皮傅，弹憸，强也。秦晋言非其事谓之皮傅，东齐陈宋江淮之间曰弹憸。

07－15：膊，晒，晞，暴也。东齐及秦之西鄙言相暴僇为膊。燕之外郊朝鲜洌水之间，凡暴肉，发人之私，披牛羊之五藏，谓之膊。暴五榖之类，秦晋之间谓之晒，东齐北燕海岱之郊谓之晞。

07－16：熬，㷅，煎，㷅，鞏，火乾也。凡以火而乾五谷之类，自山而东，齐楚以往，谓之熬；关西陇冀以往，谓之㷅；秦晋之间或谓之㷅，凡有汁而乾谓之煎，东齐谓之鞏。

07－17：胹，饪，亨，烂，糦，酋，酷，熟也。自关而西秦晋之郊曰胹，徐扬之间曰饪，嵩岳以南陈颍之间曰亨。自河以北赵魏之间火熟曰烂，气熟曰糦，久熟曰酋，榖熟曰酷。熟，其通语也。

07－30：攮，膺，贺，艣，儋也。齐楚陈宋之间曰攮。燕之外郊越之垂瓯吴之外鄙谓之膺。南楚或谓之攮。自关而西陇冀以往谓之贺，凡以驴马馲驼载物者谓之负他，亦谓之贺。

07－34：偙，眙，逗也。南楚谓之偙，西秦谓之眙。逗，其通语也。

08－1：虎，陈魏宋楚之间或谓之李父，江淮南楚之间谓之李耳，或谓之於麉。自关东西或谓之伯都。

08－2：貔，陈楚江淮之间谓之㹮，北燕朝鲜之间谓之貊，关西谓之狸。

08－3：貛，关西谓之貒。

08－5：猪，北燕朝鲜之间谓之豭，关东西或谓之彘，或谓之豕。南楚谓之豨。其子或谓之豚，或谓之貕，吴扬之间谓之猪子。其槛及蓐曰橧。

08－6：布榖，自关东西梁楚之间谓之结诰，周魏之间谓之击榖，自关而西或谓之布榖。

08－7：鹎鶋，周魏齐宋楚之间谓之定甲，或谓之独舂。自关而东谓之城旦，或谓之倒悬，或谓之鸲鸠。自关而西秦陇之内谓之鹎鶋。

08－8：鸠，自关而东周郑之郊韩魏之都谓之鶌鸠，其鷿鸠谓之䳡鸠。自关而西秦汉之间谓之鶷鸠，其大者谓之鳻鸠，其小者谓之鶺鸠，或谓之鸡鸠，或谓之鵏鸠，或谓之鹘鸠。梁宋之间谓之鶷。

08－9：鳭鸠，燕之东北朝鲜洌水之间谓之鹠䳎。自关而东谓之戴鵀，东齐海岱之间谓之戴南，南犹鵀也。或谓之鵟鵋，或谓之戴鸠，或谓之戴胜。东齐吴扬之间谓之鵀。自关而西谓之服鶝，或谓之鴔鶝。燕之东北朝鲜洌水之间谓之鶝。

08－10：蝙蝠，自关而东谓之服翼，或谓之飞鼠，或谓之老鼠，或谓之儠鼠。自关而西秦陇之间谓之蝙蝠。北燕谓之蟙䘃。

08－12：桑飞，自关而东谓之工爵，或谓之过蠃，或谓之女匠。自关而东谓之䳍鸠。自关而西谓之桑飞，或谓之懱爵。

08－13：鸝黄，自关而东谓之鸧鹒。自关而西谓之鸝黄，或谓之黄鸟，或谓之楚雀。

08－15：守宫，秦晋西夏谓之守宫，或谓之蠦蠪，或谓之蜥易。其在泽中者谓之易蝪。南楚谓之蛇医，或谓之蝾螈。东齐海岱谓之螔螏。北燕谓之祝蜓。桂林之中守宫大者而能鸣谓之蛤解。

09－1：戟，楚谓之釨。凡戟而无刃秦晋之间谓之釨，或谓之镴，吴扬之间谓之戈。东齐秦晋之间谓其大者曰镘胡，其曲者谓之钩釨镘胡。

09－2：三刃枝，南楚宛郢谓之匽戟。其柄自关而西谓之柲，或谓之殳。

09－4：箭，自关而东谓之矢，江淮之间谓之鍭，关西曰箭。

09－7：剑削，自河而北燕赵之间谓之室，自关而东或谓之廓，或谓之削，自关而西谓之鞞。

09－8：盾，自关而东或谓之瞂，或谓之干。关西谓之盾。

09－11：车枸篓，宋魏陈楚之间谓之筱，或谓之籅笼。其上约谓之筕，或谓之篸。秦晋之间自关而西谓之枸篓，西陇谓之楮。南楚之外谓之篷，或谓之隆屈。

09－12：轮，韩楚之间谓之轪或谓之䡄。关西谓之鞍。

09－17：车纣，自关而东周洛韩郑汝颍而东谓之緧，或谓之曲绹，或谓之曲纶。自关而西谓之纣。

09－18：輨，轪，炼锸也。关之东西曰輨，南楚曰轪，赵魏之间曰炼锸。

09－19：车釭，齐燕海岱之间谓之锅，或谓之锟。自关而西谓之釭，盛膏者乃谓之锅。

09－25：舟，自关而西谓之船，自关而东或谓之舟，或谓之航。南楚江湘凡船大者谓之舸，小舸谓之艖，艖谓之艒艒，小艒艒谓之艇，艇长而薄者谓之艜，短而深者谓之䑨，小而深者谓之㯿。东南丹阳会稽之间谓艖为欚。泭谓之篺，篺谓之筏。筏，秦晋之通语也。江淮家居篺中谓之薦。方舟谓之㵞，舥舟谓之浮梁。楫谓之桡，或谓之櫂。所以隐櫂谓之籆。所以县櫂谓之缉。所以剌船谓之㰏。维之谓之鼎。首谓之合闾，或谓之艗艏。后曰舳，舳，制水也。儋谓之扢，扢，不安也。

10－20：迹迹，屑屑，不安也。江沅之间谓之迹迹，秦晋谓之屑屑，或谓之塞塞，或谓之省省，不安之语也。

11－1：蚍蛷，齐谓之螇螰，楚谓之蟪蛄，或谓之蛉蛄，秦谓之蚍蛷。自关而东谓之蚍蟟。或谓之蜫螟，或谓之蜓蚞，西楚与秦通名也。

11－2：蝉，楚谓之蜩，宋卫之间谓之螗蜩，陈郑之间谓之蜋蜩，秦晋之间谓之蝉，海岱之间谓之䗁。其大者谓之螃，或谓之蝒马；其小者谓之麦蚻，有文者谓之蜻蜻，其雌蜻谓之疋，大而黑者谓之蝬，黑而赤者谓之蜺。蜩蟟谓之蘁蜩。蟪谓之寒蜩，寒蜩，瘖蜩也。

11－12：蝇，东齐谓之羊。陈楚之间谓之蝇。自关而西秦晋之间谓之蝇。

11－14：蠰蟦谓之蟥。自关而东谓之蝤蟥，或谓之蚕蠾，或谓之蝖螜。梁益之间谓之蛒，或谓之蝎，或谓之蛭蛒。秦晋之间谓之蠹，或谓之天蝼。

四方异语而通者也。

11－16：鼁䵴，䵴䵺也。自关而西秦晋之间谓之䵴䵺。自关而东赵魏之郊谓之鼁䵴，或谓之蟾蝓。蟾蝓者，侏儒语之转也。北燕朝鲜洌水之间谓之螩蜍。

11－17：蜉蝣，秦晋之间谓之蟝蟥。

12－99：水中可居为洲。三辅谓之淤，蜀汉谓之蔢。

13－141：筕，篓，篑，筲，簾也。江沔之间谓之篑，赵代之间谓之筲，淇卫之间谓之牛筐。簾，其通语也。簾小者，南楚谓之篓，自关而西秦晋之间谓之筕。

13－151：䉛，䉶，欼，䉊，䉋，䉌，䉍，麴也。自关而西秦豳之间曰䉛，晋之旧都曰䉶，齐右河济曰欼，或曰䉊，北鄙曰麴。麴，其通语也。

13－154：冢，秦晋之间谓之坟，或谓之培，或谓之堬，或谓之采，或谓之埌，或谓之垄。自关而东谓之丘，小者谓之塿，大者谓之丘，凡葬而无坟谓之墓，所以墓谓之墲。

## 5. 说文

菱，芰也。从艹凌声。楚谓之芰，秦谓之薢茩。（一下）

咺，秦晋谓儿泣不止曰咺。从口亘声。（二上）

逆，迎也。从辵屰声。关东曰逆，关西曰迎。（二下）

犹，玃属。从犬酉声。一曰陇西谓犬子为猷。（三上）

筆，秦谓之筆。从聿从竹。（三下）

䰞，秦名土釜曰䰞。从鬲干声。读若过。（三下）

䴉粖，凉州谓䴉为䴉。从䰜糲声。（三下）

雅，楚乌也。一名鸒，一名卑居。秦谓之雅。从隹牙声。（四上）

眄，目偏合也。一曰衺视也。秦语。从目丏声。（四上）

雉，有十四种：卢诸雉，乔雉，鳪雉，鷩雉，秩秩海雉，翟山雉，翰雉，卓雉，伊洛而南曰翬，江淮而南曰摇，南方曰㐭，东方曰甾，北方曰稀，西方曰蹲。从隹矢声。（四上）

篇，书也。一曰关西谓榜曰篇。从竹扁声。（五上）

甹，亟词也。从丂从由。或曰甹，侠也。三辅谓轻财者为甹。（五上）

籍，饭筥也。受五升。从竹稍声。秦谓筥曰籍。（五上）

饐，秦人谓相谒而食麦曰饐饖。从食壹声。（五下）

乃，秦以市买多得为乃。从乃从冬，益至也。从乃。《诗》曰："我乃酌彼金罍。"（五下）

舜，艸也。楚谓之葍，秦谓之藑。蔓地连华。象形。从舛，舛亦声。凡舜之属皆从舜。（五下）

槌，关东谓之槌，关西谓之㭼。从木追声。（六上）

㮝，秦名为屋椽，周谓之㮝，齐鲁谓之桷。从木衰声。（六上）

楣，秦名屋檐联也。齐谓之檐，楚谓之梠。从木眉声。（六上）

杇，所以涂也。秦谓之杇，关东谓之槾。从木亏声。（六上）

栱，槌之横者也。关西谓之㯕。从木弁声。（六上）

私，禾也。从禾厶声。北道名禾主人曰私主人。（七上）

帔，弘农谓帬帔也。从巾皮声。（七下）

佸，喜也。从人㐮声。自关以西，物大小不同谓之囗。（八上）

仰，仰也。从人在厂上。一曰屋梠也，秦谓之桷，齐谓之仰。（九上）

黔，黎也。从黑今声。秦谓民为黔首，谓黑色也。周谓之黎民。《易》曰："为黔喙。"（十上）

卤，西方鹹地也。从西省，象盐形。安定有卤县。东方谓之㡿，西方谓之卤。凡卤之属皆从卤。（十二上）

捎，自关已西，凡取物之上者为㧅捎。从手肖声。（十二上）

聤，益梁之州谓聋为聤，秦晋听而不闻，闻而不达谓之聤。从耳宰声。（十二上）

嫢，媞也。从女规声。读若癸。秦晋谓细为嫢。（十二下）

娥，帝尧之女，舜妻娥皇字也。秦晋谓好曰娙娥。从女我声。（十二下）

螶，蜃属。有三，皆生於海。千岁化为螶，秦谓之牡厉。又云百岁燕所化。魁螶，一名復累，老服翼所化。从虫合声。（十三上）

蛩，蛩蛩，兽也。一曰秦谓蝉蜕曰蛩。从虫巩声。（十三上）

蜹，秦晋谓之蜹，楚谓之蚊。从虫芮声。（十三上）

埂，秦谓坑为埂。从土更声。读若井汲绠。（十三下）

阺，秦谓陵阪曰阺。从𨸏氏声。（十四下）

### 6. 释名

天，豫司兖冀以舌腹言之，天，显也，在上高显也。青徐以舌头言之，天，坦也，坦然高而远也。春曰苍天，阳气始发，色苍苍也。夏曰昊天，其气布散，皓皓也。秋曰旻天，旻，闵也。物就枯落，可闵伤也。冬曰上天，其气上腾，与地绝也。故月令曰："天气上腾，地气下降。"易谓之乾。乾，健也，健行不息也。又谓之元，元，悬也，如悬物在上也。（《释天》）

风，兖豫司横口合唇言之，风，泛也，其气博泛而动物也。青徐言风，踧口开唇推气言之，风，放也，气放散也。（《释天》）

关西曰釭。釭，铰也，言有交刃也。（《释兵》）

辊，罔也，罔罗周伦之外也。关西曰鞣，言曲鞣也。或曰帳。帳，绵也，绵连其外也。（《释车》）

### 7. 楚辞王逸注

"乘氾泭以下流兮，"……编竹木曰泭。楚人曰栭，秦人曰橃也。（《惜诵》注）

"制芰荷以为衣兮，"……芰，菱也。秦人曰薢茩。（《离骚》注）

### 8. 吕氏春秋高诱注

"具栚曲篆筐"，栚读曰朕，栚，梼也，三辅谓之栚，关东谓之梼。（《吕氏春秋·季春纪》注）

### 9. 淮南子高诱（或许慎）注

耰，读曰優，椓块椎也。三辅谓之㯥，所以覆种也。（《淮南子·泛论训》注）

雏礼（王引之校作鷄札），《尔雅》谓椑茞，秦人谓之祀祝，间蚕时展鸣人舍者，鸿鸟皆畏之……（《淮南子·说林训》注）

臿，铧也，青州谓之铧，有刃也，三辅谓之䥥也。（《淮南子·精神训》注）

荫，荫也，三辅人谓休华树下为荫也。（《淮南子·精神训》注）

撲，持也，三辅谓之撲。员底曰筥，方底曰筐，皆受桑器。（《淮南子·时则训》注）

苍庚，尔雅曰商庚、黎黄、楚雀也。齐人谓之搏黍，秦人谓之黄流离，幽、冀谓之黄鸟。（《淮南子·时则训》注）

## 10. 三礼郑玄注

妇人首服，三辅谓之假紒。（《后汉书·光武十王列传》李贤注引《周礼》郑注）

桃谓之歃，读如或春或抗之抗字。或作桃者，秦人语也。（《仪礼·有司彻》注）

实当为至，此读周秦之人声之误也。（《礼记·杂记》注）

委武，冠卷也。秦人曰委，齐东曰武。（《礼记·杂记》注）

秦人溲曰潘。（《礼记·内则》注）

《太史公传》曰"子张姓颛孙"，今曰申祥，周、秦之声，二者相近，未闻孰是。（《礼记·檀弓（上）》注）

"咏斯犹"，犹当为摇，声之误也。摇谓身动摇也，秦人犹、摇声相近。（《礼记·檀弓（下）》注）

## 11. 左传杜预注

踊，豫也，齐人语，若关西言浑矣。（《僖·十》"晋之不言出入者，踊为文公讳也"注）

## 12. 史记汉书旧注

幽州及汉中皆谓老妪为媪。（《史记·高祖本纪》裴骃集解引文颖）

三辅谓日出清济为晏。（《史记·孝武本纪》裴骃集解引如淳）

关中俗谓桑榆孽生为葆。（《史记·天官书》裴骃集解引如淳）

三辅谓山陵间为衍也。（《史记·封禅书》司马贞索引引李奇）

西方人以反间为侦。（《史记·淮南王传》司马贞索引引孟康）

隃，遥也，三辅言也。（《汉书·赵充国传》颜师古注引郑氏）

極，屋梁也。三辅间名为極。或曰：極，栋也，三辅间名栋为極。（《汉

书·天文志》颜师古注引李奇)

西方人名屋梁谓极。(《汉书·枚乘传》颜师古注引孟康)

关西人谓补满为適。(《汉书·循吏黄霸传》颜师古注引孟康)

西方谓亡女壻为丘壻。(《汉书·楚元王传》颜师古注引孟康)

服音匏。关西俗谓得杖呼及小儿啼为呼匏。(《汉书·灌夫传》颜师古注引晋灼)

三辅谓忧愁面省瘦曰噍冥,噍冥犹噍妍也。(《汉书·外戚传》颜师古注引晋灼)

### 13. 魏晋字书

蚑,多足虫也。关西谓蛮螋为蚑蛷。(《慧琳音义》卷三四引李登《声类》)

菸,乙馀反,今关西言菸;山东言蔫,蔫音於言反;江南亦言殗,殗又作萎,於为反。(《玄应音义》卷十引吕静《韵集》)

嗣,音式之反,今陕以西皆言诗也。(《玄应音义》卷十四引吕静《韵集》)

关西谓蝎为蚤。(《玄应音义》卷十六引吕忱《字林》)

### 14. 郭璞注

其阴多石涅。○即礜石也。楚人名涅石,秦名为羽涅也。(《山海经·西山经》)

杻,檍。○似棣,细叶,叶新生可饲牛,材中车辋。关西呼杻子,一名土橿。(《尔雅·释木》)

羆如熊,黄白文。○似熊而长头高脚,猛憨多力,能拔树木,关西呼为貑羆。(《尔雅·释兽》)

鼬鼠。○形大如鼠,头如兔,尾有毛,黄青色,好在田中食粟豆,关西呼为□鼠。见《广雅》,音雀。(《尔雅·释兽》)

鬵,鉹也。○凉州呼鉹。(《尔雅·释器》)

莞,苻蓠。其上,蒚。○今西方人呼蒲为莞蒲,蒚谓其头臺首也……西方亦名蒲中茎为蒚,用之为席,音羽翮。(《尔雅·释草》)

自关而东河济之间谓之媌。○今关西人亦呼好为媌,莫交反。(《方言》卷一)

平原谓啼極无声谓之唴哴。○哴音亮。今关西语亦然。(《方言》卷一)

揿,杀也。○今关西人呼打为揿,音廩,或洛感反。(《方言》卷一)

(食,)秦晋之际、河阴之间曰䭹䬼。此秦语也。○今关西呼食欲饱为䭹䬼。(《方言》卷一)

庸谓之倯,转语也。○倯犹保倯也,今陇右人名孏为倯,相容反。(《方言》卷三)

(裙,)自关而东或谓之襬。○音碑,今关西语然也。(《方言》卷四)

北燕朝鲜洌水之间……爵子及鸡雏皆谓之䎦。○恪遘反。关西曰䎦,音顾。(《方言》卷八)

扬越之郊凡人相侮以为无知……或谓之斫。○斫却……今关西语亦然。(《方言》卷十)

马蚿,北燕……其大者谓之马蚰。○音逐,今关西云马蠾。(《方言》卷十一)

(蝉,)其小者谓之麦蚻。○如蝉而小,青色,今关西呼为麦蠽,音麢癥之癥。(《方言》卷十一)

築娌,匹也。娌,耦也。○今关西兄弟妇相呼为築娌,度六反,《广雅》作妯。(《方言》卷十二)

## 15. 其他

天门冬,逆㨨有逆刺,若叶滑者,名絺休,一名颠棘,可以浣縑素,白如绒,金城人名为浣草。(《名医别录》陶弘景注引张华《博物志》)

苞栎,秦人谓柞为栎,河内人谓木蓼为栎。(陆玑《秦风·晨风》疏)

苜蓿,一名怀风,时人或谓之光风,茂陵人谓之连枝草。(葛洪《西京杂记》)

菰之有米者长安人谓之雕胡,葭芦之未解葉者谓之紫萚,菰之有首者谓之绿节。(葛洪《西京杂记》)

# 后　记

　　本书是我的博士论文的修改稿。现在临出版，或许应该谈一下论文写作的始末。

　　我硕士阶段的学习侧重于文字学，同时也对古音和方音感兴趣。但由于缺少处理一手大宗资料的实践经验，当时对音韵学的学习主要是从观念到观念，道听途说，认知粗浅。我考博原是为进一步学习文字学的，2014年，我也终于成为赵平安先生的学生。但随着学习的深入，我越来越感到音韵学对文字研究的重要性。回想到我的硕士论文（《〈说文〉小篆基础构件研究》），当时勉强处理一个又一个拿不准的谐声字的情形，那些不安与遗憾，更加历久弥新。于是到了准备开题的阶段，我就冒昧地提出：能不能把古文字、古音乃至方音结合起来，设计博士论文的选题？这个想法获得赵师首肯。"秦音研究"的选题，就是基于前述想法，又考虑了创新性和可行性两点而逐步敲定的。这个选题对于我来说是近乎完美的，但不是赵师研究最为精深的领域，为了指导我完成论文，赵师需要承担更多的压力，付出更多的辛劳。虽赵师一直优容于我，我是不能不"念此私自愧"的。

　　论文选题在2016年初基本定好，开始构思；正式开题是在当年底。其后直到2018年初，我主要是在搜集、甄别、分析、归纳谐声字、韵文及通假等资料，以及打腹稿。直到出于赶上2018年上半年的答辩的目的，我才在节点前夕，逼迫自己把正文部分一股脑地写了出来。只是因忽略了答辩前要走的某个程序，最终却还是等到了10月才参加答辩。

　　虽说完稿到答辩有充足的时间改稿，但面对有些所谓老大难问题，解决的关键或许只在材料本身，而不在于有多少时间考虑。比如说，李方桂先生对各等介音的拟测，某些音值差异太过细微。在论文答辩前，我曾尝

## 后　记

试采用不同的拟音来规避这个问题，为此一度殚精竭虑。不过，论文要研究的是时空属性更明确的一种上古方言的音韵，基于材料能够说明的问题是有限的，在只有外证而没有内证时抛出的新观点，它与秦音本身是否真的有关？论文未征引某些只基于其他材料而提出的假说，用意不也在于此吗？因此，我最终放弃了重新拟音的想法。之所以没有对等的差异略而不表，而是仍采用李先生的拟音，主要是其合理部分能够解释秦文字的谐声现象，其无法得到印证的部分作为老问题，也并不引起新的争议。答辩过程中，赵彤、张富海两先生对原稿此类问题多有匡正。此外，答辩组的王志平、刘乐贤、廖名春、马楠诸先生还从论文框架、方法论、诸多细节方面提出宝贵的修改意见。在此一并致谢！有些意见由于本人理解水平，未能吸收，留下一些问题，其责任在于我。

论文答辩后，我原拟待《北京大学藏秦简牍》出版后，集中进行材料的增补和数据更新，赵师为此亦曾特意叮嘱。可惜该书出版时间一再延后（迄今仍未出版），又考虑到最近新出的秦简中尚未见到影响论文主要观点者，因此决定出版这个基本保持了答辩时面貌的本子。需要说明的是，为符合出版要求，本书在答辩稿基础上也进行了一些格式等方面的技术性修改。同时感谢参与审校的诸位先生的努力，原稿中遗留的误字、不太通顺的语句已大为减少。我也利用这个机会，对个别不准确的谐声关系及相关数据进行了修正。至于重要的、观点性的更动仅一处，即原稿在处理谐声资料过程中，没有将短列于豆声首下，且对秦音中侯元关系表述失当，为此我对相关文字进行了较大的修改（第三章十一节）。此外，本书还由原来的繁体字转为简体（谐声谱等有必要保留繁体者从旧）。

在本书出版之际，感谢关心此书出版、提供过支持、意见的各位师友，感谢我的硕士导师张金霞先生多年来给予我的指导和关怀！

由于本人眼界、学力所限，恐怕书中观点尚多罅漏，表述或论证逻辑等远非尽善。如方家、读者发现书中任何问题，欢迎随时致信本人邮箱zhayts@qq.com，或通过其他各种形式提出批评、指正。

翟春龙

2021年9月